Jürgen Bussiek
Wie entsteht eine Unternehmensplanung?

GABLER-Basiswissen für das Management:

Helmut Kuhnle
Wie arbeiten moderne Unternehmen?
1987, 311 Seiten, 58,– DM
ISBN 3-409-13324-0

Jürgen Bussiek
Was geschieht im Rechnungswesen?
1987, 232 Seiten, 58,– DM
ISBN 3-409-13325-9

Wolfgang von Stetten
Was regelt das Arbeitsrecht?
1987, 457 Seiten, 64,– DM
ISBN 3-409-17106-1

Kurt Hesse/Rolf Fraling
Wie beurteilt man eine Bilanz?
17., überarbeitete Auflage 1988,
320 Seiten, 58,– DM
ISBN 3-409-96063-5

Jürgen Bussiek
Wie entsteht eine Unternehmensplanung?
1989, 283 Seiten, 58,– DM
ISBN 3-409-13117-5

Helmut Kuhnle
Was bewegt Marketing?
1989, ca. 260 Seiten, 58,– DM
ISBN 3-409-13625-8

Zu beziehen über den Buchhandel oder direkt beim Verlag.
Änderungen vorbehalten, weitere Titel sind in Vorbereitung.

Betriebswirtschaftlicher Verlag Dr. Th. Gabler
Taunusstraße 54, 6200 Wiesbaden

Jürgen Bussiek

Wie entsteht eine Unternehmensplanung?

GABLER

CIP-Titelaufnahme der Deutschen Bibliothek

Bussiek, Jürgen:
Wie entsteht eine Unternehmensplanung? / Jürgen Bussiek —
Wiesbaden: Gabler, 1989
ISBN-13: 978-3-409-13117-9

Der Gabler Verlag ist ein Unternehmen der Verlagsgruppe Bertelsmann

© Betriebswirtschaftlicher Verlag Dr. Th. Gabler GmbH, Wiesbaden 1989
Lektorat: Ulrike M. Vetter

Das Werk einschließlich aller seiner Teile ist urheberrechtlich geschützt. Jede Verwertung außerhalb der engen Grenzen des Urheberrechtsgesetzes ist ohne Zustimmung des Verlags unzulässig und strafbar. Das gilt insbesondere für Vervielfältigungen, Übersetzungen, Mikroverfilmungen und die Einspeicherung und Verarbeitung in elektronischen Systemen.

Umschlaggestaltung: Schrimpf und Partner, Wiesbaden
Satz: Satzstudio RESchulz, Dreieich-Buchschlag

ISBN-13: 978-3-409-13117-9   e-ISBN-13: 978-3-322-83874-2
DOI: 10.1007/ 978-3-322-83874-2

Vorwort

„Ich mache mir nicht nur Sorgen um unsere Nerven und unser Geld, sondern auch darüber, daß wir einmal nicht schnell genug reagieren können und nur noch die Schlußlichter der Konkurrenz vor uns sehen" – das sind die aufschreckenden Worte eines Chefs in diesem Buch. Dann geht das Führungsteam vom kaufmännischen Prokuristen bis zum Produktionsingenieur daran, ein neues Steuerungssystem für das Unternehmen zu entwickeln. An diesem Beispiel wird deutlich gemacht, wie man ein modernes System der Planung und Kontrolle aufbaut. Verständlich, auch für Laien, fügen sich die einzelnen Bausteine zusammen. Die Zahlenbeispiele sind durchgängig nachvollziehbar, auch üblicherweise vorgebrachte Bedenken werden diskutiert.

Im Beispiel wird ein Hersteller von Herrenbekleidung gezeigt. So entsteht vor den Augen des Lesers ein konkreter Fall, der zugleich Erlebnisbericht und Wissensvermittlung ist.

Das Buch wendet sich an Leser, für die Probleme der Planung und Kontrolle neu sind; sowohl gestandene Führungskräfte als auch Studenten oder berufliche „Umsteiger" bekommen die komplizierte Materie hier einmal ganz anders dargestellt, als sie es aus den gängigen Lehrbüchern gewohnt sind.

Das Buch ist nicht nur als einmalige Lektüre gedacht. Alle Fachausdrücke sind im Stichwortverzeichnis aufgeführt und im Text durch Kursivdruck hervorgehoben. So kann das Buch gleichzeitig als Nachschlagewerk genutzt werden.

Bünde, im Januar 1989 *Jürgen Bussiek*

Inhalt

Vorwort 5

A Ein Unternehmen in der Führungskrise 11

B Entwicklung einer Unternehmenssteuerung 21

1 Die Situationsanalyse 21

  1.1 Anforderungsgerechte Informationen als Voraussetzung 22
  1.2 Die Beschaffung von Umweltinformationen 24
  1.3 Die Umweltanalyse 26
     1.3.1 Das gesellschaftliche Umfeld 27
     1.3.2 Die volkswirtschaftliche Entwicklung 27
     1.3.3 Die Branchenanalyse 28
     1.3.4 Die Konkurrenzanalyse 29
  1.4 Die Beschaffung von Unternehmensinformationen 31
  1.5 Die Unternehmensanalyse 32
     1.5.1 Allgemeine Stärken-Schwächen-Analyse .. 33
     1.5.2 Analyse der quantitativen Daten 35
         1.5.2.1 Die Daten des Jahresabschlusses .. 35
         1.5.2.2 Die Kennziffernanalyse 40
         1.5.2.3 Die Mehrjahresbetrachtung 56
     1.5.3 Analyse der qualitativen Kriterien 59
         1.5.3.1 Das Absatzpotential 59
         1.5.3.2 Das Entwicklungspotential 70
         1.5.3.3 Das Produktionspotential 71
         1.5.3.4 Das Verwaltungspotential 73

      1.5.3.5 Das Mitarbeiterpotential 75
      1.5.3.6 Weitere Faktoren und Potentiale . 76
1.6 Die Produktanalyse 77
   1.6.1 Definition und Abgrenzung 77
   1.6.2 Der Produktlebenszyklus 78
   1.6.3 Die Erfahrenskurve 84
1.7 Die Portfolio-Matrix-Analyse 94
   1.7.1 Marktattraktivität 95
   1.7.2 Wettbewerbsvorteile 101
   1.7.3 Portfolio-Matrix 110
1.8 Die Problemanalyse 117
   1.8.1 Die Prognose 117
   1.8.2 Die Problemstellung 122

2 Die Entwicklung von Zielvorstellungen 123

2.1 Aufgaben und Wesen der Zielbildung 124
2.2 Die verschiedenen Ziele 126
   2.2.1 Ziele und Wirtschaftsprinzipien 126
   2.2.2 Die Unternehmensziele 127
      2.2.2.1 Qualitative Ziele 128
      2.2.2.2 Das Gewinnziel 130
      2.2.2.3 Die Zielhierarchie 133
2.3 Konkretisierung der Ziele 135

3 Die Alternativsuche 138

3.1 Wesen und Arten der Alternativsuche 138
3.2 Die strategische Planung 140
   3.2.1 Wesen und Aufgaben der strategischen
       Planung 141
   3.2.2 Erfahrungen mit verschiedenen Strategien 144
   3.2.3 Die Grundstrategie 152

3.2.4 Die Geschäftsstrategien 157
3.2.5 Die funktionalen Strategien 161
3.3 Die operative Planung 171
   3.3.1 Wesen und Art der operativen Planung ... 171
   3.3.2 Planungsinhalt 174
   3.3.3 Entwicklungsfolge der Planung 176
   3.3.4 Integrationsgrad der Planung 178
   3.3.5 Träger der Planung 180
      3.3.5.1 Die Trägerebene 180
      3.3.5.2 Die Planungsrichtung 183
   3.3.6 Anpassung der Pläne 187
      3.3.6.1 Elastizität der Pläne 187
      3.3.6.2 Anpassungsrhythmus 191
   3.3.7 Die Planungsfolge 192
      3.3.7.1 Die Maßnahmeplanung 192
      3.3.7.2 Die Mengenplanung 197
      3.3.7.3 Die Wertplanung 202
   3.3.8 Die bereichsspezifische Planung 205
      3.3.8.1 Absatzplanung 207
         3.3.8.1.1 Absatzzielsetzung 207
         3.3.8.1.2 Programmplanung 209
         3.3.8.1.3 Vertriebsplanung 213
         3.3.8.1.4 Aktionsplanung 215
         3.3.8.1.5 Weitere Teilpläne 218
         3.3.8.1.6 Verkaufsplanung 218
         3.3.8.1.7 Kostenplanung 220
      3.3.8.2 Forschungs- und Entwicklungsplanung 222
      3.3.8.3 Produktionsplanung 223
      3.3.8.4 Materialwirtschaftsplanung 229
      3.3.8.5 Sonstige Planungen 231
   3.3.9 Die bereichsübergreifende Planung 233
      3.3.9.1 Personalplanung 233

	3.3.9.2 Investitionsplanung	235
	3.3.9.3 Finanzplanung	241
	3.3.9.4 Ergebnisplanung	246

4 Die Entscheidung 249

5 Die Überwachung als Wegweiser 251

   5.1 Wesen und Aufgabe 251
   5.2 Kontrolle als Steuerungshilfe 252
      5.2.1 Ausführungskontrolle 252
      5.2.2 Soll/Ist-Vergleich 253
      5.2.3 Abweichungsanalyse 256
   5.3 Steuerungsinformationen und ihre Wege 257
      5.3.1 Listen und Tabellen 257
      5.3.2 Kennziffern 260
      5.3.3 Graphische Darstellungen 263
      5.3.4 Berichte 265
      5.3.5 Wege und Termine der Steuerungs-
            informationen 267
   5.4 Steuerungsmaßnahmen 268

6 Die Steuerung als Prozeß 270

   6.1 Die einzelnen Phasen 270
   6.2 Der Steuerungsprozeß als Kreislauf 271
   6.3 Die Organisation als Grundlage 274

Schlußbetrachtung 277

Literaturverzeichnis 279

Stichwortverzeichnis 281

A
Ein Unternehmen in der Führungskrise

Es ist ein ganz normaler Freitag. Wie stets am Ende eines Vierteljahres hat der Chef der Modell-KG zu einer Besprechung gebeten. Produktionsleiter Dipl.-Ing. P ist nicht gerade gut gelaunt: Die Veranstaltung wird sicher wieder einige Stunden dauern, in denen die längst bekannten Sprüche losgelassen werden und sich einige den Frust von der Seele reden. Ist der Dampf einmal abgelassen und die Seelenmassage vorüber, bleibt alles wie bisher. Dabei spürt jeder im Unternehmen, daß es nicht mehr so richtig läuft. Keine große Krise, aber ein ungutes Gefühl hat Herr P schon seit einiger Zeit.

Herr P betritt den Raum und trifft auf den bekannten Kreis: den Leiter der kaufmännischen Verwaltung, Herrn L, den Verkaufsleiter, Herrn V, den Einkaufsleiter, Herrn E, den Leiter der Entwicklungsabteilung, Herrn M und Herrn K von der Betriebswirtschaftlichen Abteilung. Allerdings steht neben dem Chef, Herrn C, ein Fremder. Der Chef stellt diesen nach der Begrüßung als Herrn B, einen Betriebsberater, vor.

„Aha", denkt Herr P, „hat mich mein Gefühl in den letzten Wochen doch nicht getäuscht. Nun soll uns sicher einer zeigen, wie man es besser macht." Abwartende Stille und skeptische Blicke beherrschen den Raum.

Der Chef beginnt mit einer kurzen Einführung:

„Ihnen allen wird nicht entgangen sein, daß wir nicht mehr von einem Erfolg zum anderen stürmen. Natürlich habe ich mich in den letzten Wochen mit unserer Situation auseinandergesetzt. Dabei ist mir klar geworden, daß wir in den letzten Jahren eine unbefriedigende Entwicklung zu verzeichnen haben. Zwar habe ich mich immer damit getröstet, daß es anderen auch nicht besser geht, aber es gibt auch in unserer Branche Unternehmen, die sich wesentlich besser entwickeln.

Wir waren bislang immer stolz darauf, daß wir auf veränderte Situationen stets schnell reagiert haben. Anders ausgedrückt: wir sind meist auf den bereits fahrenden Zug aufgesprungen und so gerade noch mit der Entwicklung mitgekommen. Wir haben im Betrieb Situationen erlebt, die kritisch wurden, weil die einzelnen Bereiche nicht genügend aufeinander abgestimmt waren. In letzter Minute mußten Produktionsumstellungen vorgenommen werden, um Termine zu halten; Material mußte mit Eilaufträgen nachbestellt werden; die Entwicklungsabteilung mußte in aller Eile Neuerscheinungen auf dem Markt nachvollziehen."

„Wie recht er hat", stimmt Herr P zu, „meine Nerven hat es auch häufig gekostet, aber es hieß doch immer, dieses Reaktionsvermögen sei unsere Stärke." Ähnlich denken wohl auch die Kollegen, denn rundum sieht Herr P erstaunte Gesichter.

„Dies, meine Herren, hat nicht nur unsere Nerven, sondern auch Geld gekostet, manchmal viel Geld. Wir waren stets die Getriebenen, andere die Treibenden. Ich gebe zu, ich habe immer gesagt, schnell reagieren ist unsere Stärke. Aber in letzter Zeit frage ich mich, warum müssen wir reagieren, warum können wir nicht agieren?"

Dem können alle Anwesenden nur zustimmen. Ähnliche Gedanken hatte der eine oder andere von ihnen schon des öfteren, aber ausgesprochen hatte sie noch keiner. Wie sollte es anders werden? Jeder gab sich die beste Mühe, natürlich passierten Pannen, aber wo gab es das nicht?

„Ich habe mich ausführlich mit Herrn B unterhalten", fährt der Chef fort, „mit ihm zusammen wollen wir ein besseres Steuerungssystem aufbauen, das uns rechtzeitig erkennen läßt, wann sich Veränderungen ergeben. Ich bin freilich noch skeptisch, so wie Sie wahrscheinlich auch, aber ich meine, wir sollten mit der Unterstützung von Herrn B den Versuch wagen, uns mit den bewährten Methoden und Instrumenten der Unternehmenssteuerung vertraut zu machen und uns nicht mehr nur auf unser Fingerspitzengefühl und unsere Reaktionsschnelligkeit verlassen. Ich mache mir nicht nur Sorgen um unsere Nerven und unser Geld, sondern auch darüber, daß wir einmal nicht mehr rechtzeitig auf den fahrenden Zug aufspringen können, daß er ohne uns abfährt und wir nur noch die Schlußlichter der Konkurrenz vor uns sehen."

Dieser Freitag scheint doch nicht wie alle anderen zu werden. Veränderungen zeichnen sich ab, und Herr P wird etwas unruhig. Was würde wohl auf ihn zukommen? Neue Methoden, neue Instrumente? Das hieße doch nur: mehr Arbeit, Umstellungen, und das alles bei einem fraglichen Erfolg. So schlecht war man doch in der Vergangenheit auch nicht gefahren, daß man gleich alles umkrempeln mußte. War plötzlich alles falsch, was man doch mit einigermaßen gutem Erfolg immer so gemacht hatte? „Abwarten!" dachte Herr P keineswegs begeistert.

„Meine Herren", ergreift Herr B das Wort, „zunächst möchte ich feststellen, daß ich keine Patentlösung im Koffer habe. Ich habe

Ihnen gegenüber vielleicht den Vorteil, daß ich als Außenstehender nicht betriebsblind bin und daß ich Erfahrungen aus vielen anderen Unternehmen einbringen kann. Bitte sagen Sie jetzt nicht, bei Ihnen sei alles ganz anders. Sie wollen genau wie andere Unternehmen überleben, vielleicht sogar wachsen und optimale Gewinne erwirtschaften. Darum müssen wir auch nicht alles ganz anders machen, sondern überlegen, wie wir uns besser auf zukünftige Entwicklungen einstellen können. Wir müssen uns fragen, ob wir nicht einen Teil der Unsicherheit abbauen können, ob wir wirklich so hektisch auf Veränderungen reagieren müssen, oder ob wir uns nicht besser auf sie vorbereiten können. Wir wollen das gemeinsam überlegen und Lösungen erarbeiten, von denen Sie überzeugt sind, daß es ein Schritt in die richtige Richtung ist.

Stellen wir uns einmal die Frage: Was heißt 'Führen'? Wo immer geführt wird, man kann antworten: *Führen heißt, veranlassen, daß das Richtige getan wird.*

Es muß also bestimmt werden, was das Richtige ist, dann muß man veranlassen, daß das Richtige getan wird.

Wir müssen durch unser Führungsverhalten unsere Mitarbeiter dazu bringen, daß sie das tun, was wir als richtig erkannt haben. Mit Motivation und Anweisungen werden wir also unsere Mitarbeiter zur 'richtigen' Leistung bewegen. Dabei geht es um die Mitarbeiterführung; dies ist aber nicht unser heutiges Thema.

Das Richtige erkennen, es festlegen und die ordnungsgemäße Durchführung überwachen, damit wollen wir uns befassen. Wir nennen das: Steuern.

Bei der Bestimmung dessen, was richtig ist, konnten sich die verantwortlichen Führungskräfte bis Anfang der 70er Jahre an leicht zugänglichen Erkenntnissen orientieren. Die allgemeine Entwicklung verlief stetig, die Erfahrung und das sogenannte Fingerspitzengefühl zeigten ihnen in etwa den richtigen Weg. Mißerfolge ließen sich durch schnelle Reaktion auffangen.

Im heutigen verschärften Wettbewerb können wir uns Fehlentscheidungen nicht mehr leisten. Die Entscheidungen müssen systematisch erarbeitet werden, und die Handlungsweisen für die einzelnen Bereiche müssen aufeinander abgestimmt sein.

Im Mittelpunkt unserer Betrachtung steht das, was wir allgemein mit dem Wort „Unternehmensplanung" bezeichnen. Planung ist aber mehr als irgendein Plan. Auch bislang haben wir einen Produktionsplan gehabt, einen Ablaufplan für die Produktionsvorgänge und ähnliches."

„Na also", denkt Herr P, „so schlecht sind wir also doch nicht."

Aber der Verkaufsleiter äußert sofort Einwände:

„Planung, das fehlt noch, dann verlieren wir doch unsere letzte Stärke, unsere Flexibilität. Mir reicht das, was ich in dem Großunternehmen Magnum kennengelernt habe. Am grünen Tisch haben sogenannte Experten die Pläne entwickelt und uns vorgeschrieben, was wir zu tun hätten. Dabei hatten die keine Ahnung, wie es vor Ort aussieht. Wir müssen flexibel bleiben und dürfen nicht in bürokratischen Plänen ersticken."

Allgemeines Nicken zeigt, daß die übrigen Teilnehmer ähnlich denken, nur der Chef scheint anderer Ansicht. Dabei hatte doch gerade er diese These immer vertreten. Hatte er inzwischen seine Auffassung geändert?

„Diese Worte höre ich nicht zum erstenmal", meint Herr B, „und ich habe für Ihre Reaktion volles Verständnis. Leider führen tatsächlich in vielen Großunternehmen sogenannte Planungsstäbe die Planung durch, meistens mit Hilfe großer EDV-Anlagen und einer Unmenge von Daten, aus denen sie die zukünftigen Werte als Sollvorhaben errechnen. Auch die Ergebnisse der Planwirtschaft wirken nicht ermutigend. Beides sind tatsächlich Planungsbürokratien, die abschrecken können. Doch ich stelle die Frage umgekehrt:

Arbeiten Sie bislang planlos?"

Pause! Planlos natürlich nicht, aber wir haben keinen Wust von Formularen und Vorschriften, Pläne genannt.

„Natürlich arbeiten Sie nicht planlos", fährt Herr B fort. „Sie machen sich Gedanken darüber, was Sie tun wollen. Das ist Ihre Aufgabe, und das ist schon der wesentliche Teil der Planung. Doch das ist nicht alles. Die Frage ist, wie machen Sie sich diese Gedanken, und was machen Sie mit dem Ergebnis Ihrer Gedanken?

Gedanken können uns zufällig auftauchen, wir können krampfhaft überlegen, wie wir aus einer Klemme herauskommen. Wir können aber auch in Ruhe und systematisch vorgehen. Wir überlegen eine Reihe von Möglichkeiten, stellen sie einander gegenüber, wägen sachlich ab und kommen dann zu einem Ergebnis, das wir unter allen anderen Möglichkeiten als die beste Lösung ansehen. Wir spielen also verschiedene Handlungsweisen systematisch durch, ehe wir uns entscheiden. Dabei versuchen wir auch, neue Wege zu finden; wir sind kreativ, wir gestalten. Um aber in Ruhe sachlich überlegen zu können, müssen wir es rechtzeitig tun. Wir versuchen also nicht, situationsbezogene Lösungen für die Gegenwart zu finden, sondern bedenken unsere zukünftige Vorgehensweise. Ist das bürokratisch? Sicher nicht! Genau aber das ist Planen.

Daher definieren wir Planen als das *„gedankliche, systematische Gestalten des zukünftigen Handelns".* Wir sagen auch rationales Gestalten und zielorientiertes Handeln. Als Wesensmerkmale des Planens bezeichnen wir daher

— die Rationalität (gedanklich, systematisch, rational),
— die Kreativität (Gestalten),
— die Zukunftsbezogenheit (zukünftige),
— die Handlungsweise zur Problemlösung (Handeln).

Von Zahlen und EDV ist nicht die Rede.

Zahlen sind nur eine quantitative Größe, um den erwarteten Erfolg des Handelns auszudrücken. Außerdem möchten wir wissen, ob unser Plan den gewünschten Erfolg gebracht hat; wir brauchen darum eine Vergleichsgröße für den effektiven Erfolg.

Damit wir nicht vergessen, was wir erreichen wollen, und damit wir auch andere darüber informieren können, halten wir unsere Überlegungen und die quantitativen Größen schriftlich fest. Somit sind diese Aufzeichnungen nützliche Richtschnur und Vergleichsgrundlage für andere Beteiligte.

Wird dadurch unsere Handlungsfähigkeit eingeschränkt? Sind wir damit an Dienstanweisungen gebunden und verlieren wir somit unsere Flexibilität und Reaktionsschnelligkeit?

Das kommt nur auf die Art der Pläne und ihren Gebrauch an. Wer muß wohl schneller reagieren als die Feuerwehr? Was geschähe, wenn die Feuerwehr erst im Augenblick des Notfalls überlegen würde, was sie tun muß? Wertvolle Zeit ginge verloren, und man würde ihr mit Recht den Vorwurf machen, daß sie planlos und dilettantisch vorgehe und sich nicht genügend auf den Ernstfall vorbereitet habe. Darum hat die Feuerwehr Einsatzpläne, die in Ruhe erarbeitet wurden. Sie kann also nur aufgrund ihrer Pläne schnell reagieren.

In Teilbereichen haben wir schon heute sehr gute Pläne. Herr P kann sicher seine Erfahrungen mit den Produktionsplänen schildern."

Herr P berichtet, daß er für jedes einzelne Produkt genaue Arbeitsablaufpläne erstellt. Darin sind die verschiedenen Arbeitsvorgänge bis hin zu den einzelnen Arbeitselementen genau beschrieben und einzelnen Arbeitsplätzen zugeordnet. Über Reihenfolge und Zuordnung macht sich die Arbeitsvorbereitung Gedanken, damit alle Arbeiten koordiniert ablaufen können, es keine Störungen und Verzögerungen, sprich keine Zeit- und Geldverluste gibt, die Durchlaufzeit minimiert wird und jeder genau weiß, was er zu tun hat. Die Arbeitsvorbereitung beschäftigt sich also systematisch damit, was in Zukunft in der Produktion zu tun ist. Darüber hinaus wird der Zeitbedarf festgelegt und so die geplante Ausstoßstückzahl vorgegeben. Auch die Terminplanung sowie die Belegung der einzelnen Maschinen sind nur aufgrund einer solchen Ablaufplanung möglich.

Diese Planung im eigenen Haus ist allen Führungskräften bekannt; sie wird als Selbstverständlichkeit betrachtet. Warum, so denkt nun doch mancher, können ähnliche Überlegungen nicht auch in anderen Bereichen die Arbeit erleichtern?

Schon kommen die ersten Anregungen, diesen oder jenen Plan zusätzlich zu entwickeln. Doch schnell stellt sich heraus, daß es sehr viele Berührungspunkte zwischen den Bereichen und damit auch zwischen den einzelnen Aktivitäten gibt. Es wird deutlich, daß nicht jeder für sich alleine planen kann. Muß sich der Absatz nach den Terminen der Produktion richten – oder sollte es umgekehrt sein? Sofort meldet sich auch der Einkaufsleiter zu Wort und bemerkt, daß er nicht jeden Terminwunsch der Produktion erfüllen könne und daß auch er in die Überlegungen einbezogen werden müsse. Kaum fängt man an, ernsthaft über einzelne Pläne zu diskutieren, tauchen Hindernisse auf.

„Sie sehen", meint Herr B, „so kommen wir nicht weiter. Wir müssen schon etwas gezielter und systematischer vorgehen. Bevor wir uns Gedanken darüber machen können, wie wir in Zukunft handeln wollen, müssen wir uns ein genaues Bild davon verschaffen, wo wir eigentlich stehen und welche Entwicklung wir in der Vergangenheit durchlaufen haben. Erst dann können wir realistisch beurteilen, wohin die Reise in Zukunft gehen kann und soll."

Wieder kommen von den einzelnen Teilnehmern spontan Hinweise, wo Schwächen seien, wo man Stärken habe, was geändert werden müsse. Jeder hat etwas beizusteuern. Herr B läßt diese Diskussion eine Zeit laufen, obwohl der Chef sichtlich unruhig wird. Es dauert aber nicht lange, da merken alle Teilnehmer, daß dies nicht weiterführt.

Auf diese Weise kommen wir zu keinem Ergebnis. Wenn wir unsere Situation richtig erfassen wollen, müssen wir systematisch vorgehen und unser Unternehmen – aber auch seine Umwelt – einer umfassenden Analyse unterziehen.

B
Entwicklung einer Unternehmenssteuerung

1
Die Situationsanalyse

Bei der nächsten Bereichsleiterbesprechung sind alle gespannt, was die Situationsanalyse wohl ergeben wird. Jeder erscheint mit einer Vielzahl von Unterlagen, und jeder ist bereit, seinen Teil zu einer umfassenden Bestandsaufnahme beizutragen.

1.1 Anforderungsgerechte Informationen als Voraussetzung

Einleitend führt Herr B aus:

„Wir wollen uns heute ein Bild von unserem Unternehmen machen. Dazu sind Sie gebeten worden, umfangreiches Informationsmaterial mitzubringen. Zunächst möchte ich jedoch eine Frage stellen: Was sind Informationen?" Erstaunt sehen sich die Teilnehmer an. Formulierungen wie „das, was wir an Unterlagen haben", „das, was wir wissen wollen", „unsere Erfahrungen" lauten die Antworten.

Informationen sind zweckbezogenes Wissen – so können wir die Aussagen in ihrem Kern zusammenfassen. Nicht alles, was wir an Nachrichten, Erfahrungen und sonstigem Wissen zur Verfügung haben, können wir für den Zweck der Unternehmenssteuerung gebrauchen. Wir müssen uns also Klarheit darüber verschaffen, was für den Zweck der Unternehmenssteuerung an Wissen erforderlich ist und was unnötiger Ballast ist. Bei der Verarbeitung der so definierten Informationen müssen wir systematisch vorgehen, um zu ihrem Kern zu gelangen.

Der erste Schritt des Informationsprozesses ist die Quellensuche. Wir unterscheiden interne und externe Informationen. Interne Informationen erhalten wir aus den Aufzeichnungen, die im Unternehmen gemacht werden und die entsprechend ausgewertet werden müssen. Dies sind Informationen aus der Produktion über den Beschäftigungsgrad, den Krankenstand, den Ausschuß; aus dem Verkauf über den Auftragseingang, den Warenbestand, die Auftragserwartung oder aus dem Rechnungswesen über die Kosten- und Liquiditätsentwicklung, die kurzfristige Erfolgsrechnung oder letztendlich den Gewinn.

Externe Informationen können wir aus verschiedenen Veröffentlichungen und Mitteilungen bekommen, wie zum Beispiel Verbandsmitteilungen, Zeitungsberichte, Mitteilungen des Industrieverbandes, Artikel aus Fachzeitschriften, von Kunden, von den Lieferanten.

Nachdem wir uns einen Überblick über die Quellen, die uns zur Verfügung stehen, verschafft haben, müssen wir uns darum bemühen, aus diesen möglichst viel verwendbares Material zu erhalten — wir müssen diese Quellen erschließen.

Danach kommen wir zur zeitaufwendigen Informationsgewinnung. Dabei gilt es, die Spreu vom Weizen zu trennen. Wir müssen also erkennen, was für uns wichtig ist und was vergessen werden kann.

Haben wir diese umfassende Aufgabe erledigt, dann wandeln wir die Informationen zunächst auf unsere Bedürfnisse um, wir transformieren die Information. Nicht alle Informationen können unmittelbar verwendet werden. So kann ein Hersteller von Kinderspielzeug von außen sicherlich keine konkreten Informationen über seine speziellen Absatzerwartungen erhalten. Er bekommt aber Informationen darüber, wie die Geburtenentwicklung verläuft und wie sich somit der Abnehmerkreis für seine Spielwaren entwickeln wird. Daraus muß die umsetzbare Information bezüglich der Absatzmöglichkeiten abgeleitet werden.

Wenn eine solche Auswertung vorliegt, sind die konkreten Angaben an die einzelnen Stellen weiterzugeben. Diesen Vorgang nennen wir *Kommunikation*, das heißt, die Information wird weitergegeben an eine andere Stelle. Dort erfolgt die Informationsannahme. Gerade die Kommunikation bringt häufig erhebliche Schwierigkeiten mit sich. Schon die Frage, ob eine bestimmte Information vom Informierten in Eigeninitiative weitergegeben werden muß oder er diese nur auf Anforderung weitergeben soll, muß festgelegt sein. Des weiteren muß die fehlerfreie Übertragung der Informationen sichergestellt sein.

Viele Probleme und Fehler im Unternehmen ließen sich vermeiden, wenn die Kommunikation einwandfrei klappen würde.

Kommunikation ist natürlich auch ein Organisationsproblem, doch darauf wollen wir jetzt nicht eingehen. Wir befassen uns nun damit, wie wir die benötigten Informationen bekommen, verarbeiten und verwenden können.

1.2
Die Beschaffung von Umweltinformationen

„Verschaffen wir uns zunächst ein Bild von unserer Umwelt", fährt Herr B fort, „wir wollen einmal systematisch zusammentragen, welche Umwelteinflüsse wir beachten müssen."

Wir sehen zunächst die allgemeine Entwicklung in der Politik, Gesellschaft, Wirtschaft, Technik und so weiter. Damit wir unser Unternehmen richtig steuern können, müssen wir diese Veränderungen verfolgen.

Grundlage aller Entwicklungen und damit auch der unseres Unternehmens ist die *politische Entwicklung* im nationalen Bereich, aber auch in den internationalen Beziehungen. Direkte Auswirkungen auf unser Unternehmen haben insbesondere Gesetze. Wir sollten sie deshalb genau kennen. Da Gesetzgebungsverfahren nicht von heute auf morgen ablaufen, können wir Veränderungen durchaus im voraus abschätzen.

Des weiteren ist die *gesellschaftspolitische Entwicklung* ausschlaggebend für die allgemeine wirtschaftliche Entwicklung. Das Verhältnis zwischen Gewerkschaften und Arbeitgebern, konkrete Entwicklungen wie Arbeitsmentalität, Sparneigung, Freizeitverhalten können Auswirkungen auf unsere Unternehmensentwicklung haben.

Dazu gehört auch die allgemeine *Bevölkerungsentwicklung*. Es ist bekannt, daß sich unsere Bevölkerungsstruktur verändert. Dies hat selbstverständlich auch Einfluß auf die Zusammensetzung und die Anzahl unserer Arbeitnehmer. Wir sollten uns genau darüber informieren, ob es hier im Laufe der nächsten Jahre erhebliche Veränderungen geben wird und wie wir diese in betriebliche Entscheidungen umsetzen wollen.

Selbstverständlich hat die nationale, aber auch die internationale *Wirtschaftspolitik* Einfluß auf unser Unternehmen. Wenn wir diese Entwicklung richtig interpretieren wollen, müssen wir uns damit umfassend auseinandersetzen.

Daraus folgt, daß die allgemeine *Wirtschaftsentwicklung* auch für unser Unternehmen maßgeblich sein wird. Die Entwicklung des Bruttosozialprodukts als Ausdruck für die wirtschaftliche Leistung unserer Volkswirtschaft, die Einkommensentwicklung verbunden mit der Inflationsentwicklung, der allgemeine Wirtschaftszyklus, all das sind Daten, die wir bei unseren Zukunftsüberlegungen nicht außer acht lassen können.

Dazu kommt eine erhebliche *technische Entwicklung* bei den Erzeugnissen und in der Produktion. Zwar haben wir im Bereich der Herrenbekleidung nicht mit wesentlichen technischen Erneuerungen der Produkte zu rechnen, aber der technische Fortschritt beeinflußt unsere Produktionsgestaltung. Gerade Herr P wird auf diesem Gebiet ein waches Auge haben müssen, damit wir nicht den Anschluß in der Produktionstechnik verpassen. Insbesondere wegen der hohen Löhne hierzulande dürfen wir keine Möglichkeit verpassen, unsere Produktion technisch weiterzuentwickeln.

1.3 Die Umweltanalyse

Nun wollen wir diese Punkte einmal im Hinblick auf unser Unternehmen betrachten.

1.3.1 Das gesellschaftliche Umfeld

Zunächst analysieren die Führungskräfte das gesellschaftliche Umfeld dahingehend, ob sich gesellschaftliche Veränderungen auf das Unternehmen auswirken werden. Die allgemeine politische Lage wird als stabil empfunden, so daß man aus dem Bereich der Politik keine gravierenden Umwälzungen erwartet. Es wird ferner festgestellt, daß in den bisher angesprochenen Abnehmergruppen keine grundsätzlichen Veränderungen in den Bekleidungsgewohnheiten zu erwarten sind, daß aber die zunehmende Freizeit eine positive Voraussetzung für die Entwicklung auf dem Freizeitbekleidungsmarkt darstellt. Die Bevölkerungsentwicklung zeigt, daß die Zielgruppe der 30- bis 60jährigen in den nächsten Jahren wachsen wird, da langfristig eine Verschiebung der Alterspyramide nach oben erfolgt.

1.3.2 Die volkswirtschaftliche Entwicklung

Derzeitigen Einschätzungen zufolge gehen alle Beteiligten davon aus, daß die volkswirtschaftliche Entwicklung insgesamt positiv verlaufen wird. Nach den vorliegenden Informationen ist auch längerfristig mit einem gemäßigten Wachstum des Bruttosozialprodukts sowie der verfügbaren Einkommen zu rechnen. Nach allen Wirtschaftsberichten ist zwar eine leichte Verschiebung der Inflationsrate zu erwarten, doch sind auch auf diesem Gebiet keine gravierenden Veränderungen zu erkennen. Bedeutende Auswirkungen scheint der europäische Binnenmarkt zu haben. Es ist erforderlich, die neuen Marktchancen gezielt zu untersuchen und sich ein besseres Bild von der europäischen Konkurrenz zu machen. Insgesamt gehen unsere Führungskräfte von der

Auffassung aus, daß die Wirtschaftsentwicklung zwar nicht euphorisch, aber doch solide und leicht ansteigend verlaufen wird.

1.3.3 Die Branchenanalyse

Bei der *Branchenanalyse* wird die Diskussion konkreter, auch differenzierter. Alle Teilnehmer sind bemüht, nun ihre Überlegungen kundzutun. Der Verkaufsleiter legt eine Checkliste vor, aufgrund der wir zu konkreten Angaben kommen können.

Die Diskussion der Checkliste ergibt folgende Aussagen:

Der Markt für Freizeitbekleidung läßt ein Mengenwachstum von 5 bis 7 Prozent pro Jahr erwarten, wobei sowohl hinsichtlich der Qualität als auch von der Modeaktualität her die Ansprüche steigen werden. Der Preisdruck wird auf Dauer gesehen eher stärker als schwächer. Insbesondere sind die Importe bei dieser Beurteilung nicht außer acht zu lassen. Der eigene Marktanteil wird als nicht maßgeblich bezeichnet, doch stellt man fest, daß es keinen ausgesprochenen Marktführer auf diesem Markt gibt. Man ist sich aber einig, daß einige Unternehmen es geschafft haben, mit ihrer Marke ein bestimmtes Image bei den Verbrauchern zu entwickeln und dadurch eine dominierende Stellung sowohl in der klassischen Bekleidung wie auch in der Freizeitbekleidung erreicht haben. Deren Marktanteile sind daher als überdurchschnittlich zu bezeichnen, während die eigenen Marktanteile im Durchschnitt liegen. Durch die Vielzahl der Unternehmen und die Differenziertheit des Marktes ist es allerdings schwierig, die Marktanteile genau in Prozenten zu beziffern, wie das auf Märkten in anderen Branchen möglich ist. Die Bewertung der einzelnen Kriterien der Checkliste mit Punkten zwischen 1 und 9 ergibt ein anschauliches *Branchenprofil* (Abbildung 1).

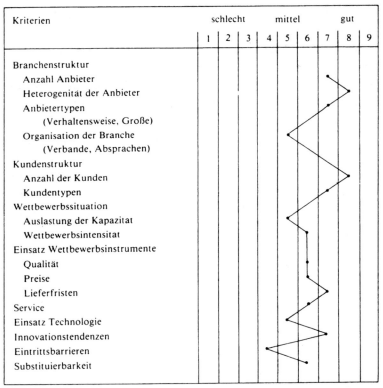

Abbildung 1: *Branchenprofil*

1.3.4 Die Konkurrenzanalyse

Auch für die *Konkurrenzanalyse* hat Herr V eine Checkliste erarbeitet. Die Führungskräfte analysieren nun anhand dieser

Checkliste die Konkurrenz, insbesondere die starken direkten Konkurrenzunternehmen. Sie machen sich ein genaues Bild von den einzelnen Punkten, um aus dieser Analyse später die eigene Situation ableiten zu können. Dabei stellt sich heraus, daß vor allem der Außendienst als Informationsquelle nützlich ist. Darüber hinaus sind auch Unternehmensberichte aus Fachzeitschriften und Verbandsmitteilungen eine willkommene Quelle für diesen Teil der Analyse. Auch hier wird aus der Checkliste durch Bewertung ein *Konkurrenzprofil* entwickelt (Abbildung 2).

Kriterien	Die Konkurrenz ist im Vergleich zu uns								
	besser			gleich			schlechter		
	1	2	3	4	5	6	7	8	9
Konkurrent A									
Allgemeine Wettbewerbsfahigkeit									
Einschätzung der Strategie									
Umsatzgröße insgesamt									
Umsatz in relevanten Produkten									
Marktanteile insgesamt									
Marktanteil in relevanten Produkten									
Produktpolitik									
Preislage									
Kostenstruktur									
Gewinnsituation									
Finanzkraft									
.									
.									
.									
Konkurrent B									
siehe oben									

Abbildung 2: Konkurrenzprofil

1.4 Die Beschaffung von Unternehmensinformationen

Herr B lenkt nun die Aufmerksamkeit auf die Quellen im Unternehmen und fragt, wo innerhalb des Unternehmens Informationen vorhanden sind, die für die Gesamtanalyse von Bedeutung sind. Der Prokurist fühlt sich besonders angesprochen und weist auf das Rechnungswesen hin: Er kann die Unterlagen liefern für eine langfristige Geschäftsanalyse, eine Ergebnis- und Kostenanalyse sowie eine umfassende Finanzanalyse des Unternehmens.

Herr P hat umfangreiche Informationen aus dem Produktionsbereich zusammengestellt. Er spricht insbesondere die Zusammensetzung der maschinellen Anlagen, den Arbeitsablauf sowie den Materialfluß, die Auslastung, die Verlustzeiten, die Leistungsgrade und den Krankenstand an. Der Einkaufsleiter Herr E weist darauf hin, daß der Materialfluß vom Beginn der Beschaffung bis zum Versand ein umfassendes Logistikproblem ist und daß er diesbezüglich eine Reihe von Quellen zur Verfügung stellen kann.

Der Leiter der Modellentwicklung, Herr M, hat zusammen mit Herrn V, dem Verkaufsleiter, Material zusammengestellt, um das Entwicklungspotential des Unternehmens zu analysieren. Konkrete Zahlen über die Rentabilität, aber auch über die Finanzkraft des Unternehmens kann Herr K als Leiter der betriebswirtschaftlichen Abteilung liefern. Letztendlich sind sich alle Beteiligten darüber einig, daß auch Struktur und Qualifikation des Personals eine wesentliche Rolle spielen und entsprechende Informationsunterlagen erarbeitet werden müssen.

1.5
Die Unternehmensanalyse

Erstaunt und erfreut stellen die Teilnehmer unserer Diskussionsrunde fest, daß sie doch schon eine Reihe von Informationen erarbeitet haben, die bislang in dieser Konzentration noch keinem bekannt waren. Geradezu euphorisch meint der Verkaufsleiter: „Das sieht ja gar nicht so schlecht aus, daraus muß sich doch etwas machen lassen."

Betrachten wir die Informationen genauer. Die Analyse der Umwelt unseres Unternehmens zeigt durchaus eine Reihe von Chancen. Um diese richtig zu nutzen, müssen wir uns aber Klarheit darüber verschaffen, wie wir in dieser Umwelt stehen, wo wir gegenüber unserer Konkurrenz Stärken oder Schwächen aufweisen. Befassen wir uns also einmal sehr ausführlich mit der *Unternehmensanalyse*.

Wie jeder Mensch hat auch jedes Unternehmen Stärken und Schwächen, begründet in den dort tätigen Menschen, aber auch darin, wie diese Menschen zusammenarbeiten, ob sie ihre Stärken voll zur Geltung bringen können, ob sie motiviert sind, ob die Bedingungen an den einzelnen Arbeitsplätzen so sind, daß optimale Leistungen erzielt werden können. Diese verschiedenen und sehr komplexen Einflüsse auf das Ergebnis des Unternehmens sind im einzelnen schwer greifbar. Messen können wir vor allem die Ergebnisse dieses Zusammenwirkens anhand von Mengenzahlen oder Wertzahlen. Diese Zahlen, die wir an den verschiedensten Stellen des Unternehmens ermitteln können, sind also kein Selbstzweck, sondern der Kompaß, der uns die Richtung anzeigt, in die unser Unternehmen im Augenblick tendiert. Sie sind aber auch das Fieberthermometer, das uns auf Krankheiten hinweist.

Neben den Zahlen gibt es aber auch Kriterien, die wir nicht so leicht messen können. Beispiele sind die Innovationsfähigkeit des Unternehmens, der technische Stand der Produktion, das Entwicklungspotential und auch die Qualität der Führungskräfte und des übrigen Personals. Wichtig sind auch Kriterien wie der Bekanntheitsgrad unserer Produkte, die Kundentreue oder das Image unseres Unternehmens.

Es wird bei einer solchen Analyse sicher auch zu schmerzlicher Selbsterkenntnis kommen, aber Vorwürfe und Schuldzuweisungen wollen wir unterlassen und uns lieber an Fakten orientieren.

1.5.1 Allgemeine Stärken-Schwächen-Analyse

Machen wir uns zunächst einmal ein Bild von unserem Unternehmen insgesamt, bevor wir in die einzelnen Teilbereiche einsteigen. Dazu müssen wir die Kriterien zusammentragen, die das Leistungsbild unseres Unternehmens ausmachen. Eine Vielzahl von Gesichtspunkten ergibt eine Liste, aus der als erste Grundlage ein *Stärken-Schwächen-Profil* des Unternehmens entwickelt werden kann (Abbildung 3).

| | Ressourcen, Leistungspotentiale | Beurteilung ||||
		Schlecht 9 8 7 6 5 4	Mittel 3 2 1 0 1 2 3	Gut 4 5 6 7 8 9
interner Leistungsbereich	Technischer Stand			
	Innovationsfähigkeit			
	Kostensituation			
	Entwicklungspotential			
	Finanzsituation			
	Qualität der Führungskräfte			
externer Leistungsbereich	Anwendungs-Know-how			
	Marktbearbeitung			
	Marktstellung (Anteile)			
	Neue Problemlösungen			
	Bekanntheitsgrad			
	Service			
	Image			
Strategie	Konfrontation/Lücke zum Wettbewerb			
	Nutzen vorhandener und Schonen knapper Ressourcen			
	Konzentrieren (Verzetteln)			
	Marketingkonzept			
	Führungskonzept			
	Management			

Abbildung 3: Stärken-Schwächen-Analyse

Dabei ist es nicht immer einfach, die einzelnen Kriterien emotionslos, sachlich zu diskutieren. Schließlich sind in vielen Punkten die Anwesenden direkt betroffen, und es bedarf einer guten Diskussionsleitung des Herrn B, damit dieses Profil zum Schluß allgemeine Anerkennung findet. Bei der Beurteilung wird allen Beteiligten schnell deutlich, daß man nur dann zu einer Änderung kommen kann, wenn die kritische Analyse weiter in die Einzelheiten vordringt.

1.5.2 Analyse der quantitativen Daten

Die Analyse der qualitativen Kriterien wollen wir durch eine ausführliche Betrachtung der quantitativen Größen des Unternehmens ergänzen.

1.5.2.1 Die Daten des Jahresabschlusses

Der Betriebsberater schlägt vor, konkreter zu werden und zunächst die Bilanz genauer zu betrachten.

Erschrocken will der Chef abwehren, betrachtet er doch die Bilanz als ein ganz vertrauliches Papier. Gewinn macht man, aber man spricht nicht darüber, ist seine Devise. Doch Herr B fragt die Führungskräfte unbeirrt, wie hoch sie den Gewinn des Unternehmens einschätzen.

Zwischen 800 000,— und 1 500 000,— DM liegen die Schätzungen.

„Das ist doch nicht möglich", denkt der Chef, „das muß ich schnellstens richtigstellen." Er macht, was er vor wenigen Minuten noch verhindern wollte, und stellt den Jahresabschluß des abgelaufenen Jahres in den wesentlichen Positionen vor:

Soll	Gewinn- und Verlustrechnung		Haben
Materialverbrauch		20 000 000,—	Umatzerlöse
Fertigung	7 400 000,—	400 000,—	Mieterträge
Modellabteilung	500 000,—		
Fertigungslohn	4 000 000,—		
sonstige Personalkosten	2 350 000,—		
Provision	1 200 000,—		
Abschreibungen			
Maschinen	320 000,—		
sonstige Anlagen	190 000,—		
Zinsen	450 000,—		
Skontoaufwendungen	700 000,—		
Werbung	520 000,—		
sonstiger Aufwand	1 870 000,—		
Vermietetes Gebäude			
Reparaturen	250 000,—		
Zinsen	100 000,—		
Gewinn	550 000,—		
Summe	20 400 000,—	20 400 000,—	Summe

Aktiva	Bilanz		Passiva
Grundstücke/Gebäude		2 600 000,—	Kapitaleinlage
betriebsnotwendig	2 460 000,—	650 000,—	Gewinnvortrag
vermietet	1 500 000,—	1 500 000,—	Darlehen für
Maschinen	400 000,—		vermietete Gebäude
diverse Anlagen	170 000,—	4 500 000,—	Darlehen
Roh-, Hilfs-, Betriebs-			betriebsnotwendig
stoffe	3 800 000,—	1 010 000,—	Kontokorrent-
Halb-/Fertigware	500 000,—		kredit
Forderungen	2 400 000,—	1 000 000,—	Lieferanten-
Bank	30 000,—		kredit
Summe	11 260 000,—	11 260 000,—	Summe

Nun können wir die angesprochenen Größen deutlich erkennen.

Der *Unternehmensgewinn* beträgt 550000,— DM.

Doch sind darin auch die betriebsfremden Mieterträge sowie die nicht betriebsnotwendigen Gebäudeteile und entsprechende

Darlehen enthalten. Zur betriebsbezogenen Unternehmensanalyse müssen wir diese Werte herausnehmen.

Der Gewinn aus betrieblicher Tätigkeit ergibt sich daher wie folgt:

betriebsbezogener Aufwand	19 500 000,— DM
betriebsbezogener Ertrag	20 000 000,— DM
Betriebsgewinn	500 000,— DM

Wir müssen aber bedenken, daß unser Unternehmen eine Kommanditgesellschaft (KG) ist, also eine Personengesellschaft wie die Offene Handelsgesellschaft (OHG). Bei diesen Gesellschaftsformen gibt es wie beim Einzelunternehmen keinen Geschäftsführer als Unternehmensleiter. Der persönlich haftende Unternehmer wird nach dem Bilanzrecht nur als Eigentümer, nicht als Angestellter gesehen. Daher wird für ihn auch kein Arbeitseinkommen als Gehalt ausgewiesen. Da der Inhaber jedoch wie ein Geschäftsführer arbeitet, steht ihm für seine Tätigkeit ein Unternehmerlohn zu. Der ausgewiesene Gewinn muß daher noch um den Betrag eines solchen Gehalts verringert werden. Nehmen wir an, ein fremder Geschäftsführer würde ein Gehalt von 150 000,— DM beziehen, dann verringert sich der Betriebsgewinn auf 350 000,— DM.

Hätte das Unternehmen die Rechtsform einer Gesellschaft mit beschränkter Haftung (GmbH) oder einer Aktiengesellschaft (AG), würde für den Geschäftsführer oder das Vorstandsmitglied ein solches Gehalt als Personalaufwand gebucht und bereits in der Bilanz den Gewinn verringern, auch wenn die Betreffenden selbst Gesellschafter sind. Es besteht allerdings auch bei Personengesellschaften und Einzelunternehmen die Möglichkeit, freiwillig dem Gesellschafter ein Gehalt als *Unternehmer-*

lohn (fiktives Gehalt) zuzurechnen und dies im Rechnungswesen und in der Handelsbilanz zu berücksichtigen. Dann wird wie bei der GmbH der eigentliche Gewinn als Bilanzgewinn ausgewiesen.

Um Mißverständnisse zu vermeiden und nur den wirklichen Gewinn zu ermitteln, wollen wir auch in unserem Unternehmen so verfahren. Der dann auszuweisende Gewinn beträgt 350000,— DM — dies ist aber der Gewinn vor Steuern; Einkommensteuer und Vermögensteuer müssen also noch gezahlt werden. Die Gewerbesteuer ist bereits vorab als Aufwand verrechnet worden. Betrachten wir nur das Betriebsergebnis und wird das Arbeitseinkommen des Inhabers als Unternehmerlohn vorab berücksichtigt, ergibt sich nach Steuern etwa ein *Betriebsergebnis* von 170000,— DM.

Bei Aktiengesellschaften sind die Steuern schon vor Ermittlung des Jahresüberschusses abzurechnen, so daß eine AG nur den Betrag von 170000,— DM als Jahresüberschuß ausweisen würde.

Von diesem Betrag müssen die Gewinnanteile entsprechend den Kapitalanteilen an die Gesellschafter gezahlt werden. Außerdem müssen von diesem Betrag die Tilgungen der Kredite sowie die Nettoinvestitionen finanziert werden. Die Beträge, die dem Unternehmen für diese Zwecke für die kommenden Jahre zur Verfügung bleiben sollen, werden als Gewinnvortrag oder Rücklagen ausgewiesen. In der Bilanz einer Aktiengesellschaft wird der Jahresüberschuß noch um diese Beträge reduziert, so daß der sogenannte *Bilanzgewinn* nur der ausschüttbare Betrag ist. Wir müssen diese Überlegungen berücksichtigen, wenn wir die Gewinne verschiedener Unternehmen und verschiedener Rechtsformen miteinander vergleichen. Zur besseren Übersicht dient folgende Gegenüberstellung, wobei wir bewußt nur noch die betriebsbezogenen Zahlen einbeziehen:

	Personengesellschaft	Aktiengesellschaft
Umsatzerlöse	20 000 000,—	20 000 000,—
Aufwand gesamt	19 500 000,—	19 500 000,—
Vorstandsgehalt		150 000,—
Steuern		180 000,—
Jahresüberschuß		170 000,—
Einstellung in Rücklage		80 000,—
Bilanzgewinn	500 000,—	90 000,—
Unternehmerlohn	150 000,—	
echter Betriebsgewinn	350 000,—	
Steuern	180 000,—	
Gewinn nach Steuern	170 000,—	
Gewinnvortrag	80 000,—	
Gewinnausschüttung (nach Steuern)	90 000,—	

Wir erkennen, daß die Position Bilanzgewinn der Bilanzen keinesfalls vergleichbar ist und erst aufeinander abgestimmt sein muß, ehe wir daraus Rückschlüsse ziehen können.

Bei der Betrachtung dieser Zahlen hat es die Führungskräfte betroffen gemacht, daß nur 80 000,— DM für Tilgung und Modernisierungs- beziehungsweise Erweiterungsinvestition zur Verfügung stehen. Allerdings werden Ersatzinvestitionen – ohne Berücksichtigung der Preissteigerungen – aus Abschreibungen gedeckt.

Zum besseren Verständnis dieser Zusammenhänge empfiehlt Herr B allen Teilnehmern, sich mit den Instrumenten des Rechnungswesens vertraut zu machen.

Schon diese Zahlen lassen erkennen, daß eine Erhöhung des Gewinns in unserem Unternehmen zwingend notwendig ist, um die erforderlichen Investitionen zur Sicherung und Weiterentwicklung des Unternehmens zu tätigen.

1.5.2.2 Die Kennziffernanalyse

„Wo sind denn Ansatzpunkte, daß wir die Gewinnsituation verbessern können?" fragt Herr P. „Können wir diese Zahlen nicht noch differenzierter betrachten?"

„Selbstverständlich", erwidert Herr B, „wir werden nun einige betriebswirtschaftliche *Kennzahlen* untersuchen."

Der entscheidende Vorteil einer Kennzahl liegt in der Verdichtung des Informationsgehaltes großer Datenmengen. Kennzahlen sind geeignet, komplexe betriebliche Vorgänge in bezug auf den Informationsgehalt transparent zu machen. Wir unterscheiden folgende Gruppen von Kennzahlen:

absolute Zahlen
– Meßzahlen
– Summen
– Differenzen
– Mittelwerte

Verhältniszahlen
– Gliederungszahlen
– Beziehungszahlen
– Indexzahlen

Unter absoluten Zahlen verstehen wir Angaben, die auf Mengen oder Werten basieren, und zwar:

– Meßzahlen, wie den Höchstbestand oder Sicherheitsbestand in der Materialwirtschaft;

- Summen, wie Bilanzsumme, Lohnsumme, Forderungssumme;
- Differenzen, wie Inventurdifferenzen;
- Mittelwerte, wie durchschnittlicher Lagerbestand, durchschnittliche Kapitalhöhe.

Verhältniszahlen sind Angaben, die einen betriebswirtschaftlich relevanten Zusammenhang zwischen zwei Größen in Form einer Relation widerspiegeln:

- Gliederungszahlen drücken die betriebliche Struktur aus, wobei der Zähler jeweils ein Teil des Nenners ist wie beim Verhältnis Eigenkapital/Gesamtkapital oder entsprechenden Prozentzahlen;
- Beziehungszahlen stellen die Beziehung zwischen zwei verschiedenartigen Größen dar, zwischen denen ein logischer Zusammenhang besteht. Typische Beziehungszahlen sind Kostensätze wie Materialkosten pro Einheit, Lohnkosten pro Einheit;
- Indexzahlen verdeutlichen die Veränderung in einem Zeitablauf. Typische Indexzahlen sind Preisindizes und Verbrauchsindizes.

In der Literatur gibt es eine Fülle verschiedener Kennzahlen. Wir wollen uns davon nur einige wesentliche vor Augen führen, die wir später nach Bedarf noch ergänzen können.

Wir werden uns über die Zielsetzung des Unternehmens noch ausführlich unterhalten müssen. Festhalten können wir aber bereits, daß der Gewinn eine zentrale Größe zur betriebswirtschaftlichen Beurteilung ist. Daher zählt die Gewinngröße und die daraus abgeleiteten Verhältniszahlen zum Ausgangspunkt ganzer Kennzahlenreihen. Von der Größe

Kapitalrentabilität = $\dfrac{\text{Gewinn} \times 100}{\text{Kapital}}$

kann eine ganze Hierarchie von Kennzahlen abgeleitet werden. Als Beispiel für verschiedene Möglichkeiten sei folgender Kennzahlenbaum dargestellt (Abbildungen 4 und 5). Für unser Unternehmen wollen wir daraus den Kennziffernbaum der Abbildung 6 entwickeln.

Bei den Kennzahlen wird als Kapitalgröße jeweils der

durchschnittliche Wert eines Jahres = $\dfrac{\text{Anfangsbestand} + \text{Endbestand}}{2}$

in Ansatz gebracht, weil die Renditeentwicklung im Lauf der Periode erfolgt.

Da die Rentabilität eine kapitalbezogene Größe ist, dürfen wir bei der Gewinngröße nur den kapitalbezogenen Teil einsetzen und müssen das Arbeitseinkommen des Unternehmens (Unternehmerlohn) vorher abziehen.

Für unser Unternehmen ergeben sich somit folgende Werte:

Anfangsbestand Gesamtkapital:	9 940 000,— DM
Endbestand Gesamtkapital:	11 260 000,— DM
Durchschnittsbestand Gesamtkapital:	10 600 000,— DM
Bilanzgewinn:	550 000,— DM
Unternehmerlohn:	150 000,— DM
Kapitalbezogener Ertrag:	400 000,— DM
Fremdkapitalzinsen betriebsnotwendig	450 000,— DM
betriebsfremd:	100 000,— DM

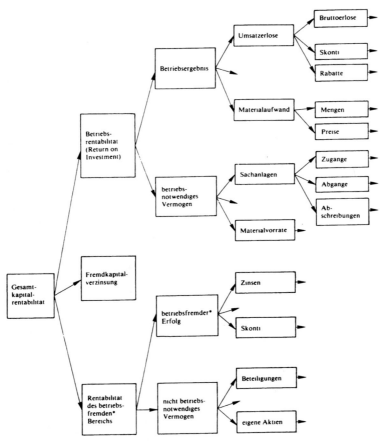

*betriebsfremder Erfolg = Finanzergebnis
+ außerordentliches Ergebnis

Abbildung 4:· Kennzahlenbaum

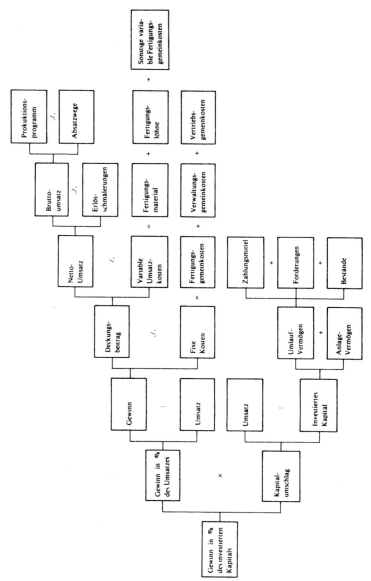

Abbildung 5: DuPont-Kennzahlensystem

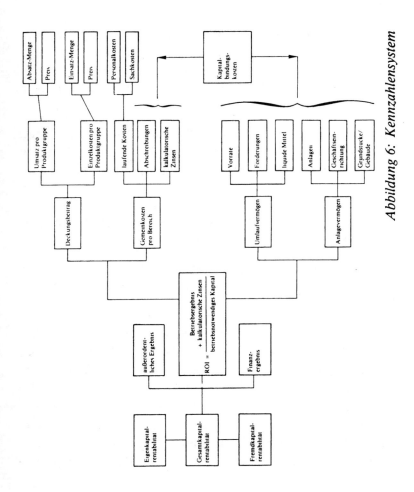

Abbildung 6: Kennzahlensystem

Für unser Unternehmen errechnet sich dann als

$$\text{Gesamtkapitalrentabilität} = \frac{(\text{Gewinn} + \text{Fremdkapitalzinsen}) \cdot 100}{\text{Gesamtkapital}}$$

$$= \frac{(400 + 450 + 100) \cdot 100}{10\,600} = 9\,\%$$

Die Gesamtkapitalrendite stellt den Wert dar, der vom gesamten Unternehmenskapital als Überschuß erwirtschaftet wurde und somit der Verzinsung des gesamten Kapitals entspricht. Aus diesem Grund muß der auf das Fremdkapital entfallende Zins dem Gewinn zugerechnet werden.

Wie bei unserem Unternehmen enthält der Gewinn in der Regel auch Erträge, die nicht der eigentlichen betrieblichen Tätigkeit entstammen. Ebenso gibt es oft Vermögensgrößen und damit gebundenes Kapital, das nicht betriebsnotwendig ist. In unserem Fall haben wir in dem Jahresabschluß auch die Mieterträge und die Aufwendungen für Reparaturen sowie die entsprechenden Vermögens- und Schuldwerte stehen.

Diese Werte wollen wir bei der weiteren Betrachtung herausnehmen, so daß sich die Werte nur auf das betriebliche Geschehen beziehen.

Die Kapitalrentabilität, die sich auf das betriebliche Geschehen bezieht, heißt *„return on investment* (ROI)". Mit dem ROI wird die Antwort auf die Frage gegeben, in welchem prozentualen Anteil pro Periode die investierten Mittel zurückfließen. Dabei wird vom Betriebsergebnis vor Abzug der Fremdkapitalzinsen ausgegangen, so wie es auch im handelsrechtlichen Abschluß verstanden wird. Ist in der Kostenrechnung ein kalkulatorischer Zins für das gesamte Kapital in Ansatz gebracht worden, so ist dieser wieder hinzuzurechnen.

Das Betriebsergebnis wird dann zum betriebsnotwendigen Kapital in Beziehung gesetzt. Für unser Unternehmen ergibt sich folgendes Bild:

Das Betriebsergebnis vor Abzug der Fremdkapitalzinsen beträgt für unser Unternehmen demnach 350 TDM + 450 TDM = 800 TDM.

Das durchschnittliche betriebsnotwendige Kapital errechnet sich wiederum aus dem Anfangsbestand mit 8 400 000,— DM und dem Endbestand mit 9 760 000,— DM; es beträgt 9 080 000,— DM.

Somit ergibt die Rechnung:

$$\text{ROI} = \frac{\text{Betriebsergebnis}}{\text{betriebsnotwendiges Kapital}} = \frac{800\,000}{9\,080\,000} = 8{,}8\,\%$$

In der Literatur wird häufig ein undefinierter Begriff „Gewinn" beim ROI angesetzt. Auch wird der ROI aus der Umsatzrendite und dem Kapitalumschlag abgeleitet, so daß die Formel lautet:

$$\text{ROI} = \frac{\text{Gewinn} \cdot 100}{\text{Umsatz}} \cdot \frac{\text{Umsatz}}{\text{investiertes Kapital}}$$

Bei dieser Definition ist der Begriff „Gewinn" nicht eindeutig. Sowohl in der ursprünglichen amerikanischen Definition wie auch in einigen deutschen Definitionen wird das Betriebsergebnis vor Abzug der Fremdkapitalzinsen angesetzt. Wenn der kostenrechnerische Betriebserfolg unter Abzug von kalkulatorischen Zinsen ermittelt wird, werden dem Betriebserfolg laut Kostenrechnung die kalkulatorischen Zinsen wieder hinzugefügt.

Die dritte bekannte Renditegröße, die Umsatzrendite, wurde bereits als Einflußgröße des ROI erwähnt. Sie wird vor allem im internen Branchenvergleich als Vergleichsgröße herangezogen.

Für unser Unternehmen stellt sich die Größe wie folgt dar:

$$\text{Umsatzrendite} = \frac{\text{Gewinn} \cdot 100}{\text{Umsatz}} = \frac{350\,000 \cdot 100}{20\,000\,000} = 1{,}75\,\%$$

Eine Renditegröße, die insbesondere den Kapitalanleger interessiert, ist die Eigenkapitalrentabilität, die die Verzinsung des durchschnittlichen Eigenkapitals darstellt.

Auch in diesem Fall muß erst das durchschnittliche Eigenkapital ermittelt werden. Es ergibt sich für unser Unternehmen aus dem Anfangsbestand von 3080 TDM und dem Endbestand von 3250 TDM und beträgt 3165 TDM. Daraus errechnet sich die

$$\text{Eigenkapital-Rendite} = \frac{\text{Gewinn} \cdot 100}{\text{durchschnittliches Eigenkapital}}$$

$$= \frac{350\,000 \cdot 100}{3\,165\,000} = 11,1\,\%$$

Diese Größe ist zu vergleichen mit einer Kapitalanlage an anderer Stelle. Dabei muß berücksichtigt werden, daß es sich um Risikokapital handelt, da gegenüber einer festverzinslichen Anlage bei einer Bank ein erhöhtes Verlustrisiko besteht. Dieses muß durch eine entsprechend höhere Verzinsung honoriert werden.

Eine weitere Größe, die wir schon beim ROI genannt haben, ist der Kapitalumschlag. Dieser zeigt an, wie oft sich das Kapital im Laufe des Jahres durch den Umsatzprozeß umgeschlagen hat. Dabei kann es sich selbstverständlich nur um einen Durchschnittswert handeln, der die Kapitalbindung insgesamt betrachtet. Für unser Unternehmen ergibt sich damit die Rechnung

$$\text{Kapitalumschlag} = \frac{\text{Umsatz}}{\text{Kapital}} = \frac{20\,000\,000}{9\,080\,000} = 2,2\,\text{mal}$$

„Es gibt doch auch den Lagerumschlag", wirft der Verkaufsleiter ein, „der deutlich macht, wie sich das entsprechende Lager umgeschlagen hat." Der Kostenrechner bestätigt dies und errechnet für unser Unternehmen bei einem durchschnittlichen Bestand von 450 TDM für das Halbfertig-/Fertigwarenlager

$$\text{den Lagerumschlag} = \frac{\text{Umsatz ohne Mehrwertsteuer}}{\text{durchschnittlicher Lagerbestand}}$$

$$= \frac{20\,000\,000}{450\,000} = 44\text{mal}$$

Für das Lager der Roh-, Hilfs- und Betriebsstoffe ermitteln wir bei einem Durchschnittsbestand von 3 700 TDM und einem Einkauf von 8 100 TDM (Verbrauch + Lagererhöhung) den

$$\text{Materiallagerumschlag} = \frac{\text{Materialeinkauf ohne MWSt}}{\text{durchschnittlicher Lagerbestand}}$$

$$= \frac{8\,100\,000}{3\,700\,000} = 2,1\text{mal}$$

Aus Vereinfachungsgründen haben wir als durchschnittlichen Lagerbestand nur den Anfangs- und Endbestand aus der Bilanz verwendet. Für eine korrekte Berechnung muß festgestellt werden, wie sich im Laufe des Jahres der Lagerbestand verändert hat. In der Regel nimmt man dazu die Endbestände zum Ende jeden Monats und ermittelt daraus den Durchschnittsbestand über ein ganzes Jahr.

Zwei besonders aussagekräftige Umschlagsziffern sind die des Vermögenswertes „Forderungen" und die des „Lieferantenkredits". Beide Größen werden aber nicht in der Häufigkeit des Umschlags angegeben, sondern in der Anzahl der Tage, nach denen sie sich umgeschlagen haben. Dies entspricht dann dem Zeitraum, der verstreicht, bis die Forderungen beziehungsweise Lieferantenverbindlichkeiten bezahlt werden. Diese Kennziffern zeigen also, wie zügig die Kunden bezahlen und ob man selbst den Verpflichtungen mehr oder weniger schnell nachkommt. Der Kundenkredit in Tagen errechnet sich für unser Unternehmen bei einem durchschnittlichen Forderungsbestand von 1 700 000,— DM folgendermaßen:

$$\frac{\text{durchschnittlicher Forderungsbestand} \cdot \text{Beobachtungszeitraum in Tagen}}{\text{Umsatz} + \text{Mehrwertsteuer des Beobachtungszeitraums}}$$

$$= \frac{1\,700\,000 \cdot 365}{20\,000\,000 + 2\,800\,000} = 27 \text{ Tage.}$$

Das zeigt, daß die Kreditfrist innerhalb der normalen 30-Tagefrist liegt, aber den Skontozeitraum von 10 Tagen weit überschreitet.

Die Zeit des Lieferantenkredits wird analog berechnet. Dabei ergeben sich für unser Unternehmen durchschnittliche Lieferantenverbindlichkeiten von 1 000 000,— DM. Bei Warenbezügen von 8 100 000,— DM errechnet sich die Dauer mit

$$\frac{\text{durchschnittlicher Verbindlichkeitsbestand} + \text{Beobachtungszeitraum}}{\text{Bezüge} + \text{Mehrwertsteuer des Beobachtungszeitraumes}}$$

$$= \frac{1\,000\,000 \cdot 365}{8\,100\,000 + 1\,134\,000} = 39 \text{ Tage.}$$

Der normale Zahlungszeitraum von 30 Tagen wird also überschritten und Skonto so gut wie nie zum Abzug gebracht.

Zurück zu unseren Kapitalgrößen: Neben der Aufteilung in Fremdkapital und Eigenkapital ist auch die Aufteilung in Anlagevermögen und Umlaufvermögen wichtig. Das Anlagevermögen steht dem Unternehmen langfristig zur Verfügung und muß daher entsprechend finanziert werden, wogegen das Umlaufvermögen sich schneller umschlägt und in der Regel auch mit kurzfristigen Krediten finanziert werden kann. Betrachten wir einmal unsere Zahlen, und konzentrieren wir uns auf die betriebsbezogenen Werte. Zum Anlagevermögen zählen wir dann Gebäude und Grundstücke, diverses Anlagevermögen sowie die Maschinen mit einer Gesamtsumme von

3 030 000,— DM.

Das Umlaufvermögen, bestehend aus den Positionen Roh-, Hilfs- und Betriebsstoffe, Halb/Fertigware, Forderungen und Bank beträgt demnach

6 730 000,— DM.

Eine gute Finanzierung kommt darin zum Ausdruck, daß das Anlagevermögen durch finanzielle Mittel gleicher Frist gedeckt ist. Dem Unternehmen stehen 3 250 000,— DM Eigenkapital zur Verfügung, so daß das gesamte Anlagevermögen durch das Eigenkapital gedeckt ist. Insofern kann man von einer guten und soliden Finanzierung des Anlagevermögens sprechen. Heute werden meist auch langfristige Kredite zur Finanzierung des Anlagevermögens hinzugerechnet, so daß sich die langfristigen Finanzierungsmittel unseres Unternehmens auf 5 750 000,— DM belaufen. Damit steht eine gesunde Basis für die Zukunft zur Verfügung.

„Wir sollten dennoch die Finanzierung und die zukünftige diesbezügliche Entwicklung etwas genauer untersuchen", meint der

Chef darauf. „Soweit ich gehört habe, spielt dabei der *Cash-flow* als Beurteilungskriterium eine wesentliche Rolle."

Als Cash-flow bezeichnet man den Betrag, der dem Unternehmen im Laufe des Jahres als liquide Mittel über die laufenden Auszahlungen hinaus zugeflossen ist. Ein solcher Betrag kann aus einer Geldflußrechnung ermittelt werden, doch gibt bereits der einfache Cash-flow aus der Summe Gewinn plus Abschreibungen einen realistischen Wert. Dabei gehen wir von nur unwesentlichen Veränderungen beim Lagerbestand und den Forderungen aus, so daß dem Unternehmen der Gewinn und die Gegenwerte für die Abschreibungen als liquide Mittel zur Verfügung stehen. Da die Zuführungen zu langfristigen Rückstellungen wie Pensionsrückstellungen erst nach vielen Jahren ausgezahlt werden müssen, werden sie in deutschen Unternehmen auch zum Cash-flow hinzugerechnet.

Für unser Unternehmen ermitteln wir daher einen Cash-flow von

Cash-flow = Gewinn + Abschreibungen
= 350 000 + 510 000
= 860 000

Diese Summe dient dazu, Ertrags- und Vermögenssteuern zu bezahlen, Tilgungen und Investitionen zu finanzieren sowie den Betrag der Ausschüttungen zur Verfügung zu stellen. Der sogenannte Cash-flow-Quotient zeigt an, ob diese Zahlungen aus dem Cash-flow gedeckt werden können oder ob zusätzliche Mittel in Form von Krediten oder Eigenkapitalerhöhungen in Anspruch genommen werden müssen. Für unser Unternehmen ergibt sich der Cash-flow-Quotient

$$= \frac{\text{Cash-flow}}{\text{Steuern + Investitionen + Tilgung + Ausschüttung}}$$

$$= \frac{860\,000}{180\,000 + 180\,000 + 450\,000 + 90\,000} = \frac{860\,000}{900\,000}$$

Daraus ist ersichtlich, daß der Cash-flow nicht ausreicht, um die genannten Beträge zu finanzieren.

Bei einer solchen Gegenüberstellung geht man, wie gesagt, davon aus, daß sich im Laufe der Periode keine wesentlichen Bestandsveränderungen ergeben haben. Da sich aber im abgelaufenen Jahr in unserem Unternehmen die Bestände um 300 000,— DM erhöht haben und die Forderungen sogar um 1 400 000,— DM, sind zusätzliche 1 700 000,— DM gebunden worden, was zu einer entsprechenden Anspannung der finanziellen Mittel und einer erheblichen zusätzlichen Kreditaufnahme geführt hat.

Herr B weist noch auf eine zweite Cash-flow-Kennziffer hin, die sogenannte Deckungsrate. Dabei wird der verfügbare Cash-flow nach Abzug der Steuern zugrunde gelegt. Im Nenner wird das Fremdkapital abzüglich der liquiden Mittel in Ansatz gebracht.

Die Cash-flow-Deckungsrate mit dem verfügbaren Cash-flow errechnet sich für unser Unternehmen also wie folgt:

$$\text{Cash-flow-Deckungsrate} = \frac{(\text{Cash-flow} - \text{Steuern}) \cdot 100}{\text{Fremdkapital} - \text{liquide Mittel}}$$

$$= \frac{(860\,000 - 180\,000) \cdot 100}{6\,510\,000 - 30\,000}$$

$$= 10{,}5\ \%$$

Das heißt, daß der Liquiditätszufluß 10 Prozent der gesamten Verbindlichkeiten ausmacht.

Banken stellen die beiden Zahlen auch umgekehrt zueinander ins Verhältnis und ermitteln so den

Verschuldungsfaktor

$$= \frac{\text{Fremdkapital} - \text{liquides Mittel}}{\text{Cash-flow} - \text{Steuern}} = \frac{6\,510\,000 - 30\,000}{860\,000 - 180\,000} = 9{,}5.$$

Das heißt, daß die in Anspruch genommenen Kredite mit dem Cash-flow nach Steuern bei Vermeidung sämtlicher neuen Investitionen und sämtlicher Ausschüttungen in 9,5 Jahren getilgt werden können. Dies ist schon ein durchaus hoher Wert. Einige Banken haben je nach Branche entsprechende Richtwerte entwickelt, die bei 3 bis 5 Jahren liegen.

Eine Kennziffer besonderer Art ist die *Wertschöpfung*. Dieser Wert aus der Volkswirtschaftslehre bezeichnet den Vermögenszuwachs einer Volkswirtschaft, der durch den Einsatz der Produktionsfaktoren Arbeit, Kapital und Boden bei den Dienstleistungen und der Herstellung von Gütern in einer Periode entstanden ist.

Betriebswirtschaftlich wird darunter der Beitrag eines Unternehmens zum Volkseinkommen verstanden. Rechnerisch ergibt sich der Wert nach der Entstehungsrechnung aus der Gesamtleistung abzüglich der Vorleistungen, genauer

    Gesamtleistung
./. Materialeinsatz
./. fremde Dienstleistungen
./. Abschreibungen auf Anlagevermögen
./. sonstige Aufwendungen.

Steuern sind ex definitione Abgaben ohne Gegenleistung und damit keine abzuziehende Vorleistung.

Nach der Verteilungsrechnung verstehen wir unter Wertschöpfung die Summe der an die Produktionsfaktoren Arbeit und Kapital ausschüttungsfähigen Erträge plus die an den Staat abzuführenden Erträge (Steuern), rechnerisch also

Personalaufwand (einschließlich Nebenkosten)
+ Zinsen
+ Gewinn
+ Steuern.

Für unser Unternehmen beträgt die Wertschöpfung des Jahres A demnach (Gewinn einschließlich Steuern)

6 500 000 + 450 000 + 350 000 = 7 300 000

oder

Gesamtleistung	20 000 000
− Skonto = Erlösschmälerung	700 000
− Materialeinsatz	7 900 000
− Provision (fremde Dienstleistung)	1 200 000
− Werbung (fremde Dienstleistung)	520 000
− Abschreibungen	510 000
− sonstige Aufwendungen	1 870 000
= Wertschöpfung	7 300 000

Mit diesen Kennziffern wollen wir uns zunächst begnügen. Wesentlich bei der Beurteilung einer Kennzahl ist aber in der Regel nicht der augenblickliche Zahlenwert, sondern seine Tendenz. Um das Unternehmen richtig beurteilen zu können, müssen wir die Entwicklung in den letzten Jahren untersuchen und die Kennzahlen dieser Jahre miteinander vergleichen. Die Art der Berechnung bleibt gleich, damit die Zahlen auch vergleichbar sind.

1.5.2.3 Die Mehrjahresbetrachtung

Wir wollen nun die Analyse der Unternehmenszahlen auf die vergangenen fünf Jahre ausweiten und damit die Entwicklung des Unternehmens genauer untersuchen. Uns stehen dazu die in Tabelle 1 und 2 aufgeführten Zahlen zur Verfügung. Die zurücklieenden Jahre werden mit A-1 bis A-4 bezeichnet, ausgehend vom aktuellen Jahr A, die Folgejahre entsprechend A1 bis A5.

Die Entwicklung der letzten Jahre zeigt deutliche Veränderungen in einigen Positionen. Herr K weist zunächst auf die positive Umsatzentwicklung hin. So ist pro Jahr eine durchschnittliche Umsatzsteigerung von fast fünf Prozent zu verzeichnen, eine Entwicklung, die über dem allgemeinen Zuwachs am Branchenmarkt liegt. Trotzdem hat der Gewinn sich in diesen Jahren mehr als halbiert. Ins Verhältnis zum Umsatz gesetzt, ist der Abfall noch drastischer: von einer Umsatzrendite in Höhe von 4,7 Prozent auf 1,75 Prozent.

„Dabei dachte ich, wir hätten eine hervorragende Entwicklung zu verzeichnen", meint der Verkaufsleiter, „mehr als Umsatzsteigerungen in dieser Größe können wir doch beim besten Willen nicht erreichen."

„Dies macht deutlich", erwidert Herr B, „daß der Umsatz allein nicht zeigt, ob ein Unternehmen eine gute oder weniger gute Entwicklung durchläuft. Einerseits spielen die entsprechenden Kostenentwicklungen eine Rolle, zum anderen aber auch die Qualität des Umsatzes, das heißt die Antwort auf die Fragen, zu welchen Preisen und Bedingungen die Umsätze erreicht wurden. Auffällig ist, daß sich die Anteile der variablen Kosten Material und Fertigungslohn nicht proportional zum Umsatz verhalten haben, sondern die Kosten für Fertigungsmaterial von 35 Prozent

Tabelle 1: Jahresabschlußdaten der letzten Jahre (in TDM)

Position	A-4	A-3	A-2	A-1	A
Umsatz	16 820	17 790	18 160	19 050	20 000
Fertigungsmaterial	5 920	6 330	6 580	7 040	7 400
Material Modellabteilung	290	400	450	470	500
Fertigungslohn	3 060	3 310	3 390	3 750	4 000
Provision	1 008	1 067	1 090	1 143	1 200
Skonto	588	623	635	665	700
sonstige Personalkosten	2 180	2 270	2 320	2 400	2 500
Abschreibungen Maschinen	250	250	280	300	320
Abschreibungen sonstige	140	150	160	180	190
Werbung	400	420	440	450	520
Zinsen	310	320	340	350	450
sonstige Kosten	1 880	1900	1930	1940	1870
Gewinn	794	750	545	362	350
Eigenkapital	2 800	2 900	3 000	3 080	3 250
Bankkredite	3 900	4 000	4 200	4 320	5 510
Lieferanten-Verbindlichkeit	540	650	860	1 000	1 000
Maschinen	500	550	650	620	400
sonstiges Anlagevermögen	2 450	2 500	2 600	2 740	2 630
Roh-, Hilfs-, Betriebsstoffe	3 100	3 250	3 450	3 600	3 800
Halbfertig-/Fertigware	300	300	350	400	500
Forderungen	800	850	950	1 000	2 400
liquide Mittel (Bank/Kasse)	90	100	60	40	30
Investitionen Maschinen	150	300	380	270	100
Investitionen sonstige	190	200	260	320	80
Cash-flow vor Steuern	1 184	1 150	985	842	860

Tabelle 2: Kennzahlen

Bezeichnung	A-4	A
Eigenkapitalrendite	28,4 %	11,1 %
ROI	15,7 %	8,8 %
Umatzrendite	4,7 %	1,75 %
Eigenkapitalanteil	39 %	33 %
Kapitalumschlag	2,4	2,2
Verschuldungsfaktor	5,6	9,5
Lieferantenziel	28 Tage	40 Tage
Kundenziel	15 Tage	27 Tage

auf 37 Prozent und für Fertigungslohn von 18 Prozent auf 20 Prozent gestiegen sind. Wenn man ausschließt, daß bei diesen Positionen großzügiger und unkontrollierter gehandelt worden ist, kann der Grund nur in einer Verlagerung zu ungünstigeren Artikeln liegen oder darin, daß die Preise insgesamt am Markt nicht mehr so großzügig zu erzielen waren."

Herr K weist darauf hin, daß auch der Anteil der Zinsen von 1,8 Prozent auf 2,25 Prozent des Umsatzes nicht unerheblich gestiegen ist. Das geht einher mit den Liquiditätskennziffern. So fällt der Cash-flow nicht nur absolut, sondern auch die Cash-flow-Rate – das ist die Relation zum Umsatz – von 7 Prozent auf 4,3 Prozent. Auch unser Verschuldungsfaktor und der Kapitalumschlag verschlechtern sich, und das in Anspruch genommene Kundenziel hat sich von 15 Tagen auf 27 Tage verlängert. „So ist es nicht verwunderlich", meint der Chef, „daß unser Eigenkapitalanteil von 39 Prozent auf 33 Prozent gefallen ist und wir auch das Lieferantenziel weitaus stärker in Anspruch nehmen als noch vor einigen Jahren."

„Ich befürchte", wirft der Prokurist ein, „daß unsere Vertreter bei der Bonität neuer Kunden nicht mehr so strenge Maßstäbe anlegen oder daß sie sehr großzügig mit der *Valuta*gewährung verfahren." Valutagewährung heißt, den Kunden von vornherein zubilligen, daß der Fälligkeitstermin der Rechnung hinausgeschoben wird, ohne daß dabei Skontoverluste eintreten. Wenn wir zum Beispiel am 2. Januar Frühjahrsware liefern, so sind wir froh, wenn wir die Ware vom Lager bekommen, da unser Platz nicht mehr ausreicht. Der Kunde möchte diese Ware aber eigentlich erst zwei Monate später haben, und wir honorieren ihm die frühe Abnahme damit, daß das Fälligkeitsdatum der Rechnung um zwei Monate hinausgeschoben wird und erst dann die Skontofrist zu laufen beginnt. Tatsächlich scheinen die Vertreter mit diesem Instrument sehr großzügig zu verfahren, anders ist die Verlängerung des in Anspruch genommenen Kundenziels bei gleichem Skontoabzug kaum zu erklären.

Der Prokurist macht darauf aufmerksam, daß in den Jahren A-3 und A-2 ein Investitionsschub die Liquidität zusätzlich strapazierte. In den letzten zwei Jahren fiel der Investitionsbetrag allerdings rapide ab. Der Prokurist fragt nach dem Grund für ein solch wechselhaftes Investitionsverhalten.

1.5.3 Analyse der qualitativen Kriterien

„Ich glaube", meint darauf Herr B, „wir müssen uns einzelne Bereiche genauer vornehmen. Lassen Sie uns zunächst mit dem Absatzbereich beginnen."

1.5.3.1 Das Absatzpotential

Wir müssen uns Gedanken darüber machen, wie unser Absatzpotential, das heißt unsere Leistungsfähigkeit auf dem Absatzmarkt, aussieht. Der Verkaufsleiter V stellt dazu eine Aufstellung über die Absatz- und Umsatzentwicklung der letzten Jahre vor (Tabelle 3).

Die Zahlen zeigen, daß sich nach Einführung der Freizeitbekleidung offensichtlich eine Verlagerung auf diesen Bereich ergeben hat und daß im klassischen Bereich, bei den Anzügen und Sakkos, ein Absatzrückgang zu verzeichnen ist. Lediglich die Hosen weisen eine Steigerung im Laufe der Jahre auf.

Wir müssen herausfinden, ob dieser Rückgang bei den Anzügen und Sakkos unvermeidlich war oder ob diese Produktgruppen durch Verlagerung der Aufmerksamkeit auf andere Bereiche vernachlässigt wurden. Darüber hinaus untersuchen wir, welches die interessanteren Produktgruppen sind und ob diese Verlagerung in den Freizeitbereich zu begrüßen ist.

Der Kostenrechner hat hierzu eine Aufstellung der Deckungsbeiträge der Produktgruppen vom letzten Jahr vorbereitet. Herr B schlägt vor, kurz den Sinn der Deckungsbeitragsrechnung zu erläutern.

Die Deckungsbeitragsrechnung kann auf zweierlei Art und Weise aufgebaut werden. Verbreitet ist die Unterscheidung nach fixen und variablen Kosten: Von den erzielten Erlösen werden die variablen Kosten einer Produktgruppe abgezogen und somit der Betrag ausgewiesen, der zur Deckung der fixen Kosten von dieser Produktgruppe erwirtschaftet wurde. Häufig kann man auch noch eine weitere Zusammenfassung der Produktgruppen vornehmen, wie in diesem Fall mit den übergeordneten Gruppen Klassische Bekleidung und Freizeitbekleidung. So kann man auch einen Deckungsbeitrag für die Hauptproduktgruppen Klassik und Freizeit ermitteln (Tabelle 4).

Tabelle 3: Mengenentwicklung und abgeleitete Werte

Jahr	Position	Anzüge	Sakkos	Hosen	Freizeit-jacken	Freizeit-hosen
A-4	Stückzahl	30 000	22 000	28 000	—	—
	Fertigungsminuten/Stück	145	98	47		
	Lohn/Stück	56,55	38,22	18,33		
	Material/Stück	114,—	79,—	27,20		
	Preis	320,—	220,—	85,—		
	Umsatz TDM	9 600	4 840	2 380		
	Fertigungslohn TDM	1 700	840	520		
	Material TDM	3 420	1 740	760		
	Material Modellabteilung	-------- gesamt 290 --------				
A-3	Stückzahl	30 000	22 000	30 000	5 000	3 000
	Fertigungsminuten/Stück	140	94	43	90	42
	Lohn/Stück	56,70	38,07	17,40	36,45	17,—
	Material/Stück	115,—	80,—	27,60	42,70	22,50
	Preis	320,—	220,—	85,—	120,—	66,—
	Umsatz TDM	9 600	4 840	2 550	600	200
	Fertigungslohn TDM	1 700	840	530	185	55
	Material TDM	3 450	1 760	830	220	70
	Material Modellabteilung	-------- gesamt 300 --------			---- gesamt 100 ----	
A-2	Stückzahl	28 000	22 000	30 000	10 000	10 000
	Fertigungsminuten/Stück	133	88	38	83	39
	Lohn/Stück	55,90	37,—	16,—	34,85	16,38
	Material/Stück	117,—	81,10	28,—	43,30	22,70
	Preis	320,—	220,—	85,—	115,—	66,—
	Umsatz TDM	8 960	4 840	2 550	1 150	660
	Fertigungslohn TDM	1 570	820	480	350	170
	Material TDM	3 280	1 790	840	440	230
	Material Modellabteilung	-------- gesamt 320 --------			---- gesamt 130 ----	
A-1	Stückzahl	25 000	20 000	30 000	25 000	20 000
	Fertigungsminuten/Stück	132	87	38	68	32
	Lohn/Stück	58,10	38,30	16,80	30,—	14,10
	Material/Stück	119,—	82,30	28,30	43,90	23,—
	Preis	320,—	220,—	85,—	112,—	65,—
	Umsatz TDM	8 000	4 400	2 550	2 800	1 300
	Fertigungslohn TDM	1 460	760	500	750	280
	Material TDM	2 980	1 650	850	1 100	460
	Material Modellabteilung	-------- gesamt 330 --------			---- gesamt 140 ----	
A	Stückzahl	25 000	18 000	35 000	27 000	30 000
	Fertigungsminuten/Stück	132	87	38	66	30
	Lohn/Stück	60,—	38,90	17,15	29,65	13,50
	Material/Stück	120,—	83,30	28,60	44,40	23,30
	Preis	320,—	220,—	85,—	110,—	65,—
	Umsatz TDM	8 000	4 000	3 000	3 000	2 000
	Fertigungslohn TDM	1 500	700	600	800	400
	Material TDM	3 000	1 500	1 000	1 200	700
	Material Modellabteilung	-------- gesamt 350 --------			---- gesamt 150 ----	

Tabelle 4: Deckungsbeitragsrechnung mit proportionalen Kosten

Kostenart \ Produktgruppe	Anzüge	Sakkos	Hosen	Freizeit-jacken	Freizeit-hosen
Umsatzerlöse	8 000 000,—	4 000 000,—	3 000 000,—	3 000 000,—	2 000 000,—
Skontoaufwand	280 000,—	140 000,—	105 000,—	105 000,—	70 000,—
Provision	480 000,—	240 000,—	180 000,—	180 000,—	120 000,—
Materialverbrauch	3 000 000,—	1 500 000,—	1 000 000,—	1 200 000,—	700 000,—
Fertigungslöhne	1 500 000,—	700 000,—	600 000,—	800 000,—	400 000,—
Deckungsbeitrag I	2 740 000,—	1 420 000,—	1 115 000,—	715 000,—	710 000,—

Gruppensumme DB I	5 275 000,—	1 425 000,—
Gruppen-Fixkosten	491 000,—	216 000,—
Deckungsbeitrag II/Gruppe	4 784 000,—	1 209 000,—

Deckungsbeitrag II Summe	5 993 000,—
restliche Fertigungs-Fixkosten	424 000,—
Deckungsbeitrag III	5 569 000,—
Modellabteilung	996 000,—
Deckungsbeitrag IV	4 573 000,—
Materialabteilung-Fixkosten	432 000,—
Deckungsbeitrag V	4 141 000,—
Verwaltung/Vertrieb (ohne Skonto und Provision)	3 791 000,—
Gewinn	350 000,—

Eine andere Variante der Deckungsbeitragsrechnung geht davon aus, daß nicht die variablen Kosten den Produktgruppen zuzurechnen sind, sondern daß man alle Kosten, die direkt zuzuordnen sind, als Einzelkosten bezeichnet und den Produkten zuordnet. So können Spezialmaschinen, die nur für ein bestimmtes Produkt eingesetzt werden können, diesem Produkt zugerechnet werden. Auch können Werbungskosten und Modellkosten oder sonstige Fertigungskosten bestimmten Produktbereichen zugeordnet werden. Danach ergibt sich Tabelle 5.

Wir sehen aus den Aufstellungen, daß die erwähnte Qualität der Umsätze für die einzelnen Produktgruppen sehr unterschiedlich ist. So erzielt der Bereich Klassische Bekleidung über 4 Millionen Deckungsbeitrag 2 zur Deckung der verbleibenden Gemeinkosten, der Freizeitbereich nur 829000,— DM und damit nur 17 Prozent vom gesamten erwirtschafteten Deckungsbeitrag 2. Der Umsatzanteil der Freizeitbekleidung beträgt allerdings 25 Prozent. Noch deutlicher wird der Unterschied, wenn man die Summe des Deckungsbeitrages 2 ins Verhältnis zum jeweiligen Umsatz setzt. So erwirtschaftet der klassische Bereich 26,9 Prozent des Umsatzes als Deckungsbeitrag, der Freizeitbereich dagegen nur 16,6 Prozent. Aus der Sicht des Unternehmens war die Vernachlässigung des klassischen Bereiches also ein schwerer Fehler.

Wenn wir die 5-Jahres-Entwicklung betrachten (Tabelle 6), sehen wir, warum wir in den Jahren A-3 und A-2 einen Investitionsschub zu verzeichnen hatten. In diesen Jahren haben wir mit der Produktion von Freizeitbekleidung angefangen und benötigten eine Reihe neuer Maschinen. Es waren also keine Rationalisierungs- oder Erweiterungsinvestitionen für den klassischen Bereich, sondern Erweiterungsinvestitionen zur Produktion der Freizeitbekleidung. Die Einführung neuer Artikel, wie zum Beispiel der Freizeitjacken und Freizeithosen, ist immer mit Problemen behaftet. Insofern ist eine solche Entwicklung nicht besorgniserregend. Diese Erweiterung hätte aber gestützt werden müssen von einer weiter positiv verlaufenden Entwicklung im klassischen Bereich. Wir wollen dennoch festhalten, daß in den letzten Jahren ein neues Absatzpotential im Bereich der Freizeitbekleidung geschaffen wurde, das ausgebaut und besser genutzt werden

Tabelle 5: Deckungsbeitragsrechnung mit relativen Einzelkosten

Produktgruppe Kostenart	Anzüge	Sakkos	Hosen	Freizeit- jacken	Freizeit- hosen
Erlöse	8 000 000,—	4 000 000,—	3 000 000,—	3 000 000,—	2 000 000,—
Einzelkosten					
Skonto	280 000,—	140 000,—	105 000,—	105 000,—	70 000,—
Provision	480 000,—	240 000,—	180 000,—	180 000,—	120 000,—
Materialverbrauch	3 000 000,—	1 500 000,—	1 000 000,—	1 200 000,—	700 000,—
Fertigungslöhne	1 500 000,—	700 000,—	600 000,—	800 000,—	400 000,—
Spezialmaschinen	5 000,—		45 000,—	15 000,—	5 000,—
Reparaturen	500,—		9 500,—	4 000,—	2 000,—
Energie	500,—		1 500,—	500,—	500,—
Deckungsbeitrag 1	2 734 000,—	1 420 000,—	1 059 000,—	695 500,—	702 500,—

Deckungsbeitrag 1 Teilsummen	5 213 000,—		1 398 000,—
Programmgruppen-Einzelkosten			
zurechenbare Fertigungskosten	429 000,—		189 000,—
zurechenbare Modellabteilungskosten	500 000,—		260 000,—
zurechenbare Werbungskosten	250 000,—		120 000,—
Deckungsbeitrag 2	4 034 000,—		829 000,—

Deckungsbeitrag 2 Summe	4 863 000,—
verbleibende Fertigungsgemeinkosten	424 000,—
verbleibende Modellabteilungskosten	236 000,—
Materialgemeinkosten	432 00,—
Deckungsbeitrag 3	3 771 000,—
verbleibende Werbungskosten	150 000,—
verbleibende Verwaltungs-/Vertriebskosten	3 271 000,—
Gewinn	350 000,—

muß. Vor allem ist eine Erhöhung des Deckungsbeitrages anzustreben.

„Das wird kaum möglich sein", meint der Absatzleiter. „Wir liegen mit unseren Preisen sowieso schon an der oberen Grenze und

Tabelle 6: Deckungsbeitrag mit relativen Einzelkosten (in TDM)

Jahr	Position	Anzüge	Sakkos	Hosen	Freizeit-jacken	Freizeit-hosen
A-4	Umsatz	9 600	4 840	2 380		
	Skonto	336	169	83		
	Provision	575	290	143		
	Fertigungslohn	1 700	840	520		
	Material	3 420	1 740	760		
	Spezialmaschinen	1	—	8		
	Reparaturen/Energie	1	—	3		
	Deckungsbeitrag 1	3 567	1 801	863		
	in % vom Umsatz	37,2	37,2	36,3		
A-3	Umsatz	9 600	4 840	2 550	600	200
	Skonto	336	170	89	21	7
	Provision	576	290	153	36	12
	Fertigungslohn	1 700	840	530	185	55
	Material	3 450	1 760	830	220	70
	Spezialmaschinen	3		40	5	3
	Reparaturen/Energie	1		10	2	1
	Deckungsbeitrag 1	3 534	1 780	898	131	52
	in % vom Umsatz	36,8	36,8	35,3	21,8	26,0
A-2	Umsatz	8 960	4 840	2 550	1 150	660
	Skonto	314	169	89	40	23
	Provision	538	290	153	69	40
	Fertigungslohn	1 570	820	480	350	170
	Material	3 280	1 790	840	440	230
	Spezialmaschinen	5		45	10	3
	Reparaturen/Energie	1		10	3	1
	Deckungsbeitrag 1	3 252	1 771	933	238	193
A-1	Umsatz	8 000	4 400	2 550	2 800	1 300
	Skonto	279	154	89	98	45
	Provision	480	264	153	168	78
	Fertigungslohn	1 460	760	500	750	280
	Material	2 980	1 650	850	1 100	460
	Spezialmaschinen	5		45	13	4
	Reparaturen/Energie	1		11	4	2
	Deckungsbeitrag 1	2 795	1 572	902	661	431
A	Umsatz	8 000	4 000	3 000	3 000	2 000
	Skonto	280	140	105	105	70
	Provision	480	240	180	180	120
	Fertigungslohn	1 500	700	600	800	400
	Material	3 000	1 500	1 000	1 200	700
	Spezialmaschinen	3		45	15	5
	Reparaturen/Energie	1		11	6	3
	Deckungsbeitrag 1	2 736	1 420	1 059	694	702
	in % vom Umsatz	34,2	35,5	35,3	23,1	35,1

können den Deckungsbeitrag nicht dadurch erhöhen, daß wir die Preise heraufsetzen. Eine Erhöhung des Deckungsbeitrages hieße dann, auf der Seite der Einzelkosten einzusparen."

Die Bemerkung von Herrn V ist richtig, doch werden wir uns im Rahmen der Produktanalyse noch ausführlich mit diesem Problemkreis befassen. Wir werden jetzt die anderen Stärken im Bereich des Absatzes herausarbeiten. Wie sieht es zum Beispiel mit unserer Verkaufsabteilung aus, wie leistungsfähig ist der Außendienst? Wir wollen die Stärken und Schwächen wieder in einem Profil darstellen. Herr B hat auch hier einen Katalog von Kriterien vorbereitet und fordert die Teilnehmer nun auf, sich über Plus und Minus bei den einzelnen Punkten Klarheit zu verschaffen (Abbildung 7).

Die Darstellung weist auf notwendige Ansatzpunkte bereits hin.

Zum Absatzpotential gehört selbstverständlich der Kundenstamm. Nun wird der Kunde sehr häufig falsch eingeschätzt. Die Entlohnung des Außendienstes in Abhängigkeit vom Umsatz verführt diesen dazu, Kunden entsprechend der Höhe ihres Umsatzes mehr oder weniger gut zu betreuen. Große Kunden bekommen Sondervergütungen, wohingegen Durchschnittskunden hinsichtlich Werbung, Rabatte und sonstiger Vergünstigungen wesentlich niedriger eingestuft werden. Wie bei der Ermittlung der Deckungsbeiträge der Produktgruppen ergibt sich der Erfolgsbeitrag eines Kunden aus den von ihm erzielten Umsatzerlösen abzüglich der zu verrechnenden direkt zurechenbaren Kosten. Diese beinhalten zunächst die Einzelkosten des Produktes, da diese immer anfallen, wenn das Produkt für den Kunden erstellt wird. Es ist sinnvoll, sofort vom Deckungsbeitrag des Produktes auszugehen, da nur dieser für weitere Überlegungen zur Verfügung steht. Ziel muß es sein, möglichst hohe Erfolgsbeiträge (ver-

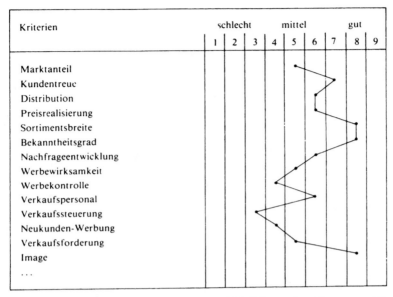

Abbildung 7: Absatzprofil

bleibende Deckungsbeiträge nach Abzug der kundenspezifischen Kosten) zu erreichen. Besondere Leistungen für den Kunden werden dann genauso in Anrechnung gebracht wie die Verkaufskosten des Außendienstes für diesen Kunden. Im folgenden Beispiel sei die unterschiedliche Beurteilung von zwei Kunden einmal verdeutlicht (Tabelle 7).

Danach ist der Kunde B umsatzmäßig knapp halb so groß wie der Kunde A. Die Bevorzugung des Kunden A erscheint also berechtigt. Berücksichtigt man aber den unterschiedlichen Deckungsbeitrag der verkauften Produkte, den Sonderrabatt für den Kunden A, die Gratiswerbung, den Besuch des Verkaufsleiters und weitere Werbegeschenke, so ist letztlich der Erfolgsbeitrag des Kunden A niedriger als der des Kunden B. Eine Auflistung der

Kunden nach erzielten Erfolgsbeiträgen wird in vielen Fällen Überraschungen auslösen.

Tabelle 7: Kunde A und Kunde B

Absatz	Kunde A Durchschn. Preis	Umsatz	Erfolgsbeitrag
50 Anzüge	280,—	14 000,—	3 450,—
70 Sakkos	175,—	12 250,—	2 240,—
200 Hosen	60,—	12 000,—	3 000,—
100 Freizeit-Jacken	90,—	9 000,—	500,—
200 Freizeit-Hosen	50,—	10 000,—	1 600,—
		57 250,—	10 790,—
abzüglich Sonderrabatt 5 %		2 863,—	2 863,—
Gratis-Werbung			1 000,—
Werbegeschenk			275,—
Besuch durch Verkaufsleiter			152,—
		54 387,—	6 500,—

	Kunde B		
20 Anzüge	330,—	6 600,—	2 400,—
30 Sakkos	240,—	7 200,—	2 610,—
80 Hosen	95,—	7 600,—	3 200,—
30 Freizeit-Jacken	120,—	3 600,—	1 050,—
50 Freizeit-Hosen	70,—	3 500,—	1 400,—
		28 500,—	10 660,—
kein Sonderrabatt			
keine Werbeunterstützung			

In ähnlicher Weise können wir auch den Außendienst analysieren. Es ist üblich, den Außendienst nach der Höhe des Umsatzes zu honorieren und zu beurteilen. In Tabelle 8 werden zwei Verkäufer gegenübergestellt. Der eine konzentriert sich auf Großkunden, der andere auf Fachgeschäfte. Wie schon bei der Kundenbeurteilung deutlich wurde, erzielt der Verkäufer A mit seinen Großkunden einen erheblich höheren Umsatz. Unter Berücksichtigung der Erfolgsbeiträge dieser Kunden sieht das Bild aber bereits ganz anders aus; die Erfolgsbeiträge sind beim Verkäufer A niedriger. Nach Abzug der verkäuferspezifischen zusätzlichen Kosten wie Spesen und Sonderprämien verbleibt beim Verkäufer A ein wesentlich geringerer Erfolgsbeitrag als beim Verkäufer B. Der Maßstab für die Leistung der Verkaufsaktivität muß also der Erfolgsbeitrag des Verkäufers und nicht der von ihm erzielte Umsatz sein.

Tabelle 8: Verkäufer A und B

Kunden	Verkäufer A Umsatz	Erfolgsbeitrag
100 Großkunden	5 000 000,—	600 000,—
20 sonstige Kunden	360 000,—	130 000,—
	5 360 000,—	730 000,—
abzüglich Fixum		10 000,—
Spesen		50 000,—
Sonderprämie		25 000,—
		645 000,—

	Verkäufer B	
20 Großkunden	1 000 000,—	120 000,—
100 sonstige Kunden	1 800 000,—	650 000,—
	2 800 000,—	770 000,—
abzüglich Fixum		10 000,—
Spesen		30 000,—
		730 000,—

1.5.3.2 Das Entwicklungspotential

Eng mit der Frage des Absatzes hängt in fast allen Unternehmen die Qualität der Entwicklung zusammen. Das technische Knowhow ist von ausschlaggebender Bedeutung für den Absatz. Viele Unternehmen stehen und fallen mit ihren Neuentwicklungen, so daß sie sich über ihre tatsächliche Leistungsfähigkeit ein realistisches Bild machen sollten. Auch hier wollen wir mit Hilfe eines Profils anhand einiger Kriterien eine Analyse durchführen (Abbildung 8).

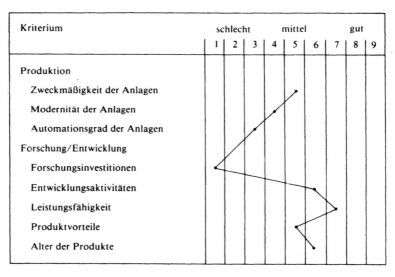

Abbildung 8: Profil Entwicklungspotential

Bei weiterer Differenzierung innerhalb der einzelnen Artikelgruppen zeigt sich, daß vor allem das Entwicklungspotential im Bereich Freizeitbekleidung zu wünschen übrig läßt. Offensichtlich haben die Verantwortlichen bislang noch nicht den Anschluß an die führenden Unternehmen gewonnen und ahmen mehr nach, als daß sie eigene Kreativität entwickeln. Das erklärt auch den stärkeren Konkurrenz- und Preisdruck bei diesen Produkten, deren Auswirkung sich dann in einem niedrigeren Deckungsbeitrag dieser Produkte zeigt.

In anderen Branchen, bei denen die einzelnen Produkte eine längere Lebensdauer haben, kann man mit Hilfe einer Alterspyramide zeigen, ob das Erzeugnisprogramm überaltert oder gut aufgebaut ist. Man schlüsselt den Umsatz auf die Produkte entsprechend ihrer Lebenserwartung auf und kann so feststellen, ob der Anteil an Produkten mit hoher Lebenserwartung ausreichend ist, um die Zukunft des Unternehmens zu sichern.

1.5.3.3 Das Produktionspotential

Als nächstes soll nun der Bereich von Herrn P einer genauen Analyse unterzogen werden. Auch er legt eine umfangreiche Aufstellung über die vergangenen Perioden vor. Daraus ist die Anzahl der Beschäftigten ersichtlich, der Krankenstand und die sonstigen Fehlzeiten.

Nun fragen die Kollegen nach dem Alter der Anlagen und den Innovationen in der Produktion. Herr P hat immer dafür gesorgt, daß er über die Entwicklung am Markt voll informiert ist, doch stieß er bei der Unternehmensleitung nicht immer auf offene Ohren hinsichtlich neuer Maschinen oder Automaten. Da es keine besonderen Probleme gab, hat er allerdings auch nie auf außergewöhnlich gefährliche Entwicklungen hinweisen müssen. Ein Vergleich der Fertigungsminuten pro Stück zeigt eine ähnliche Erscheinung, wie sie schon beim Verkauf festzustellen war. In den Jahren A-3 und A-2 konnte noch eine Verringerung der Fertigungsminuten pro Stück in der klassischen Bekleidung erzielt werden. Dann hat aber offensichtlich auch Herr P seine Aufmerksamkeit der Freizeitbekleidung zugewandt und erzielte hier in den nächsten Jahren auch durchaus Erfolge bei der Rationalisierung, während sich bei der klassischen Bekleidung keine nennenswerten Veränderungen mehr ergaben. Das Innovationspotential bei der Produktion wurde scheinbar nicht voll ausgenützt, denn es ist unwahrscheinlich, daß keinerlei Verbesserungsmöglichkeiten bestanden haben. So ist es nicht verwunderlich, daß der Lohnanteil pro Stück bei gleichbleibenden Preisen gestiegen ist. Herr B legt eine Checkliste vor, aufgrund der ein Profil der Produktion und der Logistik erstellt wird (Abbildung 9).

Kriterium	schlecht			mittel			gut		
	1	2	3	4	5	6	7	8	9
Produktion									
Ausrüstungsstand							7		
Produktivität					5				
Auslastungsgrad							7		
Arbeitsablauf					5				
Arbeitsvorbereitung						6			
Lieferzeiten							7		
Qualitätsniveau								8	
Logistik									
Disposition								8	
Wareneingangskontrolle						6			
Lagerorganisation								8	
Lagerumschlag							7		
innerbetrieblicher Transport								8	
Fuhrpark-Einsatz								8	

Abbildung 9: Profil der Produktion und Logistik

Wie bei den übrigen Profilen zeigt sich auch hier, daß es Stärken, aber auch einige sichtbare Schwächen gibt, die beseitigt werden müssen. Zwar kann die Beseitigung der Schwächen zu höheren Kosten führen, doch kann sich gerade im Bereich der Logistik eine ausgeprägte Schwäche, wie zum Beispiel bei der Warenkontrolle, als erhebliche Qualitätsminderung bemerkbar machen. Im Bereich der Materialwirtschaft zeigt sich zwar keine wesentliche Veränderung des Lagerumschlags, doch stellt sich die berechtigte Frage, ob ein Lagerumschlag von zirka 2mal im Jahr angemessen oder im Vergleich zur Gesamtbranche zu niedrig ist. Eine Verringerung der absoluten Bestände würde auch zu einer finanziellen Entlastung beitragen. Allerdings dürfen die Versorgung der Produktion und damit die Lieferbereitschaft gegenüber den Kunden nicht darunter leiden.

1.5.3.4 Das Verwaltungspotential

Nun wollen wir uns einem neuen Bereich zuwenden. Auch die Verwaltung kann mit ihrer Leistungsfähigkeit die Entwicklung des Unternehmens maßgeblich beeinflussen.

Herr B führt dazu aus: „Die Verwaltung ist nicht nur ein notwendiges Übel, dessen Kosten man so gering wie möglich halten muß, sondern auch ein maßgebender Dienstleistungssektor für das übrige Unternehmen. So sind insbesondere die Informationsbeschaffung und -verarbeitung Aufgaben der Verwaltung. Dazu gehört auch eine optimale Gestaltung des gesamten betriebswirtschaftlichen Bereichs, die Überwachung der betriebswirtschaftlichen Zahlen, der Kostenentwicklung, der Lieferantenkredite und des Debitorenvolumens. Darüber hinaus erfüllt die Verwaltung allgemeine Steuerungs- und Kontrollfunktionen."

„Ich bin Ihnen dankbar", meint der Prokurist, „daß Sie die Verwaltung einmal unter diesem Aspekt geschildert haben." Er verweist darauf, daß die Verwaltung als Servicebereich wie die übrigen produktiven Bereiche behandelt werden muß und daß in einigen Abrechnungssystemen wie zum Beispiel der Erfolgsbeitragsrechnung auch der Verwaltung ein Teil der Erträge zugerechnet wird, aus denen sie dann die eigenen Kosten zu decken hat. So ist die Verwaltung indirekt an der Ertragsentwicklung dadurch beteiligt, daß sie die anderen Abteilungen bei der Erwirtschaftung der Erträge maßgeblich unterstützt.

Herr B hat auch hier eine Checkliste vorbereitet, und es wird wieder eine entsprechende Profildarstellung erarbeitet (Abbildung 10).

Kriterium	schlecht			mittel			gut		
	1	2	3	4	5	6	7	8	9
Informationseffektivität									
Informationsnutzung									
Grad der EDV-Verarbeitung									
Bearbeitungszeiten									
Belegregistratur									
Rechnungsprüfung									
Lieferantenkontrolle									
Debitorenkontrolle									
Zahlungsausfälle									
Sachwertkontrolle									
Kostenkontrolle									
allgemeines Kostenbewußtsein									

Abbildung 10: Profil Verwaltung/Controlling

Daß dabei im Bereich der Steuerung, in vielen Unternehmen auch Controlling genannt, eine Reihe von Schwächen aufgedeckt werden, überrascht nicht; ist doch die gerade stattfindende Besprechung ein Ausdruck dafür, daß auf diesem Gebiete einiges getan werden muß. Auch die Wirksamkeit der gesamten Informationsverarbeitung ist keineswegs zufriedenstellend, und die Möglichkeiten der EDV werden noch nicht voll genutzt. Hier befinden sich noch erhebliche Entwicklungsreserven.

1.5.3.5 Das Mitarbeiterpotential

„Des weiteren", fährt Herr B fort, „müssen wir uns jetzt auch mit unseren Mitarbeitern und mit uns selbst befassen. Nun wird die kritische Beurteilung besonders problematisch, weil sie doch sehr stark in den Personenbezug hineingeht. Trotzdem wollen wir uns bemühen, emotionslos und sachlich dieses Problem zu diskutieren, denn das Personal ist eines unserer wesentlichen Potentiale. Wenn wir vorhandene Reserven nicht aufdecken und aktivieren, kann das nachteilige Folgen für die weitere Entwicklung haben."

Zunächst stellt Herr B einige organisatorische Fragen in den Vordergrund, wie die Delegationspraxis, vorhandene Stellenbeschreibungen und den Weg der Entscheidungsfindung. Daraus ergibt sich die Frage nach dem Kooperationsgrad und dem Informationsfluß. Der Leistungsstand des Personals insgesamt wird genauso einer kritischen Betrachtung unterzogen wie die Lohnstruktur. Dann wird über das Betriebsklima diskutiert, das erheblich zur Leistungssteigerung beitragen oder diese hemmen kann. Zur allgemeinen Freude wird es insgesamt positiv beurteilt. Auch die Fortbildungsmöglichkeiten der Mitarbeiter erhalten ein gutes Zeugnis. Die Sozialeinrichtungen werden für durchschnittlich befunden. Das heißeste Eisen in dieser Diskussion ist die Qualität der Führungskräfte, weil jeder der Anwesenden persönlich angesprochen wird. In vielen Betrieben scheut man sich, dieses Problem anzufassen aus Angst vor Kränkungen. In anderen Unternehmen dagegen unterziehen sich gerade die Führungskräfte einer systematischen Beurteilung durch ihre Kollegen. Daraus entsteht ein Führungsprofil der einzelnen Führungskraft, das allerdings manchmal ein Schockerlebnis für die betroffene Person sein kann. Da aber nur Selbsterkenntnis zur Besserung führt, ist es unumgänglich, daß die Führungskräfte eine solche kritische Beurteilung durchlaufen. Es ist allerdings ratsam, hierzu einen bewährten Fachmann, der auch die Ergebnisse zu erläutern versteht, als Moderator hinzuzuziehen. Manche Unternehmen haben umfangreiche Beurteilungsbogen entwickelt, bei denen im Rahmen einer Persönlichkeitsbewertung die verschiedenen Leistungsmerkmale der betroffenen Person bewertet werden.

„Aus der Einzelbeurteilung ergibt sich dann die durchschnittliche Beurteilung der Führungskräfte für das gesamte Unternehmen", faßt Herr B das Ergebnis dieser Diskussion zusammen.

1.5.3.6 Weitere Faktoren und Potentiale

Ergänzend führt Herr B aus, daß auch noch andere Faktoren einer besonderen Analyse unterzogen werden können, wenn sie für den Erfolg des Unternehmens ausschlaggebend sind. So können Standort oder Infrastruktur, die Rohstoffnähe oder -ferne und andere Dinge eine Rolle spielen. Es gibt Untersuchungen, die die Bedeutung einzelner Erfolgsfaktoren besonders herausstellen. So hat das amerikanische Team Peters/Waterman die erfolgreichsten amerikanischen Unternehmen auf ihre Erfolgsfaktoren hin untersucht und ist dabei zu interessanten Ergebnissen gekommen, die darauf hinweisen, daß bestimmte Grundtugenden den

Erfolg eines Unternehmens ausmachen. Zu diesen zählen unter anderem das Primat des Handelns, die Nähe zum Kunden, Freiraum für unternehmerisches Tun der Mitarbeiter, Produktivität durch den Menschen, ein sichtbar gelebtes Wertesystem, ein einfacher, flexibler Aufbau und ähnliches. (Nachzulesen in: Auf der Suche nach Spitzenleistungen). Im Stratos-Projekt (strategy orientations of small and medium sized enterprises), einer europäischen Untersuchung, werden neben dem dominierenden Einfluß des Unternehmers insbesondere die Faktoren Produktqualität, Lieferzuverlässigkeit, Qualifikation der Mitarbeiter und Flexibilität als sehr wesentlich erkannt.

1.6
Die Produktanalyse

1.6.1 Definition und Abgrenzung

Bei der Analyse der Produkte wird unterschieden nach Einzelprodukten und *strategischen Geschäftseinheiten*. Unter strategischer Geschäftseinheit verstehen wir eine Produktgruppe in einem bestimmten Markt. Dieser Markt kann regional, preislich, durch Abnehmergruppen oder andere Merkmale bestimmt sein. In unserem Unternehmen haben wir bisher keinerlei marktbezogene Differenzierungen der Produktgruppen vorgenommen, so daß wir von strategischen Geschäftseinheiten und Produktgruppen in einem sprechen können. Innerhalb der Produktgruppen müssen die einzelnen Produkte soweit untersucht werden, wie es zur Beurteilung des weiteren Erfolgs notwendig ist. Dabei gibt es neben der eigentlichen Erfolgsbeurteilung auch eine Beurteilung der Entwicklung und Entwicklungschancen der Produkte. Diese schlagen sich im Produktlebenszyklus und der Erfahrungskurve nieder.

1.6.2 Der Produktlebenszyklus

Wie ein Lebewesen durchläuft jedes Produkt einen bestimmten *Lebenszyklus*. Es entsteht, entwickelt sich langsam, kommt in eine Phase, in dem es Spitzenpositionen wahrnimmt, und veraltet dann mehr oder weniger schnell. Wir unterscheiden daher vier verschiedene Phasen: die der Einführung, des Wachstums, der Reife und des Rückgangs. Andere Gliederungen gehen sogar noch einen Schritt weiter und stellen eine Entwicklungsphase voraus und gegebenenfalls noch eine Sättigungsphase hinten an.

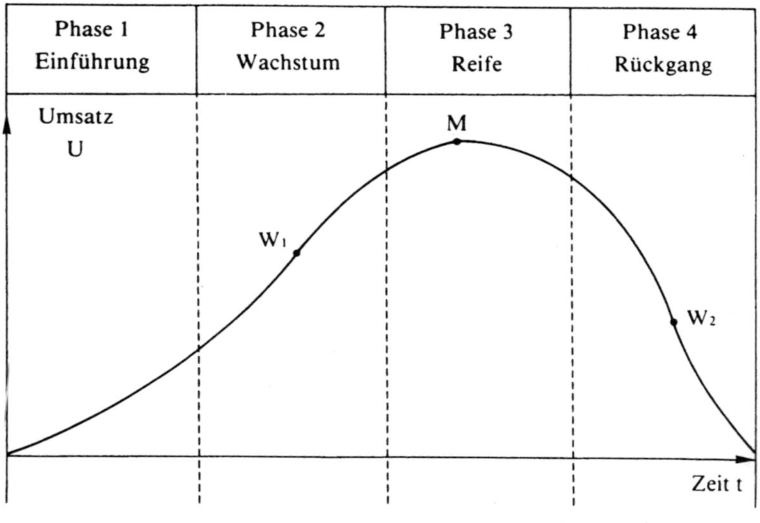

Phase 1 Einführung	Phase 2 Wachstum	Phase 3 Reife	Phase 4 Rückgang

Abbildung 11: Lebenszykluskurve

Den einzelnen Phasen sind nun auch unterschiedliche Perioden der Gewinn- und Cash-flow-Entwicklung zuzuordnen. Statt des Gewinns kann aber auch die Deckungsbeitragsentwicklung mit dem Verlauf der Lebenszykluskurve in Verbindung gebracht werden (Abbildungen 11 und 12).

Zur Beurteilung eines Produktes müssen wir feststellen, in welcher Phase es sich befindet. Dabei gibt es Produkte in manchen Branchen, die sehr schnellebig sind, und andere Produkte, die auch nach der Reifephase noch eine lange Lebensdauer verzeichnen. Bei der Produktgruppe der klasssischen Bekleidung ist die Reifephase längst erreicht. Trotzdem ist ein rapider Rückgang noch nicht festzustellen. Es kann sogar Entwicklungen geben, die aus einer Rückgangsphase noch einmal in eine leichte Wachstumsphase übergehen, wie es gerade bei der Bekleidung oft der Fall war. Innerhalb dieser Produktgruppe haben einige Produkte allerdings nur eine ganz begrenzte Lebensdauer, wohingegen andere wesentlich langlebiger sind. So ist eine klassische Clubjacke nicht mehr in der Wachstumsphase, sondern eher in der Sättigungsphase, aber noch nicht in der Phase des Rückgangs einzuordnen. Demgegenüber haben andere Jackenarten längst die Rückgangsphasen erreicht oder sind schon wieder vom Markt verschwunden, um von neuen Jackenformen abgelöst zu werden.

Wir müssen uns nun darüber klar werden, wie die Verteilung bei den einzelnen Produktgruppen Anzüge, Sakkos, Hosen und insbesondere bei der Freizeitbekleidung ist. Sind alle Produkte in der Reifephase oder der Rückgangsphase einzuordnen, ist dies ein besorgniserregendes Zeichen, denn neue Produkte wachsen nicht nach. Es sei hier auf die Frage des Produktalters verwiesen, das schon bei der Innovationsanalyse angesprochen wurde. In sehr innovativen Branchen spielt dies eine ganz besondere Rolle. So gibt es Branchen im Elektronikbereich, bei denen der Lebens-

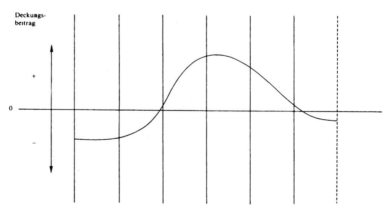

Abbildung 12: *Produktlebenszyklus, Umsatz und Deckungsbeitragsverteilung*

zyklus nur noch wenige Jahre beträgt. Daß hier eine gute Verteilung der Produkte auf die einzelnen Stationen des Lebenszyklus' lebensnotwendig für das Unternehmen ist, daß es immer wieder neue Produkte in den Phasen 1 und 2 haben muß, wird jedem einleuchten.

Innovation ist notwendig – dies wird nirgends bestritten, nur wo man selbst steht, wird in manchem Unternehmen nicht schonungslos untersucht. Wir wollen uns daher ein genaues Bild von unseren Produkten machen und uns fragen, ob der Rückgang im klassischen Bereich eventuell darauf zurückzuführen ist, daß der größte Teil der Produkte in der Reife- oder Rückgangsphase ist und in der Wachstumsphase neue Produkte fehlen.

Zur genauen Klärung müssen wir die Produktgruppen bis hin zu Einzelprodukten unterteilen, um zu unseren strategischen Geschäftseinheiten, die getrennt betrachtet werden müssen, zu gelangen. Wir müssen die Marktentwicklung zum Vergleich mit der eigenen Entwicklung heranziehen. Dabei fallen häufig Unterschiede auf. Bei absterbenden Produkten kann es vorkommen, daß die Konkurenz das alternde Produkt wesentlich früher auslaufen läßt, um sich verstärkt neuen Produkten zu widmen. Das kann dann im eigenen Unternehmen zu verstärktem Absatz führen und damit den Eindruck erwecken, das Produkt sei in eine neue Wachstumsphase eingetreten. Später kommt dann der Einbruch um so heftiger. Es gibt Beispiele, daß Unternehmen bei absterbenden Produkten fast eine Monopolstellung erlangten und sich auf diese starke Marktstellung verließen. Viel zu spät erkannten sie den Irrtum und gingen mit den alten Produkten unter.

Andererseits gibt es auch Beispiele dafür, daß Produkte innerbetrieblich vernachlässigt werden und die eigenen Verkaufszahlen den Eindruck einer Rückgangsphase hervorrufen, obwohl sie am

Markt erst in der Reifephase sind. Auch eine pauschale Zusammenfassung zu großen Produktgruppen kann diesen Eindruck erwecken.

So haben wir in unserem Unternehmen in den einzelnen Produktgruppen hochmodische Artikel, die in der Rückgangsphase sind. In der gleichen Gruppe gibt es neue modische Artikel, die in der Wachstumsphase sind, sowie Standardartikel, die sich in der Reifephase befinden und vermutlich noch länger, mit geringfügigen Veränderungen, dort bleiben werden.

Herr K weist auf einen besonderen Aspekt hin, der sich aus dem Lebenszyklus eines Produktes ableiten läßt. Die Entwicklung eines Produktes können wir auch an dem Deckungsbeitrag dieser Produkte ablesen, wie wir bereits in der Abbildung 12 gesehen haben.

Die Entwicklung unseres Deckungsbeitrags macht deutlich, daß der Deckungsbeitrag des klassischen Anteils sowohl absolut wie auch in Relation zum Umsatz zurückgegangen ist, daß er absolut aber noch wesentlich besser ist als der Deckungsbeitrag der Freizeitbekleidung und auch bei der relativen Betrachtung nur die Freizeithosen aufgeschlossen haben. Der Rückgang des Deckungsbeitrags ist aber noch nicht so gravierend, daß man die Produkte bereits der Sättigungs- oder gar der Rückgangsphase zurechnen müßte. Insbesondere zeigen einige Standardartikel konstante Deckungsbeiträge. Insofern kann man durchaus davon ausgehen, daß sich die Produkte in der Reifephase befinden und die Produktgruppe noch eine lange Lebensdauer hat, gegebenenfalls mit leicht rückläufigem Deckungsbeitrag im Verhältnis zum Umsatz.

Wir können aber auch die Reifephase verlängern, indem wir das Produkt weiterentwickeln und mit verschiedenen Variationen der veränderten Nachfrage anpassen.

„Genau das müssen wir anstreben", ergänzt der Chef. „Wir kommen wieder zu dem Ergebnis, daß es sehr unklug wäre, die klassischen Artikel zugunsten der Freizeitartikel zu vernachlässigen."

Betrachten wir die Entwicklung in der gesamten Wirtschaft, so können wir feststellen, daß der Lebenszyklus eines Produkts immer kürzer geworden ist und immer schneller modische Veränderungen oder technische Neuerungen die alten Produkte verdrängen. In Zeiten, in denen die Lebenskurve der Produkte sehr lang war, hatten Unternehmen auch viel Zeit, neue Produkte zu entwickeln und einzuführen. Bei kürzeren Fristen ist eine vorausschauende rechtzeitige Neuentwicklung lebensnotwendig. Dazu kommt noch, daß im Vergleich zu früher die Zeit bis zur Produktionsaufnahme wesentlich länger geworden ist, weil viele Vorbereitungen lange dauern (komplizierte Fertigungsverfahren, umfangreichere Fertigungsanlagen, langwierige Genehmigungsverfahren). Stellt man einmal schematisch die jeweiligen Zeitabläufe gegenüber, ergibt sich folgendes Bild:

Veränderung der Zeitabläufe

	Innovations-zeit	Anlauf-zeit	Produktlebens-dauer
früher	Innovations-zeit	Anlauf-zeit	Produktlebens-dauer
heute	Innovations-zeit	Anlauf-zeit	Produktlebens-dauer

Daraus wird erkennbar, wie notwendig es ist, rechtzeitig mit Neuentwicklungen zu beginnen, um nicht den Anschluß zu verlieren. (Siehe 3.2 Strategische Planung.)

1.6.3 Die Erfahrungskurve

Herr B greift nun ein weiteres Problem auf: „Wir wollen uns nun mit einem Phänomen befassen, das Ende der sechziger Jahre entdeckt wurde und durch umfangreiche empirische Untersuchungen insbesondere durch die Boston Consulting Group als allgemein gültig erkannt worden ist. Dieses Phänomen nennen wir die *Erfahrungskurve*. Sie besagt:

Mit jeder Verdopplung der kumulierten Produktion gehen die auf die Wertschöpfung bezogenen Stückkosten eines Produkts potentiell um 20 bis 30 Prozent zurück."

Dieses Phänomen hat eine gewisse Ähnlichkeit mit der schon länger bekannten Lernkurve. Diese zeigt, daß bei einem erstmaligen Arbeitsgang in der Fertigung der dafür notwendige Zeitaufwand mit jeder Verdopplung der Stückzahlen bis zu einem gewissen Punkt jeweils um 10 bis 20 Prozent zurückgeht. Die Erfahrungskurve geht weiter und endet nicht an einem bestimmten Punkt. Außerdem enthält sie weitere *Kostensenkungspotentiale*, die im wesentlichen auf folgende Gründe zurückgehen:

– Lernkurveneffekt
– Fixkostendegression (bei gleichbleibenden Fixkosten)
– bessere Produktionsmittel und -bedingungen (technischer Fortschritt)
– bessere Ablauforganisation (Organisationsmaßnahmen)
– Produktveränderungen mit Kosteneinsparungen ohne Qualitätsverlust (Wertanalyse)

Da es sich um Kostensenkungspotentiale handelt, muß die Möglichkeit erst erkannt und genutzt werden, das heißt, diese Kostensenkungen treten nicht alle zwangsläufig ein! Des weiteren sei darauf hingewiesen, daß sich das Kostensenkungspotential nur auf die Kosten der Wertschöpfung (das heißt der eigenen Leistung) bezieht, nicht auf die Kosten der von außen bezogenen Leistungen (Wertschöpfung siehe 1.5.2.2 Kennziffernanalyse). Außerdem setzt eine solche Betrachtungsweise selbstverständlich konstante Geldwerte voraus, Inflationsraten müssen als Kostensteigerung erfaßt werden. Solche Erfahrungskurven sind einheitlich für einen Industriezweig als Ganzes. Somit durchläuft jeder Anbieter die Kurve vom ersten Stück bei Produktionsbeginn bis X Stück. Der erreichte kumulierte Wert bestimmt die mögliche Kostensenkung. Folgendes Zahlenbeispiel soll dies verdeutlichen:

zusätzliche Produktion	kumulierte Produktion	Kosten
1	1	1 000,— DM/Stück
1	2	800,— DM/Stück
2	4	640,— DM/Stück
4	8	512,— DM/Stück
8	16	410,— DM/Stück
16	32	328,— DM/Stück
32	64	262,— DM/Stück
87	151	.
.	.	.
193	512	134,— DM/Stück

Es wird deutlich, daß die Verdopplung bei höheren Produktionszahlen langsamer verläuft und die Kostendegression absolut gesehen kleiner wird (Abbildung 13). Wie schnell oder wie langsam sich für ein Unternehmen die Kostendegression auswirkt, hängt daher weitgehend von der eigenen Wachstumsrate ab.

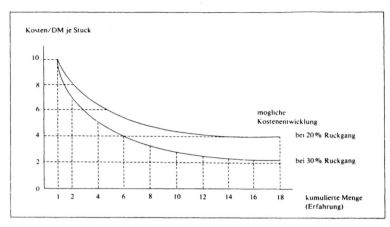

Abbildung 13: Erfahrungskurve

Andererseits kann auch festgestellt werden, daß ein Unternehmen, das zuerst mit der Produktion beginnt, aufgrund des zeitlichen Vorsprungs in seinen kumulierten Mengen und damit hinsichtlich der eigenen Kosten solange einen Vorsprung verteidigen kann, wie die eigenen kumulierten Mengen höher sind als die der Konkurrenz. Wenn ein Anbieter nachträglich mit hoher Kapazität auf den Markt kommt, profitiert er nicht von Anfang an von der vollen Kostendegression wie seine Konkurrenz, die vielleicht mit niedriger Kapazität arbeitet, aber entsprechend höhere kumulierte Mengen aufzuweisen hat. Erst wenn der Anbieter, der nachträglich auf den Markt kommt, die gleichen kumulierten Mengen erreicht wie der Erstling, wird er mit seiner Kostendegression gleichstehen und aufgrund seiner schnelleren Steigerung der kumulierten Menge hinsichtlich der Kostensenkung einen Vorsprung gewinnen.

Hier greift der Verkaufsleiter ein und meint: „Wenn die kumulierten Mengen eine solche Bedeutung haben, muß sich doch ein ähnlicher Effekt hinsichtlich der Marktanteile zeigen. Wer bereits fest am Markt etabliert ist und seinen Marktanteil verteidigt, wird doch immer gegenüber denjenigen mit geringeren Marktanteilen im Kostenvorsprung sein. Umgekehrt wird bei dem genannten Beispiel doch derjenige, der nachstößt und aufgrund seiner höheren Kapazität schrittweise auch höhere Marktanteile erringt, kostenmäßig im Vorteil sein."

„Richtig erkannt", meint Herr B, „wir können diese beiden Aussagen dahingehend zusammenfassen: Ist die kumulierte Menge eines Mitbewerbers doppelt so hoch wie die eigene, wird der Mitbewerber zirka 20 bis 30 Prozent niedrigere potentielle Kosten der Wertschöpfung haben. Wir können also sein Kostenniveau schätzen, soweit ausreichende Informationen über seine kumulierte Menge vorliegen.

Bezogen auf den Marktanteil können wir ableiten, daß ein Mitbewerber, der einen doppelt so großen Marktanteil hat, 20 bis 30 Prozent niedrigere Wertschöpfungskosten haben wird."

Unterschiede können also nur ausgeglichen werden, wenn man die eigenen Ausstoßmengen gegenüber der Konkurrenz erhöht und damit gleichzeitig seinen Marktanteil zu Lasten der Konkurrenz ausweitet. Bleibt dagegen der jährliche relative Mengenzuwachs bei allen Wettbewerbern gleich, bleiben auch die Kostenunterschiede aller Anbieter unverändert. Veränderungen in den Marktanteilen dagegen führen zu Veränderungen dieser Kostenrelationen. Steigerung der Marktanteile heißt vor allem Erwerb zusätzlicher potentieller Kostensenkungsmöglichkeiten; das Umgekehrte gilt für die Einbuße an Marktanteilen.

Legen wir dies einmal auf unsere eigenen Produkte um. Da wir keinen Einproduktbetrieb haben, können wir nicht die Menge der Produkte addieren. Unternehmensbezogen können wir uns nur an den Umsatzzahlen orientieren und diesen die Wertschöpfungszahlen gegenüberstellen. Das ergibt einen so unsicheren Wert, daß wir damit kaum arbeiten können.

Versuchen wir daher einmal, die Aussage auf einzelne Artikelgruppen umzulegen. Bei den klassischen Produkten Anzüge, Sakkos und Hosen werden wir nach den vielen Jahren nur schwer die kumulierte Menge ermitteln können. Wir können höchstens Näherungswerte zugrunde legen, da das Unternehmen immerhin schon 25 Jahre besteht. Betrachten wir daher zunächst die neuen Artikel Freizeitjacken und Freizeithosen. Der Hauptkostenanteil der Wertschöpfung ist der Lohn. Wir können aber nur den Fertigungslohn zurechnen. Wenn wir die Tarifsteigerungen beseitigen wollen, bietet es sich weiter an, die benötigten Fertigungsminuten zugrunde zu legen. Multipliziert mit einem gleichbleibenden Stundensatz würden sie die Senkung der Lohnkosten verdeutlichen. Wir unterstellen, daß sich die übrigen Kosten der Wertschöpfung ähnlich entwickelt haben. Danach haben wir im ersten Jahr mit einer Fertigungszeit von 90 Minuten pro Stück begonnen. Nach der Verdopplung der kumulierten Werte, das heißt bei Erreichen der 10 000-Stück-Grenze hätte die Zahl bereits auf mindestens 72 Minuten sinken müssen. Bei weiterer Verdopplung, das heißt bei insgesamt 20 000 Stück hätten wir theoretisch bei 57,6 Minuten und bei 40 000 Stück schon bei 46 Minuten pro Stück liegen müssen. Die kumulierte Zahl von 40 000 haben wir aber bereits nach 3 Jahren erreicht, jedoch mit einer Minutenzahl zwischen 66 und 68 pro Stück. Wir liegen also theoretisch wesentlich über den Kosten, die wir bei voller Ausschöpfung der Kostensenkungspotentiale hätten erreichen müssen. Betrachtet man die Zahlen genauer, so gibt es offensichtlich nur eine Senkung um jeweils 10 Prozent bei Verdopplung der Menge. Dies würde in etwa der Entwicklung der Lernkurve entsprechen. Es scheint, als hätte nur die zwangsläufige Entwicklung der Lernkurve durchgeschlagen und als wären andere Potentiale nicht genutzt worden.

Dem hält Herr P entgegen: „Damit kann ich nicht einverstanden sein. Wir haben durchaus Veränderungen und Verbesserungen in der Produktion durchgeführt; anders wären diese Effekte nicht zu erzielen gewesen. Ich glaube auch nicht, daß wir nur aufgrund der Lernkurve diese Verbesserungen hätten erzielen können. Wir dürfen nicht vergessen, daß wir keine absolut neuen Produkte haben, sondern daß der Lerneffekt bereits bei den vorangegangenen Arbeiten in der klassischen Bekleidung weitgehend ausgeschöpft wurde. Der Vorgang beim Nähen einer Freizeitjacke unterscheidet sich nur durch die weniger aufwendige Verarbeitung von den Sakkos, die Arbeiten selbst sind nicht wesentlich anders."

Dies bestätigt Herr B. Hätten wir gänzlich neu als Bekleidungshersteller angefangen, so hätte die Wirkung voll zu Buche schlagen müssen. Da wir hier nur eine Variante des ursprünglichen Produktes herausgebracht haben, konnten wir von Anfang an Erfahrungen, die wir mit der vorangegangenen Produktion gesammelt haben, auf das neue Produkt übertragen. Das heißt, daß theoretisch schon bei Beginn der Produktion von Freizeitbekleidung eine bestimmte kumulierte Menge als Ausgangsgröße zugrunde gelegt werden mußte. Dies zeigt sich noch deutlicher bei den Freizeithosen. Die Kostendegression hätte auch hier wesentlich steiler verlaufen müssen, wenn es eine gänzlich neue Produktion gewesen wäre. Doch hatten wir auch hier den Erfahrungsschatz der bisherigen großen Produktion. Andernfalls hätten wir mit wesentlich höheren Kosten begonnen. Es konnten also nur technische Vereinfachungen genutzt werden, um die Produktionskosten unter die der klassischen Hosen zu senken.

Daraus können wir aber auch allgemein ableiten, daß Unternehmen, die mit einem Produkt gänzlich neu beginnen, große Kostennachteile gegenüber denen haben, die schon länger am Markt sind. Bei Diversifizierungen sollten Unternehmen solche Produkte in ihr Programm aufnehmen, die ihrer bisherigen Produktion ähnlich sind, um daraus Kostenvorteile ziehen zu können.

Wir sehen aber auch die Schwierigkeiten der praktischen Anwendung der Erfahrungskurve. Trotzdem ist die oben gemachte Aussage für uns von großer Bedeutung. Wenn wir auf dem Freizeitsektor wirklich Fuß fassen wollen, müssen wir uns bemühen, die kumulierten Mengen unserer Konkurrenz zu erreichen, das heißt, unsere Steigerungsraten müssen wesentlich größer sein als die der Konkurrenz, die schon einigen Vorsprung hat. Umgekehrt dürfen wir beim Ausstoß unserer klassischen Bekleidung nicht gegenüber der Marktentwicklung zurückbleiben, weil wir dadurch Marktanteile verlieren und in unseren kumulierten Mengen gegenüber der Konkurrenz zurückbleiben. Wir müssen hier also mindestens unsere Position halten, um die gleichen Kostenrelationen zur Konkurrenz aufrechtzuerhalten. Wir können uns auch die Mühe machen, einmal über die Jahre hinweg die gesamten Produktionsmengen in den einzelnen Bereichen zu addieren, so daß wir zu unseren heutigen kumulierten Mengen kommen. Dann können wir unsere Senkungspotentiale genauer ermitteln.

Versuchen wir einmal ein Beispiel durchzurechnen. Vor fast 25 Jahren wurde das Unternehmen gegründet und begann mit einer geringen Stückzahl an Sakkos. Nach einer Spitzenproduktion von 22000 Sakkos jährlich und einer derzeitigen Produktion von 18000 im Jahr ergibt sich bis zum Abschluß des Jahres A eine kumulierte Stückzahl von zirka 200000. Nimmt man einmal an, daß wir eine Mengensteigerung von zirka 2,5 Prozent im Jahr planen, so ergeben sich für die nächsten Jahre folgende (stark gerundeten) Werte:

Jahr	Jahres-produktion	kumulierte Werte	Lohnkosten	Minuten
A	18 000	200 000		
A1	18 500		38,90	87
A2	19 000			
A3	19 500			
A4	20 000			
A5	20 500		− 12,5 % = 34,—	76
A6	21 000			
A7	21 500			
A8	22 000			
A9	22 600			
A10	23 200	407 800	− 25 % = 29,20	66

Aus der Aufstellung ist ersichtlich, daß sich nach weiteren 10 Jahren bei der angenommenen Produktionssteigerung die kumulierte Menge wiederum auf 407 800 verdoppelt hat und damit eine 20- bis 30prozentige Kostensenkung möglich ist. Da die Materialkosten Fremdleistungen sind, soll nur der Lohnkostenanteil betrachtet werden. Die Lohnkosten betragen zur Zeit pro Stück 38,90 DM und verringern sich bei einer angenommenen Kostendegression von 25 Prozent auf 29,20 DM. Gehen wir davon aus, daß diese Entwicklung einigermaßen kontinuierlich verläuft, wie ja auch die angenommenen Stückzahlen kontinuierlich verlaufen, können wir bei einem Planungshorizont von 5 Jahren mit einem 12,5prozentigen Senkungspotential rechnen, so daß sich Kosten von 34,— DM und eine Fertigungszeit von 76 Minuten ergeben. Diese Kosten beruhen selbstverständlich auf derzeitigen Löhnen, denn Lohnsteigerungen werden bei dieser Überlegung nicht berücksichtigt. Geht man von einer durchschnittlichen Tarifsteigerung von 3,5 Prozent aus, so werden sich die angenommenen Kosten von 34,— DM rechnerisch auf 40,50 DM erhöhen.

Wenn wir uns für die Freizeitjacken eine Grundlage schaffen, können wir ähnliche Überlegungen anstellen. Wir haben zwar insgesamt erst 67 000 Freizeitjacken verkauft, doch liegt darin schon ein erheblicher Teil Erfahrung mit der Produktion von Sakkos. Wenn wir also eine Zahl von 180 000 produzierten Freizeitjacken annehmen, können wir eine ähnliche Staffel wie bei den Sakkos aufstellen. Für die Freizeitjacken ergäben sich bei einer angenommenen Steigerung von 4 000 Stück im Jahr:

Jahr	Produktions- menge/Jahr	kumulierter Wert	Lohnkosten pro Stück
A	27 000	180 000 (echt 67 000)	29,65 DM
A1	31 000	211 000	
A2	35 000	246 000	
A3	39 000	285 000	
A4	43 000	328 000	
		360 000	20,75 DM
A5	47 000	375 000	

Wie die Aufstellung zeigt, ergibt sich im Laufe des fünften Jahres eine Verdopplung der kumulierten Menge gegenüber heute. Gehen wir von einer Kostensenkung von 30 Prozent aus, wird ein Lohnsatz pro Stück von 20,75 DM erreicht. Bei der angenommenen Lohnsteigerung ergibt dies einen Kostensatz für das Jahr A5 in Höhe von 24,70 DM.

Nun ergreift der Chef das Wort und meint: „Dann können wir uns ja auch eine Vorstellung von unserem gesamten Kostenniveau machen."

Her K hat sofort die Zahlen zur Hand, man bestimmt die zu erwartenden Lohnkostensätze und kommt insgesamt zu folgender Aufstellung für das Jahr A5:

Artikel	angenommene Stückzahl	angenommener Lohnkostensatz
Anzüge	28 000	62,50 DM
Sakkos	20 500	40,50 DM
Hosen	40 000	16,35 DM
Freizeitjacken	47 000	24,70 DM
Freizeithosen	55 000	12,05 DM

Auf diese Überlegungen werden wir bei der Planung noch einmal zurückkommen. Zunächst wollen wir nur festhalten, daß es notwendig ist, die Kostensenkungspotentiale in Zukunft voll zu nutzen. Außerdem müssen wir als Analyseergebnis zur Kenntnis nehmen, daß wir durch rückläufige Zahlen im klassischen Bereich gegenüber der Konkurrenz Kostennachteile zu verzeichnen haben, da wir offensichtlich Marktanteile in diesem Bereich verloren haben.

1.7 Die Portfolio-Matrix-Analyse

Herr P meldet sich zu Wort und fragt: „Wir haben uns sehr ausführlich mit den Stärken und Schwächen unseres Unternehmens und unserer Produkte befaßt, aber ich bin durch die Vielzahl der Auflistungen und Darstellungen eher verwirrt, als daß ich eine klare Vorstellung hätte. Kann man denn nicht einen Gesamtüberblick schaffen, bei der wir die einzelnen Produktgruppen verbunden mit unseren Stärken und Schwächen klassifizieren und so darstellen, daß wir einen Eindruck davon bekommen, wie wir mit diesen Produkten im Vergleich zu unseren Mitbewerbern beurteilt werden müssen?"

Um dem Wunsch von Herrn P zu entsprechen, wollen wir die bisherigen Aussagen in einer besonderen Form zusammenfassen und sie graphisch darstellen. Möglich ist dies mit der *Portfolio-Matrix*.

Bei der Portfolio-Matrix handelt es sich um eine gebündelte Aussage zur Quantifizierung der Erfolgs- und Liquiditätssituation verschiedener Produktgruppen im Unternehmen. Diese Situation gilt es in ihrer Veränderung laufend zu beobachten und nach Möglichkeit zu verbessern. Die Darstellung erfolgt auf einer Matrix. Mit der Portfolio-Matrix können vereinfacht Marktbedingungen und Wettbewerbsverhältnisse in einem zweidimensionalen Schaubild dargestellt werden. Dazu müssen wir Kriterien aus beiden Beurteilungsbereichen bewerten. Wir kommen so zu einer Aussage über die sogenannte Marktattraktivität, die sich auf die Marktbedingungen außerhalb des direkten Einflußbereichs bezieht, sowie zu einer summarischen Bewertung der Stärken und Schwächen der einzelnen Produkte oder Produktgruppen im Verhältnis zu den Wettbewerbern. Letzteres nennen wir die Darstellung des relativen Wettbewerbsvorteils. Wenden wir uns zunächst der Marktattraktivität zu.

1.7.1 Marktattraktivität

Wie gesagt, soll die *Marktattraktivität* durch eine summarische Aussage ein Bild von den nicht direkt beeinflußbaren Gegebenheiten in der Umwelt, insbesondere des Marktes geben. Dazu können wir auf die Kriterien zurückgreifen, die wir bereits bei der Umweltanalyse, insbesondere bei der Branchen- und Konkurrenzanalyse, untersucht haben. Wir werden diese einzelnen Kriterien in gleicher Weise bewerten wie bereits bei der Profildarstellung. Hierzu wählen wir uns eine beliebige Skalierung, zum Beispiel von 1 bis 9. Die Bewertung kann noch ergänzt werden durch eine Gewichtung der Kriterien hinsichtlich der Bedeutung, die wir dem einzelnen Kriterium zumessen. In den Abbildungen 14a und b finden wir Bewertungsbeispiele aus zwei verschiedenen Unternehmen. In einem Beispiel wird eine Gewichtung vorgenommen. Dabei errechnet sich die endgültige Bewertung aus der Multiplikation der Wertzahl mit der Gewichtungsziffer.

	Gewich-tung (G)	Bewertung (B) niedrig hoch 1|2|3|4|5|6|7|8|9|10	Punkte G × B
MARKTATTRAKTIVITÄT (relatives Marktwachstum)			
1. Wachstum des eigenen Produktes	0,5	1% 2% 3% 4% 5% (6%) 7%	4,5
2. Wachstum des Marktes	0,5	./.0 0,5 1 1,5 (2) 2,5	4,0
3. Wettbewerbsintensität	0,2	(x)	0,8
4. Deckungsbeitrag	0,8	10 12 14 (16) 18 20 22	4,8
Summe	2,0		14,1

Abbildung 14a: Marktattraktivität

Es gibt aber auch Unternehmen, die wesentlich differenzierter vorgehen. Sie zerlegen die Positionen Marktattraktivität und Wettbewerbsvorteil in Unterpositionen, die wiederum sehr detailliert ermittelt werden müssen. Auch in diesem Fall wird mit Gewichtung gearbeitet. In den Abbildungen 15 bis 17 sind als Beispiel die Ermittlungsformulare für den Bereich Marktattraktivität dargestellt.

Markt- attraktivität	niedrig 1 2 3	mittel 4 5 6	hoch 7 8 9
Marktwachstum Steigerungspotential mengenmäßige Nachfrage			
Marktqualität Branchenrentabilität Spielraum für Preispolitik Anzahl der Wettbewerber Eintrittsbarrieren neuer Anbieter Stellung im Marktlebenszyklus bietet das Produkt den Anwendern die Möglichkeit hoher Rentabilität			
Umweltsituation Abhängigkeit von Konjunktur Abhängigkeit von Gesetzen			
Gesamt			

Abbildung 14b: Marktattraktivität

Element	Mengen- oder Wertangabe	Einfluß des Elements bis zum Erhebungszeitpunkt								Gewichtsfaktor des Elementes	Bedeutungsgrad des Elementes
		zunehmend negativ			Skalierung			zunehmend positiv		Faktoren 1 bis 3 mit zunehmender Wichtigkeit	Skalierung × Gewichtungsfaktor
		1	2	3	4	5	6	7			
Entwicklung des Marktvolumens											
Entwicklung der Produktionsmenge für den Markt											
Entwicklung der Anbieterstruktur auf dem Markt											
Entwicklung der Abnehmerstruktur auf dem Markt											
Gewogener Durchschnittswert der Bedeutungsgrade:										Summe:	

Abbildung 15: Ermittlung des Einzelmerkmals „Marktgröße/Marktvolumen"

Element	Mengen- oder Wertangabe	Einfluß des Elements bis zum Erhebungszeitpunkt								Gewichtsfaktor des Elementes	Bedeutungsgrad des Elementes
		zunehmend negativ			Skalierung				zunehmend positiv	Faktoren 1 bis 3 mit zunehmender Wichtigkeit	Skalierung × Gewichtungsfaktor
		1	2	3	4	5	6	7			
Marktbeeinflussung durch gesamtwirtsch. Entwicklung											
Staatlicher Einfluß auf die Forderung des Marktes											
Marktbeeinflussung durch Gesetzesvorschriften											
Entwicklung von Exporthemmungen d. eigenen Landes											
Entwicklung von Exporthemmungen d. Importländer											
Entwicklung des Images des Marktes											
Einfluß von Verbrauchsgewohnheiten auf den Markt											
Einfluß neuer Technologie auf den Markt											
Einfluß von Substitutionsgütern auf den Markt											
Einfluß der Rohstoffversorgung auf den Markt											
Einfluß der Marktführers auf den Markt											
Einfluß des Marktführers auf die Produkte											
Preisclasturial des Marktes											
Einfluß der Kreditsituation auf den Markt											
Gewogener Durchschnittswert der Bedeutungsgrade:									Summe:		

Abbildung 16: Ermittlung des Einzelmerkmals „Marktbedingungen"

Einzelmerkmal	Einfluß des Einzelmerkmals bis zum Erhebungszeitpunkt							Gewichtsfaktor des Einzelmerkmals	Bedeutungsgrad des Einzelmerkmals
	zunehmend negativ ←———— Skalierung ————→ zunehmend positiv							Faktoren 1 bis 3 mit zunehmender Wichtigkeit	Skalierung × Gewichtungsfaktor
	1	2	3	4	5	6	7		
Marktgröße/Marktvolumen									
Marktbedingungen									
							Summe:		
Gewogener Durchschnittswert der Bedeutungsgrade:									

Abbildung 17: Zusammenfassende Darstellung des Hauptmerkmals „Marktattraktivität"

Wir wollen nun für unser Unternehmen eine Kriteriensammlung vornehmen und die Marktattraktivität beurteilen. Dabei wählen wir die beiden Produktgruppen Klassik und Freizeit und legen als Wertzahlen die Ziffern 1 bis 9 ungewichtet zugrunde. Es ergibt sich Tabelle 9.

Tabelle 9: Bewertung der Marktattraktivität (Wertzahlen 1 – 9 ungewichtet)

Kriterien	Bewertung Klassik	Freizeit
Marktgröße	8	7
Marktwachstum	5	8
Branchenrentabilität	7	4
Innovationspotential der Branche	5	7
Wettbewerbsverhalten	7	5
Konjunkturabhängigkeit	6	4
Substitutionsgefahr (Eintrittsbarrieren)	7	5
Kaufverhalten (Kundentreue)	8	5
Versorgungssicherheit	8	8
Risiko durch Gesetzgeber/öffentliche Meinung	7	6
Durchschnitt	6,8	5,9

Nun sehen wir deutlich, daß wir im Bereich Klassik einen attraktiveren Markt haben als im Bereich Freizeit. Trotzdem liegt auch der Bereich Freizeit über dem Mittel von 5 Punkten und gilt somit auch noch als attraktiver Markt.

1.7.2 Wettbewerbsvorteile

Die Wettbewerbsposition eines Unternehmens wird ausgedrückt in der Größe des relativen *Wettbewerbsvorteils*. Damit soll ein

Stärken-/Schwächen-Vergleich mit der Konkurrenz zum Ausdruck gebracht werden. Es kann durchaus sein, daß ein Unternehmen, das bei objektiver Betrachtung bei einigen Kriterien nur einen durchschnittlichen Wert erreicht, in Relation zum Wettbewerb trotzdem sehr gut abschneidet, weil die Wettbewerber noch schlechter sind. Umgekehrt kann ein mit objektiven Maßstäben gemessenes gutes Urteil in Relation zum Wettbewerb doch nur befriedigend ausfallen, wenn die Konkurrenz eben noch besser ist. Die Unternehmensanalyse, die wir weitgehend nach objektiven Maßstäben durchgeführt haben, wird nun relativiert im Vergleich zur Konkurrenz. Trotzdem kann auch bei der Beurteilung der Wettbewerbsposition auf die Unternehmensanalyse und ihre Kriterien zurückgegriffen werden. Die dort aufgeführten Stärken und Schwächen müssen wir nun im Hinblick auf die Stärken und Schwächen der Konkurrenz beurteilen. Wie bei der Beurteilung der Marktattraktivität können die einzelnen Kriterien auch gewichtet werden.

Auch hierzu seien Beispiele aus den schon genannten Unternehmen angeführt (Abbildungen 18a und b). In der differenzierten Betrachtung des dritten Unternehmens werden zunächst Hauptkriterien gebildet, die in Form von Unterkriterien noch einmal differenziert und gewichtet werden (Abbildungen 19 bis 23).

Wir wollen nun wieder aus diesen Beispielen eine Möglichkeit für unser Unternehmen entwickeln. Nach der Auswertung der schon vorhandenen Unternehmensanalyse bezogen auf die beiden Produktgruppen Klassik und Freizeit ergibt sich folgende Skala (Tabelle 10).

RELATIVE WETT-BEWERBUNGSVORTEILE	Gewichtung (G)	Bewertung (B) niedrig 1|2|3|4|5|6|7|8|9|10 hoch	Punkte G × B
1. Marktanteil	0,5	15% 20% 25%	1,5
2. relativer DB (Prozeßwirtschaftlichkeit)	0,8	0,5 0,75 1,— 1,25 1,5	4,8
3. Qualifikation der Mitarbeiter	0,5	4 3 2	4,0
4. Flexibilität durch Umrüstmöglichkeit in der Fertigung	0,3	4 3 2	0,9
Summe	2,0		11,2

Abbildung 18a: Relative Wettbewerbsvorteile

Auch bei dieser Beurteilung zeigen sich Unterschiede zwischen den beiden Produktgruppen Klassik und Freizeit. Die Wettbewerbsposition im Bereich der klassischen Bekleidung ist offensichtlich wesentlich stärker als die im Bereich der Freizeitbekleidung, ein Ergebnis, das nicht mehr überrascht.

Relative Wettbewerbsvorteile (Stärken)	niedrig	mittel	hoch
Marktposition – Marktanteil und Entwicklung – Rentabilität – Marketingpotential (Image, Service, Abnehmerbeziehung, Bekanntheitsgrad in der Zielgruppe, Steuerung und Kontrolle des Vertriebsweges) – Größe und Finanzkraft – Risiko durch Etabliertheit im Markt			
Produktionspotential – Kostenvorteile – Innovationsfähigkeit – Standortvorteile – Fertigungsverfahren			
F + E-Potential – Innovationspotential – Stand der angewandten Technik – Schutzfähigkeit des technisches Know-how			
Qualifikation der Führungskräfte – Innovationsklima – Qualität der Führungssysteme – Professionalität und Urteilsfähigkeit			

Abbildung 18b: Relative Wettbewerbsvorteile

Element	Mengen- oder Wertangabe	Einfluß des Elements bis zum Erhebungszeitpunkt							Gewichtsfaktor des Elementes	Bedeutungsgrad des Elementes
		zunehmend negativ ←			Skalierung			→ zunehmend positiv	Faktoren 1 bis 3 mit zunehmender Wichtigkeit	Skalierung × Gewichtungsfaktor
		1	2	3	4	5	6	7		
Umsatzentwicklung										
Preisentwicklung										
Entwicklung der abgesetzten Mengen										
Personalkostenentwicklung										
Materialkostenentwicklung										
Beschäftigungsentwicklung										
Auftragsbestandsentwicklung										
Entwicklung der Kapitalstruktur										
Entwicklung der Vermögensstruktur										
Entwicklung des Verschuldungskoeffizienten										
Entwicklung der Umsatzrentabilität										
Entwicklung der Eigenkapitalrentabilität										
Entwicklung der Liquidität 1. Grades										
								Summe:		
Gewogener Durchschnittswert der Bedeutungsgrade										

Abbildung 19: Ermittlung des Einzelmerkmals „Unternehmensposition"

Abbildung 20: Ermittlung des Einzelmerkmals „Marketingposition"

Element	Mengen- oder Wertangabe	Einfluß des Elements bis zum Erhebungszeitpunkt							Gewichtsfaktor des Elementes	Bedeutungsgrad des Elementes
		zunehmend negativ			Skalierung			zunehmend positiv	Faktoren 1 bis 3 mit zunehmender Wichtigkeit	Skalierung × Gewichtungsfaktor
		1	2	3	4	5	6	7		
Schriftlich festgelegte Unternehmenskonzeption										
Schriftlich festgelegte Unternehmensziele										
Zustand der Gesamtorganisation										
Planungsstand										
Stand des Informationswesens										
Durchgängigkeit des Führungsverhaltens										
Laufende Beurteilung der relevanten Märkte										
Laufende Beurteilung der Wettbewerbslage										
Förderung des eigenen Nachwuchses										
Qualifikation des Personals										
Altersstruktur des Personals										
Mitarbeit in Verbänden und Organisationen										
Auftreten in der Öffentlichkeit										
Gewogener Durchschnittswert der Bedeutungsgrade.								Summe:		

Abbildung 21: Ermittlung des Einzelmerkmals „Dispositiver Faktor"

Element	Mengen- oder Wertangabe	Einfluß des Elements bis zum Erhebungszeitpunkt /zunehmend negativ 1 2 3 4 5 6 7 /zunehmend positiv Skalierung	Gewichtsfaktor des Elementes Faktoren 1 bis 3 mit /zunehmender Wichtigkeit	Bedeutungsgrad des Elementes Skalierung × Gewichtungsfaktor
Qualität der Produktionsanlagen				
Auslastung der Kapazität				
Wahl der Produktionsverfahren und -methoden				
Flexibilität der Produktion				
Organisation der Produktion				
Termintreue der Produktion				
Auswahl der Lieferanten				
Lieferantentreue				
Termintreue der Lieferanten				
Laufende Beobachtung des Beschaffungsmarktes				
Nutzung von Beschaffungs- vorteilen d. optim. Menge				
Kosten der Lagerhaltung				
Organisation der Lagerhaltung				
Organisation der Bereitstellung				
Gewogener Durchschnittswert der Bedeutungsgrade		Summe:		

Abbildung 22: Ermittlung des Einzelmerkmals „Fertigungs- und Beschaffungsposition"

Einzelmerkmal	Einfluß des Einzelmerkmals bis zum Erhebungszeitpunkt							Gewichtsfaktor des Einzelmerkmals	Bedeutungsgrad des Einzelmerkmals
	zunehmend negativ ← Skalierung → zunehmend positiv							Faktoren 1 bis 3 mit zunehmender Wichtigkeit	Skalierung × Gewichtungsfaktor
	1	2	3	4	5	6	7		
Unternehmensposition									
Marketingposition									
Position des dispositiven Faktors									
Fertigungs- und Beschaffungsposition									
								Summe:	
Gewogener Durchschnittswert der Bedeutungsgrade:									

Abbildung 23: Zusammenfassende Darstellung des Hauptmerkmals „Wettbewerbsposition"

Tabelle 10: Bewertung relative Wettbewerbsvorteile (Wertzahlen 1 – 9 ungewichtet)

Kriterien	Bewertung Klassik	Freizeit
Relativer Marktanteil	7	2
Rentabilität	7	3
Kostenstruktur	7	3
Bedeutung und Finanzkraft	6	5
Marketing Know-how	7	4
Technisches Know-how	8	4
Standortvorteile	5	5
Qualität der Produkte	8	6
Investitionsintensität	6	4
Qualität der Führung	6	4
Durchschnitt	6,7	4,0

1.7.3 Portfolio-Matrix

Die beiden Größen Marktattraktivität und Wettbewerbsvorteil werden nun in einem Koordinatensystem dargestellt. Auf Ordinate und Abszisse wird eine gleiche Anzahl von Bewertungsziffern aufgetragen, entsprechend der Höchstzahl der Bewertungsmöglichkeit bei der Beurteilung der Marktattraktivität und der Wettbewerbsvorteile. Dabei kann es sich um die höchstmögliche Summe oder um den höchstmöglichen Durchschnitt dieser Größe handeln. Auf der Ordinate wird die Marktattraktivität abgetragen, auf der Abszisse der relative Wettbewerbsvorteil beziehungsweise die Wettbewerbsposition. Durch eine Halbierung der Ordinate und der Abszisse wird das System in vier gleiche Felder geteilt. Diese Felder werden in der Literatur auch namentlich bezeichnet (Abbildung 24).

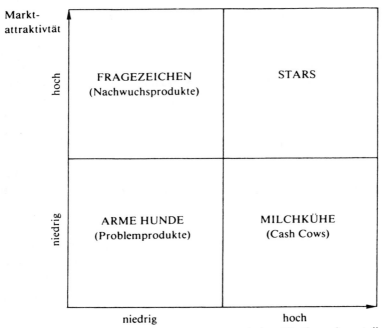

Abbildung 24: Portfoliomatrix

Die mit einem Fragezeichen bezeichnete Feldposition sagt aus, daß Produkte, die in diesem Feld positioniert sind, in einem Markt mit hoher Attraktivität liegen, das Unternehmen selbst aber eine schlechte Wettbewerbsposition hat. Es kann sich dabei um *Nachwuchsprodukte* handeln, bei denen das Unternehmen gegenüber der Konkurrenz noch aufholen will, oder aber das Unternehmen muß einsehen, daß es den Anschluß trotz des attraktiven Marktes nicht mehr schaffen kann. Für diese Entscheidungsschwierigkeit steht das Fragezeichen. Das Unternehmen hat entweder die Möglichkeit, durch eine Offensivstrategie eine Erhöhung der Wettbewerbsvorteile zu erreichen, um somit in den *Star*bereich der Produkte mit großem Vorteil in einem sehr attraktiven Markt zu kommen. Nützen aber alle Anstrengungen nichts, wird das Fragezeichen-Produkt bei nachlassender Marktattraktivität in den Bereich der *armen Hunde* absinken. Hat ein Produkt aber die Starposition erreicht und läßt die Marktattraktivität nach, wird es für das Unternehmen zu einer *Cash Cow*. In einer solchen Situation wird ein Unternehmen wegen mangelnder Attraktivität keine Zukunftsinvestitionen in diesem Produktbereich mehr treffen, es wird aber das Produkt aufgrund der starken Wettbewerbsposition noch so lange am Markt lassen, wie es Deckungsbeitrag abwirft. Das bedeutet, daß es liquide Mittel bereitstellt, die genutzt werden können, um neue Produkte in den Starbereich zu bringen.

Damit wird deutlich, daß die Positionierung in den einzelnen Quadranten auch gleichzeitig einen Hinweis auf den Mittelbedarf beziehungsweise den Mittelrückfluß bildet. In vereinfachter Form kann man dafür folgende Zuordnung treffen (Abbildung 25).

Wir erkennen, daß ein Fragezeichen-Produkt mit einer schlechten Wettbewerbsposition beachtliche Mittel bindet. Im Starbereich bei hoher Attraktivität und starker Position fließen diese Mittel etwa im gleichen Umfang zurück, wie sie investiert werden müssen. Tendenziell werden noch mehr Mittel gebunden, als Rückfluß zu verzeichnen ist. Anders sieht es im Cash-Cow-Bereich aus. Hier ist die Mittelverwendung relativ gering, wohingegen beachtliche Mittel wieder zurückfließen. Ein Unternehmen muß daher darauf bedacht sein, daß Produkte, die sich in einer hohen Wachstumsphase befinden, durch Produkte im Cash-Cow-Bereich finanziert werden. Anderenfalls könnte es zu Liquiditätsproblemen kommen. Es stellt sich für das Unternehmen daher die Frage, welche Produkte und Märkte es sich leisten kann, um diese offensiv mit Mitteln aus Überschüssen reifer Produkte und Märkte zu fördern. Die Entwicklung aller Produkte in allen vier Feldern sollte daher ständig beobachtet werden.

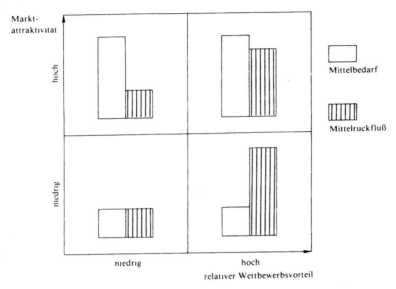

Abbildung 25: *Mittelbedarf und Mittelrückfluß*

Wir wollen nun die Positionierung in der Matrix für unsere beiden Produktgruppen Klassik und Freizeit vornehmen. Dabei stellt sich heraus, daß sich der Freizeitbereich in dem Quadranten des Fragezeichens befindet, die Tendenz zum Starbereich aber sehr deutlich ist. Der Freizeitbereich bedarf also hoher Anstrengungen und hat dann Aussichten, auf einem guten Markt in die Starposition zu kommen. Die klassische Bekleidung befindet sich mitten im Starbereich und ist somit die große Stärke des Unternehmens (Abbildung 26).

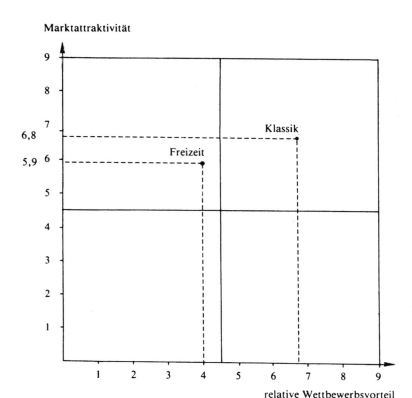

Abbildung 26: Positionierung von klassischer und Freizeitbekleidung

Nun wird der Chef nachdenklich und meint: „Wenn wir das eben Gesagte zugrunde legen, haben wir keine Cash Cow. Entspricht das denn unserer tatsächlichen Situation?"

Herr B gibt zu bedenken, daß nur zwei große Produktgruppen gebildet worden sind. Bereits bei der Besprechung des Produktlebenszyklus' haben wir erläutert, daß eine zu großzügige Zusammenfassung ein falsches Bild abgeben kann. Wir müssen auch bei dieser Betrachtung weiter differenzieren und strategische Geschäftseinheiten bilden. Wie schon in 1.6.1 definiert, verstehen wir unter strategischer Geschäftseinheit eine Produktgruppe in einem bestimmten Markt, der regional, preislich, nach Abnehmergruppen oder ähnlichem abgegrenzt wird. Um strategische Geschäftseinheiten zu bestimmen, müssen unsere beiden Produktgruppen Klassik und Freizeit noch hinsichtlich ihrer Märkte aufgeteilt werden. Darüber hinaus können wir auch innerhalb der großen Bereiche Klassik und Freizeit die Produktgruppen noch unterscheiden nach Standardware und hochmodischer Ware. Bei einer solchen differenzierten Betrachtung werden wir feststellen, daß Standardware des klassischen Bereichs zwar nicht in einem hochattraktiven Markt positioniert ist; da das Unternehmen auf diesem Sektor aber eine relativ gute Wettbewerbsposition hat, ergibt sich für sie eine Positionierung im Cash-Cow-Bereich. Wenn wir eine solche Differenzierung verstärkt durchführen, werden wir feststellen, daß wir bei den verschiedenen strategischen Geschäftseinheiten (SGE) Positionen im Cash-Cow-Bereich, aber auch im Bereich der armen Hunde haben. Diese Darstellung können wir noch erweitern um den Umsatzanteil. Die Positionierung einer SGE wird durch einen Kreis vorgenommen. Der Durchmesser dieses Kreises steht in Relation zur Höhe des Umsatzes. Dadurch ergibt sich das Verteilungsbild der strategischen Geschäftseinheiten in Abbildung 27.

Unterschieden werden die Produkte in den einzelnen Märkten. Dabei zeigt sich, daß sich Standardsakkos und -anzüge auf den alten Märkten weitgehend im Cash-Cow-Bereich befinden. Die Standardhosen zählen sogar zu den armen Hunden. Im Fragezeichen-Quadranten dagegen befinden sich sowohl klassische Artikel auf neuen Märkten wie auch Freizeitbekleidung auf angestammten regionalen Märkten und in Exportmärkten. Der Starbereich wird weitgehend von den klassischen Produkten im modischen Genre beherrscht.

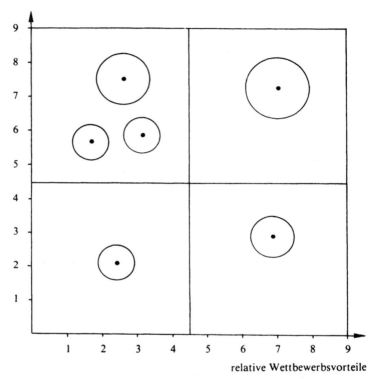

Abbildung 27: Verteilung der strategischen Geschäftseinheiten

Nun fragt Herr K, ob es nicht auch andere Matrixdarstellungen gebe. Er habe auch von anderen Kombinationsmöglichkeiten wie zum Beispiel die Marktwachstums-/Marktanteils-Matrix oder die Branchen-Wettbewerbsvorteils-Matrix gehört.

Herr B bestätigt, daß es eine ganze Reihe ähnlicher Darstellungsmöglichkeiten gibt, da in einem Koordinatensystem die Beziehungen zwischen zwei Größen besonders gut dargestellt werden können. Zum Teil werden bei den anderen Darstellungen neue

Gesichtspunkte eingeführt, zum Teil handelt es sich darum, Aussagen auf einige wenige Gesichtspunkte zu konzentrieren, wie zum Beispiel bei der Marktwachstums-/Marktanteils-Matrix.

1.8 Die Problemanalyse

Wir wollen uns nun die Problematik unserer zukünftigen Verfahrensweise vor Augen führen. Dazu müssen wir uns zunächst einmal ein Bild von der erwarteten Entwicklung machen. Selbstverständlich sind wir keine Propheten, doch können wir sicherlich einige Erwartungen konkretisieren. Das nennen wir „eine Prognose erstellen".

1.8.1 Die Prognose

Prognose heißt nicht Prophetie. Der Begriff der Prognose bedeutet, daß man bestrebt ist, bestimmte Ereignisse vor ihrem Eintreffen als wahrscheinlich zu erkennen. Nicht gemeint ist, daß man die Zukunft in jeder Beziehung und vollständig vorhersehen will. Derartige Aussagen über die Zukunft sind naturgemäß immer unsicher. Trotzdem zeigt die Erfahrung, daß sich Veränderungen vorher durch bestimmte Erscheinungen andeuten. Auch in der heutigen Zeit kommen neue technische Entwicklungen nicht über Nacht, sondern sind bereits bei wissenschaftlichen Diskussionen über Grundlagenergebnisse zu erkennen. Weitgehend sind auch wirtschaftliche Entwicklungen in der Tendenz abschätzbar. Der

Versuch, mit mathematischen Berechnungen auf der Grundlage von Vergangenheitswerten die Zukunft zu berechnen, setzt aber voraus, daß die in die Rechnung einfließenden Daten einigermaßen realistischen Erwartungen entsprechen. So sicher beziehungsweise unsicher diese Daten sind, so sicher kann auch nur das Ergebnis sein.

Wichtig für die Beurteilung des Unischerheitsgrades einer Prognose ist die Grundlage, auf der diese Prognose beruht. Unsicherstes Moment ist eine bloße Annahme ohne Begründung.

Ein Schritt zu mehr Sicherheit ist es, wenn man von Erwartungen ausgeht. Erwartungen werden definiert als subjektiv begründete Aussagen, die immerhin eine gewisse Realitätsgrundlage haben.

Ein weiterer Schritt sind die auf Vergangenheitswerten begründeten Prognosen. Diese werden ermittelt mit statisch abgesicherten Wahrscheinlichkeiten. Man darf aber nicht vergessen, daß diese auf Vergangenheitswerten beruhen und neue Entwicklungen nicht einbeziehen können. Derartige Prognosen müssen daher um Aussagen über Zukunftsdaten erweitert werden. Es sind eine Reihe von Prognoseverfahren entwickelt worden, doch wollen wir uns hier auf das von uns überschaubare beschränken. Gehen wir einmal davon aus, daß sich die wirtschaftlichen Verhältnisse und Entwicklungen in den kommenden Jahren nicht grundlegend verändern werden. Gravierende neue technische Entwicklungen sind nicht abzusehen, revolutionäre Neuerscheinungen auf dem Sektor der Bekleidung ebenfalls nicht. Die Tendenz der Preis- und Kostenentwicklung kann als relativ stabil eingeschätzt werden. Dazu tragen auch langfristigere Tarifabschlüsse bei.

Nehmen wir nun einmal an, wir würden unser Verhalten in Zukunft nicht ändern. Dann hieße das, daß die Entwicklung der letzten Jahre sich in den kommenden Jahren fortsetzt. Diese Annahme ermöglicht es uns, die Zahlen aus der Vergangenheit für eine Projektion in die Zukunft zu verwenden. Wir können diese mit mathematischen Extrapolationsverfahren machen, wir können aber auch einen einfacheren – allerdings nicht so genauen – Weg gehen, bei der wir die prozentualen Veränderungen der Vergangenheit auf die Zukunft übertragen. Wir wollen uns jetzt nicht mit den verschiedenen Methoden befassen. Hierzu sei auf die Spezialliteratur verwiesen.

Die Berechnungen führen für unser Unternehmen zu folgenden Daten für das Jahr A5 (Tabelle 11).

Erschrocken schauen alle Beteiligten auf das Ergebnis. Das hieße ja, eine Pleite des Unternehmens vorherzusagen.

Da meldet sich der Verkaufsleiter und sagt entrüstet: „Wir haben zwar bei der Kostenentwicklung eine Steigerung berücksichtigt, aber nicht bei der Preisentwicklung. Die Zahlen sind daher doch unrealistisch."

Gehen wir bei der klassischen Bekleidung also von einer ähnlichen Preisentwicklung aus wie bei den Einkaufspreisen, dann ergeben sich folgende Verkaufspreise:

Anzüge	335,– DM
Sakkos	230,– DM
Hosen	89,– DM

Bei der Freizeitbekleidung bewegen wir uns schon heute an der oberen Grenze und müssen uns daher mit Preiserhöhungen zurückhalten.

Tabelle 11: Projektion ohne Trendveränderung für A5

Position	Anzüge	Sakkos	Hosen	Freizeit-jacken	Freizeit-hosen
Stückzahl	18 000	12 000	45 000	40 000	60 000
Minuten/Stück	130	85	37	65	30
Lohn/Stück	71,40	46,30	20,40	33,60	15,25
Material/Stück	126,—	87,50	30,—	46,60	24,50
Preis	320,—	220,—	85,—	110,—	65,—
Umsatz in TDM	5 760	2 640	3 825	4 400	3 900
Fertrigungslohn in TDM	1 285	556	918	1 344	915
Fertigungsmaterial TDM	2 268	1 050	1 350	1 864	1 470
Material Modellabteilung	---------- gesamt 400 ----------			----- gesamt 200 -----	

Projektion G + V A5

Umsatz	20 525 000,—
Material Fertigung	8 002 000,—
Material Modellabteilung	600 000,—
Fertigungslohn	5 018 000,—
sonstige Personalkosten	3 000 000,—
Provision	1 230 000,—
Skonto	720 000,—
Abschreibungen Maschinen	350 000,—
Abschreibungen sonstige	200 000,—
Werbung	540 000,—
Zinsen	460 000,—
sonstige Kosten	2 000 000,—
Verlust	1 595 000,—

Wir kommen zu dem Ergebnis, daß sich durch die zusätzlichen Einnahmen der Verlust auf circa 1 Million verringert.

Eisige Stille herrscht im Raum. Das darf doch nicht wahr sein. Auch der Chef weiß im Augenblick nichts mehr zu sagen, und jeder sucht nach einem Fehler in der Projektion. Dabei fällt ihnen auf, daß die Löhne pro Stück gegenüber dem Jahr A erheblich angestiegen sind. Bei den klassischen Teilen war eine Erhöhung der Löhne von insgesamt 19 Prozent angesetzt worden, bei der Freizeitbekleidung von 13 Prozent. Herr P reklamiert sofort und meint, daß entweder die Löhne nicht diese Steigerung verzeichnen dürften oder die Preise mehr steigen müßten. Nun erhebt der Chef Einwände und sagt: „Wir müssen annehmen, daß pro Jahr die Löhne tariflich um etwa 3,5 Prozent angehoben werden. Das ergibt auf diese 5 Jahre eine Erhöhung von zirka 19 Prozent. Wir haben aber eben festgestellt, daß wir unsere eigenen Preise nur im Rahmen der allgemeinen Preisentwicklung erhöhen können."

Bei der Freizeitbekleidung wurden nur 13 Prozent angesetzt, weil wir aus dem Trend heraus feststellen können, daß eine Verminderung der Fertigungszeiten möglich ist und wir somit einen Teil der Lohnsteigerung auffangen. Bei den klassischen Teilen hat sich aber in den letzten Jahren der Trend zur Verkürzung der Produktionszeit so abgeflacht, daß wir keine weitere Reduzierung in die Projektion einbezogen haben.

Wiederum erhebt Herr P Einspruch: „Wir haben doch bei der Diskussion über die Erfahrungskurve gehört, daß sich bei Verdopplung der kumulierten Menge eine Reduzierung der Wertschöpfungskosten und damit der Lohnsätze ergibt. Wir können diese verringerten Lohnsätze doch ausrechnen."

Herr B erinnert nun an die Vorgehensweise: „Diese Projektion beinhaltet die Entwicklung der Zahlen ohne neue Aktivitäten. Das heißt, wir machen so weiter wie bisher. Die Erfahrungskurve besagt, daß ein Kostendeckungspotential vorhanden ist, aber aktiv genutzt werden muß. Wir müssen also in der Planung überlegen, wie wir das Potential besser nutzen können. Wir sehen, es ist erforderlich, daß wir uns Gedanken über die Zukunft machen, denn weiter handeln wie bisher, das funktioniert nicht."

1.8.2 Die Problemstellung

Die Prognose zeigt, daß bei einer realistischen Betrachtung die Entwicklung ins Negative führt, wenn nicht neue Aktivitäten ergriffen werden. Wir können die Geschäfte nicht in der bisherigen Weise fortführen.

Da erkannte Schwierigkeiten nur noch halb so groß sind, sind wir aber schon einen erheblichen Schritt weitergekommen.

Es hätte schwerwiegende Folgen gehabt, wenn wir diese Analyse nicht vorgenommen hätten. Wir analysieren nun unser Problem genauer. Dazu gehört:

— eine Analyse des Ist-Zustandes, diese haben wir durchgeführt;
— eine Fortschreibung des Ist-Zustandes ohne besondere Einwirkung. Auch diese wurde mit der Trendprojektion abgeschlossen;
— eine Gegenüberstellung mit den zu entwickelnden Zielvorstellungen.

Die sichtbar gewordene Planungslücke verdeutlicht das Problem. Daraus ergeben sich weitere Schwierigkeiten wie zum Beispiel:

— Maßnahmeprobleme
— Ressourcenprobleme
— Terminprobleme
— Organisationsprobleme und andere

Zunächst müssen wir deutlich formulieren, wie unsere Zielvorstellungen aussehen sollen, wohin wir wollen. Die Einigung auf das anzustrebende Ziel ist eine Grundvoraussetzung für die Problemlösung im Rahmen der Planung.

2
Die Entwicklung von Zielvorstellungen

Herr B eröffnete die Zieldiskussion mit der Frage: „Was wollen Sie denn eigentlich erreichen?"

Allgemeine Verblüffung gleich zu Anfang!
„Natürlich unsere Situation verbessern!"
„Es muß wieder aufwärts gehen!"
„Unseren Umsatz steigern!"
„Unseren Gewinn steigern!"
„Das Unternehmen sichern!"

Immer neue *Ziele* werden genannt. Würde man noch die Mitarbeiter befragen, kämen sicher noch eine Reihe weiterer Vorstellungen hinzu, wie mehr Lohn, ruhigeres Arbeiten, mehr Freizeit und vieles andere.

Eine einheitliche Meinung gibt es offensichtlich nicht. Noch unterschiedlicher werden die Antworten, als Herr B bittet, die Vorstellungen etwas zu konkretisieren, etwa welche Umsatzsteigerung erreicht werden soll, welcher Gewinn erzielt werden soll, durch welche Maßnahmen das Unternehmen gesichert werden soll.

Der Produktionsleiter P erklärt, er habe eine Kapazität von 150 000 Arbeitsstunden und könne damit eine Produktionsleistung von 25 000 Anzügen, 18 000 Sakkos, 35 000 Hosen, 27 000 Freizeitjacken und 30 000 Freizeithosen erbringen. Das setze er sich als Ziel.

Sofort protestiert der Verkaufsleiter. Das sei zwar die Verkaufszahl im letzten Jahr gewesen, aber in Zukunft könne diese doch ganz anders aussehen. Er meine, man müsse die Produktion von Freizeitkleidung erheblich steigern.

Schon scheint sich eine weitere Diskussion über Freizeitkleidung anzubahnen, doch Herr B unterbricht:

„Wenn wir etwas erreichen wollen, müssen wir schon bei diesem ersten Schritt systematisch vorgehen. Wir müssen also festlegen, was wir mit einer solchen *Zielsetzung* erreichen wollen, welche verschiedenen Ziele wir dann festlegen wollen und mit welchen Prioritäten, und schließlich, wie wir diese konkretisieren wollen."

2.1
Aufgaben und Wesen der Zielbildung

Die Zielsetzung, so haben wir bereits gesagt, ist die Voraussetzung dafür, daß die Aktivitäten in den einzelnen Bereichen eines Unternehmens aufeinander abgestimmt werden können. Deshalb ist es erforderlich, daß wir von einer einheitlichen Hauptzielsetzung ausgehen, der wir die einzelnen Bereichsziele, aber auch die persönlichen Ziele unterordnen. Damit ist schon gesagt, daß wir durchaus Ziele verfolgen können, die sich gegenseitig ausschließen. Wenn wir anstreben, die Kosten zu senken, steht dies im Gegensatz zur Zielsetzung, die Werbung zu verstärken. Genauso schließen sich weitgehend Verringerung der Werbung und Erweiterung des Marktanteils aus. Auch können sich Bereichsziele unterscheiden. Hohe Produktivität durch große Serien mit Standardmodellen als Zielsetzung der Produktion steht im Widerspruch zum Ziel des Absatzes, eine vielfältige Produktpalette anzubieten. Eine umfassende Abstimmung aller Ziele ist somit der erste Schritt zu einer Abstimmung der Handlungsweisen.

Die zweite Aufgabe der Zielsetzung ist die, einen Richtwert für die Planung bereitzustellen. Ehe wir mit konkreten Planungsschritten beginnen, müssen wir genaue Vorstellungen davon haben, was wir anstreben wollen. Eine Produktionsplanung kann nur dann durchgeführt werden, wenn die zu produzierenden Stückzahlen festgelegt sind. Ziele müssen also konkret und operational sein. Mit Zielsetzungen wie höherer Umsatz oder mehr Gewinn können wir nicht arbeiten. Wir müssen schon konkret angeben, um wieviel der Gewinn oder der Umsatz steigen soll. Nur darauf können konkrete Pläne aufgebaut werden.

Darüber hinaus soll uns das einmal gesetzte Ziel ein Ansporn sein, dieses Ziel auch zu erreichen. Daher müssen wir es so ansetzen, daß es einer echten Anstrengung bedarf, ans Ziel zu gelangen. Andererseits darf es aber auch nicht utopisch sein. Unrealistische Ziele verführen uns nur dazu, daß wir schon am Anfang aufgeben und uns nicht mehr bemühen, das Ziel zu erreichen. Sinnvoll ist also eine anspruchsvolle, aber realistische Zielvorstellung.

Der Verkaufsleiter erinnert noch einmal an seine unerfreulichen Erfahrungen in dem Großunternehmen, wo die hochgeschraubten Erwartungen der Planungsabteilungen mit der Bemerkung abgetan wurden, die Planer hätten keine realistischen Vorstellungen vom Machbaren. Die Zielvorstellungen wurden nicht akzeptiert und waren daher nicht durchsetzbar.

Zusammenfassend gilt: Ziele müssen abgestimmt, vollständig, konkret, operational, anspruchsvoll, aber realistisch und erreichbar sein.

2.2 Die verschiedenen Ziele

Bevor wir beginnen, für unser Unternehmen konkrete Zielvorstellungen zu entwickeln, wollen wir uns noch mit den grundsätzlichen Möglichkeiten vertraut machen.

2.2.1 Ziele und Wirtschaftsprinzipien

Theoretisch unterscheiden wir zwischen *Formalzielen* einerseits, welche die formalen Erfolgskriterien abgeben und das Wie des betrieblichen Verhaltens bestimmen, und *Sachzielen* andererseits, die den Inhalt der Tätigkeit, das konkrete Leistungsprogramm, das Was bestimmen.

Formalziele sind Größen wie Gewinn, Umsatz, Produktivität; Sachziele werden definiert durch Produktion von Bekleidung, Herstellung von Möbeln oder ähnliches.

Welche unterschiedlichen Zielsetzungen werden nun in den Unternehmen verfolgt?

Das hängt vom *Wirtschaftsprinzip* ab. Die meisten Unternehmen in unserer Wirtschaft verfolgen das erwerbswirtschaftliche Prinzip und geben dem Formalziel Gewinn die erste Priorität. Einkaufsgenossenschaften dagegen sehen ihr Hauptziel darin, ihren Genossen eine günstige Einkaufsmöglichkeit zu verschaffen; sie orientieren sich mehr am Sachziel und verfolgen das genossenschaftliche Wirtschaftsprinzip.

Gemeinwirtschaftliche Unternehmen wie ein kommunales Versorgungsunternehmen (Gas- oder Wasserwerk) sind auch sachzielbetont, weil sie das Sachziel Versorgung der Allgemeinheit mit in den Vordergrund ihrer Anstrengungen stellen. Aber auch die Unternehmen, die nach dem genossenschaftlichen oder gemeinwirtschaftlichen Prinzip arbeiten, müssen dem Formalziel Gewinn zuarbeiten, um existieren zu können. Sie sind also sachzielbetont unter Beachtung des Formalziels Gewinn.

Gemeinnützige Unternehmen müssen sich auf bestimmte Leistungen beschränken, die ausschließlich und unmittelbar der Allgemeinheit dienen, und dürfen etwa entstehende Gewinne nur zur Erfüllung der satzungsmäßigen Zwecke nutzen.

2.2.2 Die Unternehmensziele

Kehren wir nun zu unserem Unternehmen zurück. In unserem Fall handelt es sich eindeutig um ein Unternehmen, das nach dem erwerbswirtschaftlichen Prinzip handelt. „Ist denn damit die Gewinnerwirtschaftung das ausschließliche Ziel, das wir verfolgen?" fragt Herr B.

„Keineswegs", rufen wie aus einem Munde die Führungskräfte. „Das Wichtigste für uns ist, daß das Unternehmen auf Dauer gesichert ist."

„Dem kann ich mich vorbehaltlos anschließen", sagt der Chef darauf.

2.2.2.1 Qualitative Ziele

Dies entspricht auch der allgemeinen Auffassung in den Unternehmen. Laut einer Umfrage betrachten 86 Prozent aller Unternehmensleiter die Unternehmenssicherung als das Hauptziel. „Mir geht es aber auch darum, daß wir selbständig bleiben", fügt der Chef hinzu. „Unternehmenssicherung kann natürlich auch im Verbund eines Konzerns erfolgen, doch das würde meinen persönlichen Interessen entgegenstehen." Diese Haltung unterstützen auch die Führungskräfte, da sie meinen, sie fühlen sich in einem mittleren Betrieb wohler. Allerdings würden sie eine Abhängigkeit persönlich eher akzeptieren, wenn dadurch die Sicherheit des Unternehmens erhöht würde. Insofern ist die Übereinstimmung mit dem Chef nicht vollständig.

Herr B ergänzt, daß es auch noch andere Ziele gibt. „Vieles deutet daraufhin, daß der Wunsch nach Unabhängigkeit einhergeht mit dem Wunsch nach Selbstverwirklichung. Wenn sich jemand selbständig macht, so gibt er sehr häufig eine sichere, gut bezahlte Position auf, ohne zu wissen, ob er ähnliche finanzielle Erfolge als freier Unternehmer haben wird. Er hat aber vielleicht eine Erfindung gemacht, der er zum Durchbruch verhelfen will, oder er möchte sich selbst bestätigen, weil er in seiner bisherigen Stellung keine volle Entfaltungsmöglichkeit zu haben glaubt. Es können noch andere persönliche Ziele eine Rolle spielen, wie zum Beispiel ein höheres Prestige oder Machtstreben. Bei Großunternehmen ist das Streben nach Macht sicherlich häufig eine weitere Zielsetzung.

Wenn wir diese qualitativen Ziele aufzählen, müssen wir auch daran denken, daß in vielen Unternehmen eine Tradition fortgeführt wird, und diese Tradition kann sogar auf Kosten des Gewinns gehen. Zur Tradition alteingesessener Unternehmen wie zum Selbstverständnis neuer Unternehmen gehört auch eine ethisch soziale Verpflichtung gegenüber den Mitarbeitern. Man schildert die Unternehmen und ihre Führungskräfte zwar häufig als rein auf Gewinnstreben ausgerichtete Wirtschaftsmanager, doch haben gerade soziale Überlegungen auch in großen alten Unternehmen ihren traditionellen Platz. Firmeneigene Wohnungen für Mitarbeiter sind keine Erfindung der Neuzeit; es gibt sie in Industriegebieten schon seit Beginn dieses Jahrhunderts. Ebenso sind Stiftungen für gemeinnützige Zwecke eng mit den Namen bekannter Unternehmen verbunden.

„Es gibt aber auch persönliche Ziele, die sich auf die Tätigkeit im Unternehmen beziehen und nicht unbedingt mit dem Allgemeininteresse in Einklang zu bringen sind", ergänzt Herr V. So habe er in einem anderen Unternehmen die Erfahrung gemacht, daß die Abteilungen ihre Ziele in einer Art Konkurrenzkampf verfolgen und dabei dem Unternehmen insgesamt schaden. Auch stünden persönliche Karrierebestrebungen häufig im Gegensatz zum gesamten Unternehmensziel, wenn man vermeintlichen Mitkonkurrenten unter den Führungskräften die Arbeit nicht erleichtert oder sogar bewußt erschwert.

Wir haben nun eine ganze Reihe von Zielen aufgezeigt und deutlich gemacht, daß diese eventuell im Gegensatz zueinander stehen. Es gibt im Unternehmen eine Fülle sogenannter qualitativer Ziele, die nicht zahlenmäßig greifbar sind, und es ist notwendig, die entsprechenden Prioritäten bei der Verfolgung dieser Ziele zu setzen. In unserem Unternehmen herrscht die einhellige Meinung, daß unter den qualitativen Zielen die Unternehmenssicherung vorgeht und an zweiter Stelle die Unabhängigkeit steht. Dabei sollen auch soziale Gesichtspunkte als weitere Zielvorstellung Beachtung finden.

Dieser Feststellung stimmen alle Beteiligten uneingeschränkt zu. Die Führungskräfte formulieren daher als Grundziel:

Sicherung des zeitlich unbegrenzten Unternehmensbestandes und der Arbeitsplätze aus eigener Kraft unter Beachtung sozialer und ethischer Rahmenbedingungen.

2.2.2.2 Das Gewinnziel

„Dieses Grundziel können wir aber nur erreichen, wenn die wirtschaftliche Grundlage gesichert ist", wirft nun der Prokurist L ein. „Wirtschaftliche Sicherheit heißt aber, daß wir einen ausreichenden Gewinn erwirtschaften.

Gewinn ist nicht alles, aber alles wird nichts ohne Gewinn."

„Das heißt also, wir müssen eine erhebliche Umsatzsteigerung anstreben, damit der Gewinn wieder steigt", so der Verkaufsleiter V.

„Mit dieser Aussage würde ich vorsichtig sein", hält Herr B dem entgegen, „Umsatz ist nicht gleich Gewinn. Beachten wir bitte die

letzten Jahre, wir haben eine nicht unerhebliche Umsatzs
rung zu verzeichnen gehabt, trotzdem ist der Gewinn dras
zurückgegangen.

Wenn wir den Gewinn und seine Höhe als Ziel konkretisieren
len, müssen wir wissen, was Gewinn ist und was daraus ge
wird, wie hoch dann die notwendigen Beträge sind und aus
chen Größen sich diese Beträge ergeben. Fangen wir also mit
ersten an."

Bei der Unternehmensanalyse haben wir schon über das Pro
des Gewinns gesprochen. Wir haben darauf hingewiesen, da
zwischen dem Unternehmen insgesamt und der betriebliche
tigkeit unterscheiden wollen. Dabei waren wir uns einig, da
genstand unserer Diskussion nur der durch betriebliche Täti
erwirtschaftete Betriebsgewinn sein kann.

Des weiteren müssen wir uns in Erinnerung rufen, daß unse
ternehmen eine Personengesellschaft ist, bei der das Geha
den Unternehmer laut Handelsrecht in der Buchhaltung nic
Personalaufwand erfaßt wird. Wir haben deshalb schon b
Gewinnanalyse einen entsprechenden Abzug gemacht und
len auch dabei bleiben. Von dem verbleibenden Betrag m
wir zunächst die Steuern abziehen. Des weiteren muß zusä
zu den erwirtschafteten Abschreibungen vom Gewinn noc
Betrag für notwendige Investitionen zur Verfügung gestell
den und als Gewinnvortrag im Betrieb verbleiben. Wir d
auch nicht vergessen, daß die Gesellschafter Geld zur Verfü
gestellt haben, das sie auch anderweitig anlegen können.
wir nicht eine entsprechende Ausschüttung an die Gesellsch
vornehmen, laufen wir Gefahr, daß diese ihre Einlagen abz
und anderweitig eine bessere Anlage suchen. Wir dürfen
nicht vergessen, daß ein Unternehmen immer ein wirtschaftl

Risiko beinhaltet und die Gewinnanteile für die Gesellschafter deshalb höher sein sollten als eine risikolose festverzinsliche Anleihe. Der Gewinn enthält also:

- Steuern,
- Selbstfinanzierungsbeträge,
- Verzinsung des Eigenkapitals,
- Risikoprämie.

„Wir können dann wieder auf die Kennziffer Eigenkapitalrendite zurückkommen", sagt daraufhin Herr L. „Ist nicht die Umsatzrendite oder die Gesamtkapitalrendite eine bessere Ausgangsgröße für diese Überlegungen?" fragt Herr P. „Viele Unternehmen gehen auch vom Return on Investment (ROI) aus und bestimmen den als Hauptziel", ergänzt Herr K.

Wir sehen, wir können verschiedene Gewinngrößen als Zielsetzung formulieren, die aber alle zusammenhängen. In welchem Zusammenhang steht die Gewinngröße noch? Der Gewinn entwickelt sich aus verschiedenen Einflußgrößen. Wenn wir den Gewinn oder eine entsprechende Kennziffer als Ziel definieren wollen, müssen wir uns verdeutlichen, aus welchen Größen der Gewinn sich zusammensetzt. Wir müssen dann beurteilen, wie wir diese Größen beeinflussen können, damit sich daraus letztendlich ein entsprechender Gewinn ergibt. Hierzu können wir entsprechend dem Kennziffernbaum (1.5.2.2) eine Zielhierarchie aufbauen, bei der der Gewinn die Hauptzielgröße ist, und die Einflußgrößen sich wie die Wurzeln einer Pflanze in einzelne Unterziele zergliedern. Wir entwickeln daraus nun eine für unser Unternehmen praktikable Zielhierarchie.

2.2.2.3 Die Zielhierarchie

Zentrale Größe der *Zielhierarchie* (Abbildung 28) ist das Verhältnis Betriebsergebnis zu betriebsnotwendigem Kapital (= ROI). Dieser wird einmal in seine Teilrentabilitäten Fremdkapitalrentabilität, Gesamtkapitalrentabilität und Eigenkapitalrentabilität zerlegt, andererseits in die Ursprungsgrößen Betriebsergebnis zu Umsatz und Umsatz zu Kapital. Das Betriebsergebnis wiederum ergibt sich aus der Differenz von Deckungsbeitrag minus Gemeinkosten. Wir können statt Gemeinkosten auch Fixkosten ansetzen, haben aber bereits darauf hingewiesen, daß die Unterscheidung von Einzel- und Gemeinkosten die praktikablere für unser Unternehmen ist. Die Gemeinkosten wiederum können wir in die Teilbeträge der einzelnen Bereiche zerlegen (Abbildung 28).

Der Deckungsbeitrag selbst ergibt sich aus der Differenz der erzielten Umsatzerlöse abzüglich der gesamten Einzelkosten. Die Summe der Einzelkosten läßt sich auf die Einzelkosten mal der Menge der einzelnen Produkte zurückführen.

Der Umsatz ergibt sich aus den Größen Preis und Menge.

Auch das Kapital können wir in seine Wurzeln zerlegen. Die Herkunft des Kapitals haben wir bereits unterteilt in Fremd- und Eigenkapital. Die Verwendung des Kapitals zeigt sich in den Vermögenswerten Umlaufvermögen und Anlagevermögen. Die Höhe des Umlaufvermögens wird bestimmt durch die Höhe der Forderungen, der eigenen Zahlungsmittel sowie der Bestände an Material und an Halbfertig- und Fertigfabrikaten.

Das Anlagevermögen wird im wesentlichen bestimmt durch den Wert der Grundstücke, der maschinellen Anlagen sowie der sonstigen Anlagen im Unternehmen.

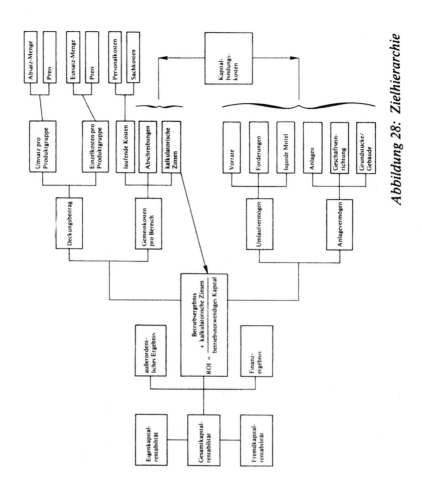

Abbildung 28: Zielhierarchie

Nun erkennen wir eine ganze Reihe von Einflußgrößen, die sich an den Wurzeln der Zielhierarchie ergeben. Das sind letztendlich die Ansatzpunkte, um auf den Gewinn und seine Relation zum Kapital Einfluß zu nehmen.

2.3 Konkretisierung der Ziele

Jetzt wird der Chef langsam ungeduldig. „Nun müssen wir aber endlich dazu kommen, uns über konkrete Einzelheiten zu unterhalten. Ich meine, wir sollten festlegen, daß wir bei der heutigen Größe wenigstens einen Gewinn von 1 Million DM als Ziel festschreiben; daraus können wir dann die einzelnen Teilziele ableiten."

„Wie kommen Sie zu dieser 1 Million?" fragt Herr B. „Wann wollen Sie dieses Ziel erreicht haben? Schon im nächsten Jahr oder erst später?"

Der Chef ist in seiner Ungeduld wohl etwas voreilig gewesen.

Wir müssen die einzelnen Zahlen konkretisieren. Wenn wir aber wirklich realistische Ziele setzen wollen, müssen wir dabei die Möglichkeiten abstecken und uns nicht zu Wunschvorstellungen verleiten lassen. Wir haben bereits bei der Diskussion der Analyse Ansätze für unsere Vorstellungen gehabt. Wir können Herrn C Recht geben, wenn er nun eine Zielvorstellung des Gewinns fixieren will. Dies kann aber nur ein erster Anhaltspunkt sein. Wir müssen auch den Zeitraum bestimmen, in dem wir das Ziel erreichen wollen.

Bei der Planung unterscheiden wir im wesentlichen zwei große Planungshorizonte, die strategische Planung und die operative Planung. Entsprechend unterscheiden wir auch zwei Größenordnungen bei der Zielsetzung. Die strategische Planung, die von

Natur aus eine Langfristplanung ist, wird in der Fixierung quantitativer Ziele unsicherer sein als die operative Planung, die sich nur auf das kommende Jahr bezieht. Es hat aber keinen Zweck, eine operative Planung und die damit verbundene kurzfristige Zielsetzung festzulegen, ohne daß wir uns vorher über unser strategisches Verhalten und damit über die langfristige Entwicklung Gedanken gemacht haben. Es kann durchaus sein, daß wir aufgrund unserer gewählten Strategie kurzfristig auf eine nennenswerte Gewinnsteigerung verzichten. Es kann aber auch sein, daß wir aufgrund der gewählten Strategie schon mit einer kontinuierlichen Gewinnsteigerung anfangen. Wir müssen uns bei der Konkretisierung unserer operativen Ziele also an dem ausrichten, was wir als Unternehmenskonzept für die nächsten Jahre festschreiben. Nun stellt sich die Frage, ob wir überhaupt schon ein Ziel formulieren können, ohne ein solches Konzept zu kennen. Wir können einige Eckdaten, die ein gesundes Unternehmen kennzeichnen, als Zielvorstellung formulieren:

— den ROI als Aussage über die Ertragskraft des Unternehmens, Zielgröße 12-13 Prozent,
— den Eigenkapitalanteil als Ausdruck einer abgesicherten Finanzierung, Zielgröße 36 Prozent,
— die Verschuldungsrate als Ausdruck des gesunden Verhältnisses von Finanzkraft und Verschuldung, Zielgröße 5,
— den Kapitalumschlag als Ausdruck für eine kontrollierte Kapitalbindung, Zielgröße 2,5mal,
— den Kundenkredit in Tagen als Ausdruck des kontrollierten Debitorenbestandes, Zielgröße 15 Tage,
— Lieferantenkredit in Tagen als Ausdruck einer regelmäßigen Zahlung unter Skontoabzug, Zielgröße 12 Tage,
— Anlagendeckung als Ausdruck für die solide Finanzierung der Anlagen, Zielgröße 1:1.

Eine weitere Konkretisierung ist erst dann möglich, wenn die zukünftige Grundkonzeption festgelegt ist. Es spielt dabei schließlich eine Rolle, ob und in welchem Umfang wir eine Wachstumsstrategie verfolgen wollen oder ob wir andere Überlegungen anstellen. Daraus resultieren dann die weiteren Zahlen.

Bei der Entwicklung der strategischen sowie der operativen Planung können sich allerdings neue Eckdaten ergeben, die sich aus der grundlegenden Überlegung ableiten lassen. Es ist ein dauerndes Wechselspiel zwischen Zielsetzung und weiterer Konkretisierung der Planung, bis letztendlich mit einer Zielvereinbarung der Schlußpunkt gesetzt wird.

3
Die Alternativsuche

Von den formulierten Zieldaten weichen laut unserer Analyse die derzeitigen Istdaten unseres Unternehmens erheblich ab. Es ist also nun erforderlich, verschiedene Wege zu diskutieren, wie diese Grunddaten zur Existenzsicherung des Unternehmens wieder erreicht werden können.

3.1
Wesen und Arten der Alternativsuche

Die verschiedenen Alternativen können sich beziehen auf

- verschiedene Maßnahmen,
- verschiedene Ressourcen,
- verschiedene Termine,
- verschiedene Träger.

Häufig ergeben sich weitere Folgealternativen aus einer festgelegten Vorgehensweise, so daß über eine Mehrstufigkeit der Planungen eine *Alternativhierarchie* entwickelt werden kann (Abbildung 29).

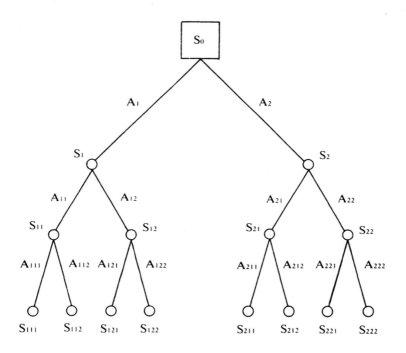

A: Alternative trifft auf S
S: Situation als Umfeldtatbestand

Abbildung 29: Alternativhierarchie

Aus der Abbildung ersehen wir, daß in der Situation S_0 die beiden Alternativen A_1 und A_2 möglich sind. Dies führt zu den beiden Situationen S_1 und S_2. Unterstellt man in den jeweiligen Situationen bestimmte Daten, so kann dies wiederum zu unterschiedlichen Alternativen führen. Sofern die Möglichkeit besteht, die sich dann ergebenden Situationen abzuschätzen, kann die Entwicklung auch noch weitergeführt werden.

Die Vorgehensweise bei der Planung teilen wir nach unterschiedlichen Gesichtspunkten ein. Gehen wir von dem Planungshorizont aus, unterscheiden wir langfristige Pläne (5 bis 10 Jahre), mittelfristige Pläne (1 bis 5 Jahre) und kurzfristige Pläne (bis 1 Jahr).

Die Pläne können auch nach der Detailliertheit unterschieden werden: in Grob- und Feinpläne.

Untergliedern wir nach den verschiedenen Funktionen, so kennen wir Beschaffungspläne, Lagerpläne, Produktionspläne, Forschungspläne, Absatzpläne und weitere. Für die Funktionen wiederum gibt es bestimmte Beschaffungsobjekte. So können wir Pläne machen hinsichtlich der Beschaffung von Informationen, Personen, Material, Anlagen, Finanzen.

Eine wesentliche Unterscheidung hat sich in den letzten Jahren entwickelt, die an den Sach-/Zeitzusammenhängen ausgerichtet ist: die strategische und die operative Planung.

3.2
Die strategische Planung

Bevor wir uns mit der *strategischen Planung* unseres Unternehmens befassen, wollen wir uns mit einigen grundsätzlichen Überlegungen vertraut machen.

3.2.1 Wesen und Aufgabe der strategischen Planung

Die strategische Planung erweist sich zunehmend als wesentliche Hilfe für die immer schwierigere Führungsaufgabe. Wenn Skeptiker fragen, warum erst in den letzten Jahren das Problem der *Strategie* — auch *Unternehmenskonzept* genannt — aufgetaucht ist und warum früher die Unternehmen auch ohne Strategie gut und vielleicht noch besser überlebt haben, so gibt es darauf eine plausible Antwort. Das Ziel der Unternehmensführung — Sicherung des Unternehmens — hat sich in all den Jahrzehnten, in denen man sich Gedanken über die Unternehmensführung machte, nicht geändert. Geändert aber haben sich die Voraussetzungen, unter denen Unternehmen geführt werden. Schon die wenigen Jahrzehnte der Nachkriegszeit zeigen hier sehr unterschiedliche Bedingungen. Während zunächst ein Nachholbedarf herrschte und zweistellige Zuwachsraten durchaus möglich waren, haben sich nach und nach Sättigungserscheinungen auf einzelnen Märkten gezeigt. Diesen folgte eine weit verbreitete Marktveränderung von einem Verkäufermarkt zum Käufermarkt, das heißt, der Käufer wurde zum bestimmenden Faktor im Marktgeschehen. Daraus entstand das Mißverständnis, Umsatz sei das betriebswirtschaftliche Allheilmittel zur Sicherung eines Unternehmens. Daß dies nicht der Fall ist, können wir an unseren eigenen Zahlen sehen. Langsam setzte sich die Erkenntnis durch: Schwerpunktsetzungen wie Produktionsorientierung oder Marktorientierung allein reichen nicht zur Unternehmensführung. Der Begriff des *Erfolgspotentials* wurde geprägt. Erfolgspotentiale eines Unternehmens sind die Faktoren, die Fähigkeiten, die Quellen eines Unternehmens, die den Erfolg bestimmen. Zum einen liegen diese Potentiale innerhalb des Unternehmens und hängen weitgehend von den Entscheidungen der Unternehmensleitung ab. Zum anderen aber liegen auch Erfolgspotentiale außerhalb des Unternehmens, die erkannt und erschlossen werden müssen.

Das weitsichtige Gestalten, Erkennen und Erschließen der zukünftigen Erfolgspotentiale eines Unternehmens ist Inhalt einer strategischen Unternehmensführung, ihre schriftliche Formulierung und zahlenmäßige Konkretisierung die strategische Planung. Gegenwärtige Erfolgspotentiale sind aber nicht unbedingt die Erfolgspotentiale der Zukunft. Dabei ist die Unsicherheit der zukünftigen Entwicklungen durchaus ein typisches Merkmal strategischer Überlegungen und steht dieser in keiner Weise entgegen. Auch stellt die Schnelligkeit neuer Entwicklungen keinesfalls einen Gegensatz zur strategischen Unternehmensführung dar, sondern erfordert geradezu strategische Überlegungen.

Vergleicht man die technischen und wirtschaftlichen Entwicklungen Ende des vorigen Jahrhunderts mit der Entwicklung in diesem Jahrhundert bis jetzt, so gilt, daß die Innovationszeiten in der ersten Hälfte dieses Jahrhunderts noch über 20 Jahre betrugen; heute sind sie auf ein Zehntel dessen geschrumpft.

Außerdem haben sich die Nutzungszeiten der einzelnen Produkte erheblich verkürzt. Über den Lebenszyklus eines Produktes haben wir bereits gesprochen. Die Praxis zeigt, daß eine Verkürzung des Zyklus' in vielen Branchen stattgefunden hat. Bei vielen technischen Produkten ist dies besonders offensichtlich. Gegenüber dieser Beschleunigung haben sich aber die Anlaufzeiten bis zum Produktionsbeginn erheblich verlängert. Stellt man diese Zeiten graphisch untereinander dar, so kommt man zu folgender Gegenüberstellung (Abbildung 30).

Derjenige, der sich einem Pionierunternehmen anpassen will, hat also immer weniger Zeit. Es kann ihm durchaus passieren, daß die Lebensdauer eines Produktes bereits abgelaufen ist, zumindest die Reifephase überschritten ist, wenn seine Anlaufzeit abgeschlossen ist und die eigentliche Nutzungszeit beginnen soll. Die strategische Führung hat unter anderem die Aufgabe, durch Früherkennung neuer Entwicklungen die Anlaufzeit vorzuverlegen. Die strategischen Veränderungen im Verhalten des Unternehmens betreffen aber nicht nur die Entwicklungsabteilung oder den Absatz; alle Bereiche des Unternehmens müssen sich rechtzeitig darauf einstellen, Es gibt viele Fälle, in denen florierende innovative Unternehmen nur deshalb in Schwierigkeiten geraten sind, weil sie nicht in der Lage waren, ihre finanziellen Ressourcen der angestrebten Gesamtentwicklung des Unternehmens anzupassen. Fehlende Liquidität führt dann zum Zusammenbruch, und finanzstarke Unternehmen setzen dann den eingeschlagenen Weg zum Erfolg fort.

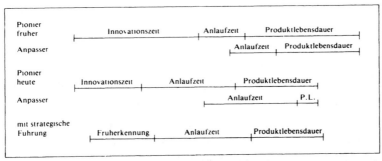

Abbildung 30: Veränderung der Zeitabläufe

Oft behindert mangelnde Personalentwicklung die eigentlich erfolgversprechende Strategie, was aber häufig nicht erkannt wird. Auch Probleme bei der Versorgung mit Rohstoffen oder Zulieferteile können genauso wie eine schlechte innerbetriebliche Organisation Hindernisse sein.

Strategische Unternehmensführung geht also über marktorientierte Unternehmensführung hinaus. Sie umfaßt Marktstrategien genauso wie Innovationsstrategien, Personalstrategien, Finanzstrategien, Produktionsstrategien, Organisationsstrategien und viele andere.

Die strategische Aufgabe besteht darin, für zukünftige Erfolgspotentiale zu sorgen. Neben den bisherigen Führungsgrößen Liquidität und Gewinn gibt es für die strategische Führung eine neue Führungsgröße, das Erfolgspotential. Alle drei Führungsgrößen können sich zeitweilig durchaus gegenläufig verhalten. Eine positive Gewinnentwicklung kann mit einer Anpassung der Liquidität verbunden sein. Liquiditätsüberschüsse bedeuten nicht unbedingt eine Steigerung des Gewinns. So kann der Aufbau zukünftiger Erfolgspotentiale durchaus unabhängig von der jeweiligen Gewinnentwicklung vollzogen werden. Gegenwärtige hohe Gewinne garantieren nicht unbedingt Erfolge in der Zukunft.

Die Erfolgspotentiale unseres Unternehmens haben wir schon bei den verschiedenen Analysen angesprochen. Wir haben Kriterien aufgezeigt, die wir für unser Unternehmen als wesentlich erachten. Stärken unseres Unternehmens deuten auf Erfolgspotentiale hin, die es auszubauen gilt. Schwächen müssen kompensiert oder sogar zu Erfolgspotentialen umgewandelt werden. Das gleiche gilt für die Marktanalyse. Hier zeigen sich Erfolgspotentiale, die es zu nutzen gilt. Kommen wir nun zu der Frage, wie ein Unternehmenskonzept aussehen kann.

3.2.2 Erfahrungen mit verschiedenen Strategien

Schon seit Beginn der Strategiedebatte wird die Frage diskutiert, ob in bestimmten Situationen bestimmte Strategien als erfolgversprechend zu bezeichnen sind. Seit Beginn der siebziger Jahre wird daher versucht, die Wirkung bestimmter Erfolgsfaktoren und Strategien empirisch zu erfassen. Weltweit bekannt geworden ist die von Sidney Schoeffler angeregte *PIMS-Studie* (Profit Impact of Market Strategies). Entsprechend der Zielsetzung hat das Strategic Planning Institute in Cambridge/Massachusetts über mehrere Jahre hinweg Studien über die Erfolgswirksamkeit verschiedener Strategien angestellt. Dabei wurden bestimmte Strategien als besonders erfolgreich identifiziert. Dem Strategic Planning Institute (SPI) gehören 200 Mitgliedsfirmen an, etwa 30 von Ihnen sind europäische Unternehmen. Die Datenbasis von PIMS besteht aus umfassenden Informationen über rund 2 000 Geschäftsbereiche oder Produktgruppen, die von diesen Mitgliedsfirmen zur Verfügung gestellt werden. Für jeden Geschäftsbereich enthält die Datenbank über 200 quantifizierte Angaben. Mit Hilfe dieser Daten soll ermittelt werden, welche Faktoren den Return on Investment (ROI) und den Cash-flow beeinflussen. Das SPI definiert den ROI als Gewinn vor Steuern dividiert durch durchschnittliches Investment, wobei der benutzte Gewinnbegriff das Betriebsergebnis vor Abzug von Fremdzinsaufwand ist. Den Nenner bildet das betriebsnotwendige Anlagevermögen plus dem korrespondierenden *Working Capital* (= Umlaufvermögen minus kurzfristige Verbindlichkeiten).

Bei dem Ziel der Untersuchung, zugrundeliegenden Gesetzmäßigkeiten (Law of the Marketplace) näher zu kommen, wird nicht auf einzelne Industriezweige abgehoben, sondern versucht, eine Einheitlichkeit, unabhängig von der Branche, herauszukristallisieren. Die PIMS-Studie zeigt, daß alle Unternehmen Gesetzen des Marktes unterliegen. Laut PIMS-Studie sollen die Resultate einer jeden Geschäftseinheit (ROI, Cash-flow) von einem Bündel von etwa 30 Determinaten wie Marktanteil, Investitionsintensität, Integration und anderen bestimmt werden. Dabei spielt das

Verhältnis dieser Determinanten zueinander eine wesentliche Rolle. Unter den strategischen Parametern sind folgende sieben besonders bedeutsam:

- Investitionsintensität (definiert als das Verhältnis von Anlagevermögen plus Working Capital dividiert durch Umsatz): in der Regel besteht eine deutliche negative Korrelation zwischen dem ROI und Cash-flow einerseits und der Investitionsintensität andererseits. Das heißt, Unternehmen mit hoher Investitionsintensität weisen in der Regel einen niedrigeren ROI aus als weniger investitionsintensive.
- Produktivität pro Mitarbeiter, definiert als Umsatz minus eingekaufte Materialien und Halbfertigfabrikate: Unternehmen mit höherer Produktivität je Beschäftigten haben einen höheren ROI und Cash-flow als diejenigen mit einer niedrigeren Kennzahl dieser Art. Ist eine Erhöhung der Produktivität jedoch mit einer Erhöhung der Investitionsintensität verbunden, so wirkt die negative Auswirkung der höheren Investitionsintensität stärker als die positive Auswirkung der höheren Produktivität.
- Marktposition: ein hoher Marktanteil hat einen deutlich positiven Einfluß auf den Gewinn und den Cash-flow.
- Marktwachstum: dieser Faktor hat einen negativen Einfluß auf den Cash-flow (hohe Kapitalbildung durch ständig wachsenden Markt), der Einfluß auf den ROI dagegen ist indifferent.
- Qualität der Leistungen: die Einschätzungen der Produkte aus der Sicht der Kunden hinsichtlich der Qualität im Vergleich zur Konkurrenz hat bei steigender Qualität einen positiven Einfluß auf den ROI und den Cash-flow.
- Innovation/Differenzierung von Mitbewerbern: Maßnahmen, die dazu dienen, sich durch Innovation vom Mitbewerber zu unterscheiden, haben einen positiven Einfluß auf ROI

und Cash-flow, wenn das Unternehmen diese Anstrengung von einer starken Marktposition aus unternimmt (anderenfalls nicht).
— Vertikale Integration: in ausgereiften stabilen Märkten hat eine hohe vertikale Integration in der Regel eine positive Auswirkung auf den ROI und Cash-flow; in rasch wachsenden Märkten oder in Märkten, die im Niedergang begriffen sind, wird das Gegenteil angenommen.

Auch in der PIMS-Studie wird die Segmentierung des Unternehmens in strategische Geschäftseinheiten vorausgesetzt. Die entsprechenden Daten müssen also auf die jeweilige Geschäftseinheit bezogen sein. Dabei weisen die Einsichten in die Bedeutung des Marktanteils und des Marktwachstums einerseits und die Notwendigkeit der Segmentierung des Unternehmens in Geschäftseinheiten andererseits sowie die in vielen Fällen erfolgte Bezugnahme auf die Konkurrenz auf eine frühe Herausbildung der Portfoliobetrachtung hin.

Auf die Stratos-Studie, die sich mit Erfolgsfaktoren in kleinen und mittleren Unternehmen befaßt, wurde bereits in Kapitel 1.5.3.6 hingewiesen.

Während die PIMS-Studie und die Stratos-Studie von Erfolgsfaktoren ausgehen und aus der Kombination der verschiedenen bis zu 30 Erfolgsfaktoren eine Strategie ableiten wollen, wird bei dem Portfoliomanagement versucht, aus der Portfolioanalyse eine Normstrategie entsprechend der Position in der Matrix abzuleiten. Dazu seien einige Beispiele angeführt.

In Abbildung 31 ist eine 9-Felder-Matrix in zugeordnete Strategien wie Investitions-, Wachstums-, Abschöpfungs- und Desinvestitionsstrategien sowie in selektive Strategien aufgeteilt.

Investition oder Aufgabe	Investition	Wachstum
selektive Investition/ Desinvestition	Wachstum oder Abschöpfung	selektives Wachstum/ Abschöpfung
Desinvestition	selektive Desinvestition	Abschöpfung

Abbildung 31: Normstrategien der 9er-Matrix

Abbildung 32 zeigt mehrere Strategiebereiche bezogen auf die vier Quadranten der Matrix.

Auch die Verbindung zum Lebenszyklus wird hergestellt. Abbildung 33 enthält entsprechende Normstrategien aus der Kombination von Lebenszyklus und Wettbewerbsposition.

In der Literatur finden sich auch weitere ähnliche Aussagen, die zum Teil sehr differenziert, verschiedene Überlegungen in die Entwicklung solcher Grundverhaltensweisen einbeziehen.

Aktivitäten Bereiche	Fragezeichen	Stars	Cash-Cow	Arme Hunde
Marktanteil	aus- oder abbauen	halten, eventuell verbessern		abbauen
Investitionen	intensiv oder kaum bis Verkauf	hoch Reinvestition des Cash-flow	gering nur Rationalisierung Ersatzinvestition	kaum bzw. Verkauf oder Stillegung
Risiko	akzeptieren		begrenzen	vermeiden
Programm	Schwerpunkt bilden, Programm bereinigen	Sortiment halten oder ausbauen	keine neuen Produkte	auslaufen oder mitlaufen lassen
Kosten	gezielter Mitteleinsatz oder Abbau	Fixkostendegression Erfahrungskurve nutzen		abbauen
Preis	aggressive Preispolitik oder gleichbleibend	Preis bestimmen	Hohe Preise	gleichbleibend
Marketing	gezielter Einsatz der Marketinginstrumente oder Zurückhaltung		kaum Marketingmittel	

Abbildung 32: Normstrategien der 4er Matrix

So stellt Pümpin Kombinationsmöglichkeiten mit unterschiedlichen Kriterien in einem morphologischen Kasten dar (Abbildung 34).

		Einführung	Wachstum	Reife	Rückgang
WETTBEWERBSPOSITION	Dominant	Marktanteile hinzugewinnen oder mindestens halten	Position halten Anteil halten	Position halten Wachstum mit der Branche	Position halten
	Stark	Investieren um Position zu verbessern. Marktanteilgewinnung (intensiv)	Investieren um Postion zu verbessern. Marktanteilgewinnung	Position halten Wachstum mit der Branche	Position halten oder „ernten".
	Gunstig	Selektive oder volle Marktanteilgewinnung. Selektive Verbesserung der Wettbewerbsposition	Versuchsweise Position verbessern. Selektive Marktanteilgewinnung	Minimale Investitionen zur „Erstandhaltung" Aufsuchen einer Nische	„Ernten" oder stufenweise Reduzierung des Engagements
	Haltbar	Selektive Verbesserung der Wettbewerbsposition	Aufsuchung und Erhaltung einer Nische	Aufsuchung einer Nische oder stufenweise Reduzierung des Engagements	Stufenweise Reduzierung des Engagements oder liquidieren
	Schwach	Starke Verbesserung oder aufhoren	starke Verbesserung oder Liquidierung	Stufenweise Reduzierung des Engagements	Liquidieren

	Einfuhrung	Wachstum	Reife	Ruckgang
Umsatz				

Abbildung 33: Normstrategien der Lebenszyklusphase

Kriterien	Auspragungen			
Produkt/Markt-Matrix	Markt-durchdringung	Markt-entwicklung	Produkt-entwicklung	Diversi-fikation
Synergie	werkstoff-orientiert	technologie-orientiert		markt-orientiert
Portfolio	Desinvesti-tion	Abschopfung	Investition	Segmen-tation
Wachstum	expandieren	halten	konsoli-dieren	kontrak-tieren
Integration	Vorwartsinte-gration	neutral		Ruckwartsinte-gration
Kooperation	Akquisition	Beteiligung	Koopera-tion	Unabhan-gigkeit
Verhalten	agressiv	neutral		defensiv

mogliche Kombination

Abbildung 34: Morphologischer Kasten

Die Kombination der verschiedenen Möglichkeiten ergibt die Strategie, die für das Unternehmen als sinnvoll angesehen wird.

Peters/Waterman definieren Grundtugenden für erfolgreiche Unternehmen, die sie aus den Ergebnissen ihrer Analyse der bestgeführten US-Unternehmen ableiten.

Die Beurteilung solcher Normstrategien ist nicht ganz einheitlich. Die PIMS-Studie weist zum Beispiel darauf hin, daß 30 Faktoren Einfluß haben. Aus diesen lassen sich viele verschiedene Kombinationen herauskristallisieren, die jede für sich erfolgreich sein kann. Insofern sind diese Normstrategien nicht als Rezept zu verstehen. Sie sollten nur als Denkanstoß und Diskussionsgrundlage dienen, nicht jedoch zur unmittelbaren Imitation. Unter Beachtung dieser Überlegungen wollen wir nun über unsere eigene Strategie diskutieren.

3.2.3 Die Grundstrategie

Die *Grundstrategie* umfaßt Grundsatzentscheidungen über das zukünftige langfristige Verhalten des Unternehmens in den verschiedenen Bereichen. Dabei wird in der Regel von einer Leitidee ausgegangen. Diese *Leitidee* sagt aus, wie man sich das Unternehmen in Zukunft vorstellt. Das Grundziel der langfristigen Unternehmenssicherung bei verbleibender Unabhängigkeit haben wir bereits formuliert. Die Leitidee bezieht sich mehr auf die Sachzielaussage. In ihr muß mit wenigen Worten zum Ausdruck gebracht werden, welche Stellung das Unternehmen auf welchem Markt einnehmen soll. Als Alternativen nennt Herr B Beispiele wie

- Marktführer mit Massenware auf dem Gebiet der Herrenbekleidung oder in allen Bekleidungsmärkten,
- Spezialist in einer eng begrenzten Artikelgruppe für einen kleinen Abnehmerkreis,
- Marktpositionen, die zwischen diesen beiden Extremen liegen.

Der Chef hat sich aufgrund der Analyse Gedanken darüber gemacht, wie das Unternehmen in Zukunft aussehen soll, und formuliert unter Zustimmung der übrigen Teilnehmer die Leitidee wie folgt:

„Wir wollen zu den führenden Unternehmen für Herrenbekleidung im qualitativ überdurchschnittlichen Genre in gehobener Mittelpreislage gehören."

Davon ausgehend muß nun die Grundstrategie entwickelt werden. Die Grundstrategie macht Aussagen über die grundsätzlichen Verhaltensweisen in allen Bereichen des Unternehmens, die über mehrere Jahre hinweg gültig sind. Als Inhalt der Grundstrategie sind folgende Punkte zu nennen:

1. Leistungsprogramm
2. Zu bearbeitende Märkte (geographisch, Branche, Zielgruppe)
3. Grundsätzliche Absichten in bezug auf Marktstellung
4. Grundsätze der Wachstumspolitik
5. Grundsätzliche Aussagen zur Innovationspolitik
6. Grundsätze der Marketingpolitik (insbesondere Sortimentspolitik, Qualitäts- und Preispolitik, Distribution)
7. Grundsätze der Produktions- und Beschaffungspolitik
8. Grundsätzliche Überlegungen zur Finanzierung
9. Grundlagen der Personalpolitik
10. Grundsätzliche Aussagen zur Führung und Organisation
11. Risikopolitik/Gewinnpolitik
12. Grundzüge der Akquisitions-, Beteiligungs- und Kooperationspolitik

„Dies ist aber ein umfangreiches Feld", meint Herr P. „Ist es denn realistisch, daß wir uns langfristig in diesen Punkten festlegen, müssen wir denn nicht flexibel sein und uns gegebenen Veränderungen anpassen?"

„Wenn ich mir die einzelnen Punkte der Grundstrategie anschaue", meint Herr V, „bin ich schon der Auffassung, daß wir uns für einen längeren Zeitraum festlegen müssen. Wir können im gesamten Absatzbereich nicht einmal so und im nächsten Jahr anders handeln. Wir werden unglaubwürdig bei unseren Kunden. Wir müssen uns mit einem bestimmten Image versehen, wir müssen einschätzbar bleiben."

„Das bedingt natürlich, daß ich mich auch mit meiner Produktion auf diese Entwicklung einstelle", stimmt nun auch Herr P zu.

„Das erfordert Entscheidungen über Investitionen, die nicht von heute auf morgen rückgängig gemacht werden können."

Es ist also notwendig, diese Fragen zu klären. Hier das Ergebnis der Diskussion unserer Führungskräfte:

1. Leistungsprogramm

Es soll modisch sportliche Anzüge, Sakkos, Hosen sowie modisch sportliche Freizeitjacken und Freizeithosen umfassen.

2. Märkte

Als regionale Abgrenzung werden der vorhandene Inlandsmarkt sowie eine Ausweitung in Exportmärkte, insbesondere Europa (Binnenmarkt 1992) und USA bestimmt;
Zielgruppe sind modisch sportliche Herren zwischen 30 und 60 Jahren, auch als Karrieretypen bezeichnet.

3. Marktstellung

Es wird angestrebt, zu den führenden Unternehmen aufzuschließen.

4. Wachstum

Bei den Wachstumsvorstellungen wird eine Zweiteilung vorgenommen; bei der klassischen Bekleidung wird festgelegt, daß wir geringfügig über dem Marktwachstum liegen müssen, um wieder die alte Bedeutung auf diesem Gebiet zu erlangen; bei der Freizeitbekleidung soll ein weit über dem Markt liegendes Wachstum angestrebt werden, um auch hier an Bedeutung zu gewinnen.

5. Innovationspolitik

Die Produkte sollen modisch orientiert sein, es soll aber keine Avantgardistenstellung erstrebt werden. Als Grundlage soll ein Teil des Angebots weiterhin aus Standardartikeln bestehen (Cash Cow).

6. Marketingpolitik

Es wird eine überdurchschnittliche Qualität in gehobener Preislage angestrebt; Preiskampf soll daher kein Marketinginstrument sein; eine ausgesuchte Sortimentspolitik wird als wesentliche Grundlage bezeichnet; als Distributionsweg wird der Fachhandel festgelegt.

7. Beschaffungspolitik

In der Beschaffungspolitik wird der Lieferantentreue eine große Bedeutung beigemessen; entsprechend den Anforderungen an die Qualität sollen nur Lieferanten berücksichtigt werden, die diesen Anspruch auch erfüllen; der Bezug modischer Stoffe soll auf den EG-Raum beschränkt werden, da nur so eine schnelle und flexible Belieferung möglich erscheint.

8. Produktionspolitik

Der Inlandsproduktion wird absolute Priorität gegeben, Rationalisierungen müssen bis zur letzten Konsequenz realisiert werden, um die Lohnerhöhungen aufzufangen, nur so ist die Inlandsproduktion auf Dauer zu sichern: Rationalisierung darf allerdings nicht zu einer verminderten Qualität führen; Wertanalysen sind von Zeit zu Zeit durchzuführen.

9. Finanzierung

Die Eigenkapitalbasis erscheint im Augenblick noch durchaus als gesund, doch wird eine Erhöhung auf 36 Prozent des Gesamtkapitals angestrebt; die Finanzierung mit Fremdkapital muß weitgehend an der Dauer der Kapitalbindung ausgerichtet sein; Lieferantenkredite sind auf ein Minimum zu reduzieren, Skontozahlung beim Lieferantenkredit soll ausgenutzt werden.

10. Personalpolitik

Fachkräfte sollen im eigenen Betrieb aus- und weitergebildet werden; die Führungskräfte werden aufgefordert, durch Fortbildung zur Erhöhung des Führungspotentials beizutragen.

11. Führung/Organisation

Es wird eine weitgehende Selbständigkeit der einzelnen Bereiche angestrebt; diese ist nur möglich, wenn ein modernes internes Kommunikationssystem aufgebaut wird; dazu gehört unter anderem auch ein aussagekräftiges Steuerungsinstrument, das auf einer umfassenden Planung aufbaut.

12. Risikopolitik

Riskante Transaktionen werden grundsätzlich abgelehnt; auch in der Produktpolitik sollen keine unabsehbaren Experimente bei Neuerungen getätigt werden; eine stetige Gewinnverbesserung wird angestrebt. Der ROI wird auf mindestens 12 Prozent als Zielvorstellung festgeschrieben.

13. Akquisition/Kooperation

Die Selbständigkeit des Unternehmens ist zu bewahren; eine eigene Verkaufsorganisation durch eigene Vertreter soll im Inland tätig bleiben; den Vertretern wird nicht gestattet, eine Zweitvertretung aufzunehmen; im Ausland wird die Kooperation mit Nichtkonkurrenten im Bekleidungsbereich angestrebt.

Wir haben nun festgelegt, wie wir grundsätzlich verfahren wollen. Dabei haben wir durchaus schon bei einzelnen Punkten auf die Produktgruppe Bezug genommen. Nun ist es aber erforderlich, daß wir für unsere einzelnen strategischen Geschäftseinheiten konkreter werden.

3.2.4 Die Geschäftsstrategien

Unter dem Begriff *Geschäftsstrategie* wollen wir jetzt für jede strategische Geschäftseinheit festlegen, welche zukünftige Marschrichtung zu verfolgen ist. Somit ist eine Geschäftsstrategie die Detaillierung der Grundstrategie bezogen auf eine Geschäftseinheit. Für jede Geschäftseinheit müssen wir festlegen, wie wir uns hinsichtlich folgender Punkte verhalten wollen:

1. Marktziele
2. Produktpolitik
3. Marketingpolitik
4. Gegebenenfalls Interdependenzen

Wir legen also aus der Erkenntnis der Analyse und unter Beachtung der Grundstrategie Ziele fest für die einzelnen strategischen Geschäftseinheiten.

Gehen wir von der Produktgruppe Klassische Bekleidung im Inland als strategische Geschäftseinheit aus. Für diese SGE formulieren wir beispielsweise folgende Geschäftsstrategie:

1. Marktziele

Angestrebt wird eine Abhebung von der Konkurrenz durch einen eigenen Stil, eine gezielte Lagerhaltung in Standardware, die sofortige Lieferung ermöglicht, sowie durch überdurchschnittlich schnelle Lieferzeiten während der Saison auch bei modischer Ware durch Produktion im Inland.

Der Marktanteil soll ausgebaut werden, um zu den führenden Unternehmen in diesem Bereich aufzuschließen, ohne daß eine Marktführerschaft angestrebt wird.

2. Produktpolitik

Das Wachstumsziel wird mit wenigstens 1 Prozent über dem jeweiligen Marktwachstum angestrebt. Dadurch soll eine kontinuierliche Ausweitung des Marktanteils erfolgen. Das überdurchschnittliche Wachstum soll sich insbesondere auf die modische

Ware beziehen, die Standardprodukte sollen sich mindestens im Rahmen des Marktwachstums ausweiten.

Hinsichtlich der Innovation soll eine modischere Ausgestaltung auch der klassischen Produkte erfolgen. Angestrebt wird, daß der Anteil der modischen Artikel gegenüber den Standardartikeln 2:1 beträgt. Die modischen Artikel sollen aber tragbare Mode für einen größeren Abnehmerkreis und keine avantgardistische Mode sein, was sowohl die zu verarbeitenden Stoffe als auch die Formen betrifft.

3. Marketingpolitik

Die ausgeführte Produktpolitik wird ergänzt durch eine Preispolitik: für die anspruchsvolle Qualität wird ein gehobenes Preisniveau angestrebt. Preiskämpfe sollen vermieden werden, und Preiserhöhungen sollen nicht über den allgemeinen Preissteigerungen für Konsumware liegen (zirka 1 Prozent pro Jahr). In der Distributionspolitik soll der Fachhandel wenigstens 90 Prozent des Umsatzes bringen. Nur als Puffer in Zwischensaisonzeiten sollen Standardaufträge von Großabnehmern angenommen werden, die allerdings markenlos geliefert werden. Die Fachhandelstreue soll auch als besonderes Merkmal dem Fachhandel gegenüber herausgestellt werden. Die Anzahl der Geschäfte pro Stadt sollen sich nach deren Größe ausrichten. Ausschließlichkeitszusagen für eine gesamte Stadt können nur bis zu sogenannten Mittelzentren erfolgen, darüber hinaus nicht. Die Verbindung mit dem Fachhandel soll durch die eigene Vertreterorganisation erfolgen, die Großabnehmer werden direkt vom Verkaufsleiter besucht.

In der Verkaufsförderungspolitik soll sowohl auf Beratung in modischen Entwicklungen als auch auf Werbunterstützung des

Fachhandels gesetzt werden. Darüber hinaus soll eine gezielte Direktwerbung in einigen Zeitschriften erfolgen. Diese produktbezogene Werbung soll unterstützt werden durch eine allgemeine Imagewerbung für das Unternehmen. Für die Produktwerbung soll im klassischen Bereich die Steigerung des Werbeetats pro Jahr zirka 20 000 DM betragen.

4. Ergänzungen

Die Produktpalette soll vom Stil her mit den anderen Produktbereichen abgestimmt sein. Der Gesamtumfang der Kollektion soll eine von Jahr zu Jahr im voraus festzulegende Grenze nicht überschreiten. Das Verhältnis der drei Produktgruppen Anzüge, Sakkos, Hosen soll im klassischen Bereich ausgeglichen bleiben und sich nicht wesentlich verändern. Die Kosten der Wertschöpfung, insbesondere die Lohnstückkosten sollen sich in den Grenzen bewegen, die aufgrund der Erfahrungskurve realistisch erscheinen.

In entsprechender Weise werden auch die Geschäftsstrategien für die anderen strategischen Geschäftseinheiten festgelegt. Daraus ergeben sich als Zielplanung für die weitere Vorgehensweise für das Jahr A5 folgende Daten:

	Anzüge	Sakkos	Hosen	Freizeit-jacken	Freizeit-hosen
Stückzahl	28 000	20 500	40 000	47 000	55 000
Preis	335,—	230,—	89,—	110,—	65,—

Auf dieser Basis werden nun die funktionalen Strategien für die einzelnen Bereiche entwickelt.

3.2.5 Die funktionalen Strategien

Während die Geschäftsstrategien die einzelnen strategischen Geschäftseinheiten betreffen, beziehen sich die *funktionalen Strategien* auf die Funktionsbereiche des Unternehmens. Mit ihnen sollen die unterschiedlichen Konzepte der einzelnen Geschäftsstrategien harmonisiert werden und somit dem Unternehmen insgesamt ein einheitliches Gepräge geben.

Ausgangspunkt für die Entwicklung der funktionalen Strategien ist die Grundstrategie. Die darin enthaltenen konzentrierten Aussagen werden in den funktionalen Strategien verfeinert und ausgestaltet.

Wir unterscheiden in der Regel folgende funktionalen Strategien:

- Marketingstrategie
- Produktions- und Beschaffungsstrategie
- Forschungs- und Entwicklungsstrategie
- Finanzstrategie
- Personalstrategie
- Führungs- und Organisationsstrategie
- Beteiligungs-, Akquisitions- und Kooperationsstrategie

Wenn wir die funktionalen Strategien entwickeln, beginnen wir mit dem Bereich, den wir schon in der Grundstrategie als maßgebend festgelegt haben. Für unser Unternehmen ist das der Absatzbereich.

Ausgehend von der Grundstrategie und den Geschäftsstrategien, wollen wir nun die Strategien für die jeweiligen Funktionsbereiche detailliert darstellen. Damit bekommen diese funktionalen Strategien die Aufgabe der Koordination.

Beginnen wir mit der funktionalen Strategie für den Absatzbereich. Als Ziele müssen wir die Markt-, Produkt- und Marketingziele für das gesamte Absatzspektrum formulieren.

Bei den Marketingaktivitäten ist insbesondere die übergreifende Neukonzeption des Außendienstes zu bestimmen. Diese beinhaltet eine intensivere Abstimmung mit den Planungen des Unternehmens. Des weiteren wird von den Vertretern in Zukunft eine umfassende Information auf vorgegebenen Berichtsformularen erwartet.

Eine wesentliche Änderung in der Marktbearbeitungsstrategie ist die Einstellung eines Marketingmanagers. Dieser soll etwa 50 Prozent seiner Zeit im Außendienst verbringen und die anderen 50 Prozent in der Modellabteilung kreativ und beratend tätig sein. Auch soll er beim Einkauf der Musterware beratend mitwirken.

Die Distributionsstrategie wurde bereits einheitlich für sämtliche strategischen Geschäftseinheiten festgelegt. Es könnte allerdings sein, daß für die einzelnen Geschäftseinheiten unterschiedliche Distributionswege vereinbart werden. Dann müßte eine unternehmenseinheitliche Gesamtkonzeption entwickelt werden.

Bei der Werbestrategie haben wir bereits eine Dreiteilung der Vorgehensweise festgelegt. Die beiden Bereiche Klassik und Freizeit sollen eine intensivere Produktwerbung erhalten. Als Zielgröße wurde eine jährliche Steigerung für die nächsten Jahre von

20 000,— DM für den klassischen Bereich und
30 000,— DM für den Freizeitbereich festgelegt.

Darüber hinaus soll eine einheitliche Imagewerbung für das Unternehmen erfolgen. Der gesamten Werbestrategie wird das Bild „modisch sportliche Bekleidung für die Zielgruppe 30- bis 60jährige" zugrunde gelegt. Die Werbeträger sollen entsprechend ausgewählt werden, eine Werbeagentur soll beauftragt werden, ein umfassendes Werbekonzept für die nächsten Jahre zu entwickeln.

Die Produktions- und Beschaffungsstrategie wurde bei den strategischen Geschäftseinheiten ebenfalls von einheitlichen Grundsätzen bestimmt. Die Produktionsziele ergeben sich aus der geplanten Stückzahl der strategischen Geschäftseinheiten. Als Produktivitätsziel wird angestrebt, die Kostensenkungspotentiale der Erfahrungskurven voll auszuschöpfen. Die Beschaffungsziele wiederum ergeben sich aus den hierzu notwendigen Produktionszahlen.

Als Standort wurde bereits in der Grundstrategie festgelegt, daß inländische Produktion den Vorrang haben muß. Der bisherige Standort soll beibehalten werden, Zweigbetriebe werden nicht geplant. Produktionsmethoden werden überarbeitet; alle Möglichkeiten einer Produktivitätssteigerung durch Rationalisierung sollen ausgeschöpft werden. Hierzu muß Herr P fachbezogene Teilstrategien entwickeln, aus der sich die zukünftigen notwendigen Investitionen und Maßnahmen ableiten lassen.

Herr E wird mit Hilfe von ABC-Analysen, Wertanalysen und Überprüfung der Bezugsquellen für die einzelnen Bezugsmaterialien genaue Vorgehensweisen entwickeln. Insbesondere für die A-Artikel mit modischem Charakter wird er eine Lieferantendatei mit den wesentlichen Merkmalen des Lieferanten und seiner Produkte anlegen, um schnelle Auswahlmöglichkeiten bei der Nachfrage nach bestimmten Materialien zu haben. Diese Lieferantendatei muß durch Messebesuche und Beobachtung des Angebotsmarktes ständig aktualisiert werden. Damit soll die Modellabteilung bestimmte Qualitäten schnell und gezielt anfordern können. Andererseits soll auch eine gesicherte und qualitativ einwandfreie Lieferung durch die Auswahl entsprechend guter Lieferanten gewährleistet werden.

In der Lagerpolitik soll eine Überprüfung des Lagerbestandes gegebenenfalls zu einer Reduzierung der Bestände führen.

Auf der Grundlage der Marketing- und Produktionsstrategie kann sodann die Forschungs- und Entwicklungsstrategie entwickelt werden. In anderen Betrieben mag es durchaus richtig sein, die Forschungs- und Entwicklungsstrategie als Ausgangspunkt aller Überlegungen zu nehmen, wenn es nach der Portfolio-Matrix an Nachwuchsprodukten mangelt und aus der Produktlebenskurve deutlich wird, daß ein Nachholbedarf bei Neuentwicklungen besteht. In unserem Unternehmen wird diskutiert, ob Fremdentwicklungen zur Bereicherung des Angebotsprogramms aufgenommen werden sollen. In technischen Betrieben spielt die Frage, ob Patente und Lizenzen erworben werden sollen, bei den Forschungs- und Entwicklungsstrategien eine wichtige Rolle.

Die Kooperationsstrategie, die sich auch in Beteiligungs- und Akquisitionsstrategien niederschlagen kann, sagt aus, inwieweit sich unser Unternehmen der Hilfe und der Zusammenarbeit mit anderen Unternehmen bedienen will. Im Inlandsverkauf wird die Strategie einer eigenen Vertreterorganisation verfolgt. Wie in der Grundstrategie festgelegt, sollen diese Vertreter ausschließlich für unser Unternehmen tätig sein. Beteiligungen aus absatz- oder produktionspolitischen Gründen werden nicht angestrebt. Dagegen wird auf den Exportmärkten eine Kooperation im Absatzbereich mit Nichtkonkurrenten als notwendig angesehen. Herr L wird beauftragt, entsprechende strategische Überlegungen zum Aufbau solcher Kooperationen auf den einzelnen Exportmärkten zusammen mit Herrn V zu entwickeln.

Auch die Zusammenarbeit mit dem Fachverband soll intensiviert werden, insbesondere, um zu einem größeren Erfahrungsaustausch und zu Betriebsvergleichen zu kommen.

Im internen Bereich werden die in den Grundstrategien festgelegten personalpolitischen Grundsätze im einzelnen verfeinert. So wird eine Personalentwicklungsstrategie von Herrn L vorgeschlagen, die neben der Entwicklung des Personalbestandes vor allem Maßnahmen der Aus- und Weiterbildung beinhaltet. Für die Festsetzung der Löhne und Gehälter sollen – mit Ausnahme der Führungskräfte – die Tarifvereinbarungen gelten. Mit den Führungskräften sollen weiterhin individuelle außertarifliche Verträge abgeschlossen werden. Darüber hinaus soll ein Berater ein Mitarbeiterbeteiligungsmodell entwickeln. Als wesentliche Punkte dieser strategischen Maßnahme werden genannt:

– Gewinnbeteiligung auf der Grundlage einer genau zu definierenden Gewinngröße,
– laufende umfassende Informationen über die Entwicklung des Unternehmens,
– vierteljährliche Abschlagszahlung aufgrund der Gewinnentwicklung, die bis dahin eingetreten ist,
– langfristige Anlage eines Teils der Gewinnbeteiligung im Unternehmen mit dem Ziel einer stärkeren Motivation der Mitarbeiter sowie als zusätzliche Finanzierungsquelle.

Diese strategische Maßnahme soll nicht in die Finanzstrategie eingehen, da ihre Auswirkungen zu unsicher sind. Für den Fall einer erfolgreichen Durchführung können diese Ergebnisse zu einem späteren Zeitpunkt berücksichtigt werden.

Der Zugang der Mitarbeiter zu Informationen soll sich auch im gesamten Führungsstil niederschlagen. Neben einer weitgehenden Delegation von Entscheidungsbefugnissen auf die Führungskräfte sollen auch Projektgruppen, Quality Circles, bereichsübergreifende Teams und ähnliche Gruppierungen Bestandteil der Führungs- und Organisationsstrategie werden. Zur Unterstützung einer solchen Führungsmethode sollen organisatorische Maßnahmen ergriffen werden.

Daher wird die Einführung der *Netzorganisation* geplant. Diese stellt die Abläufe und die Informationsflüsse in den Vordergrund der Gestaltung, gestattet eine weitgehende Selbständigkeit der Bereiche und stellt ein Informationszentrum in den Mittelpunkt der innerbetrieblichen Informationsverarbeitung unter Einschluß der von außen zufließenden Informationen. Die EDV soll zur Stützung des gesamten Informationssystems in dieser Organisationsstrategie ausgebaut werden. Herr L wird beauftragt, Einzelheiten dieser Teilstrategien genau zu formulieren.

Die Zusammenfassung der Leistungszahlen aus der Absatzstrategie, der Produktionszahlen sowie der Kosten- und Leistungsdaten aus den übrigen Bereichsstrategien ergibt dann als umfassende Wertplanung die Zielgewinn- und -verlustrechnung sowie die Bilanz für das Jahr A5 (Tabelle 12). Diese gelten als zusätzliche Eckdaten für die weiteren Überlegungen.

Auf der Grundlage dieser Strategien werden die Investitions- und Finanzstrategien entwickelt. Die notwendigen Investitionen ergeben sich aus den geplanten Maßnahmen. Bei den Teilstrategien sind sowohl Rationalisierungs- wie auch Erweiterungsinvestitionen eingeplant. Dies ergibt einen sofortigen Investitionsschub von 500000,— DM im nächsten Jahr, der dann bis auf 600000,— DM jährlich im fünften Jahr steigt. Dazu wird eine mittelfristige Investitionsplanung entwickelt.

Tabelle 12: Zieldaten für A5

Position	Anzüge	Sakkos	Hosen	Freizeit-jacken	Freizeit-hosen
Stückzahl	28 000	20 500	40 000	47 000	55 000
Preis	335,—	230,—	89,—	110,—	65,—
Umsatz in TDM	9 380	4 715	3 560	5 170	3 575
Lohn in TDM	1 750	830	653	1 160	663
Material in TDM	3 517	1 768	1 189	1 965	1 251

Ziel-G + V A5

Umsatz	26 400 000,—
Material Fertigung	9 690 000,—
Material Modellabteilung	510 000,—
Fertigungslohn	5 056 000,—
sonstige Personalkosten	3 250 000,—
Provision	1 585 000,—
Skonto	924 000,—
Abschreibungen Maschinen	545 000,—
Abschreibungen sonstige	340 000,—
Werbung	790 000,—
Zinsen	524 000,—
sonstige Kosten	2 376 000,—
Gewinn	810 000,—

Ziel-Bilanz A5

Sonstige Anlagen	2 700 000,—	Einlagen	2 600 000,—
Maschinen	960 000,—	Gewinnvortrag	1 050 000,—
Roh-, Hilfs-, Betriebsstoffe	4 300 000,—	Bankdarlehen	5 970 000,—
Halb-/Fertigwaren	1 000 000,—	Kontokorrentkredit	510 000,—
Forderungen	1 400 000,—	Lieferantenverbindlichkeiten	300 000,—
Bank/Kasse	70 000,—		
	10 430 000,—		10 430 000,—

In der Finanzstrategie sollen die Liquiditätsziele formuliert werden. Die Grundstrategie sowie die Zielbilanz A5 bestimmen bereits die Eckdaten.

Zur Sicherung der Liquidität wird ein entsprechender Selbstfinanzierungs- und Kreditfinanzierungsplan für die nächsten fünf Jahre aufgestellt. Grundlage ist eine stetig steigende Selbstfinanzierung durch jährliche *Gewinnthesaurierung* (das heißt: ein Teil des Gewinns verbleibt im Unternehmen). Ermöglicht wird dies durch eine maßvolle Ausschüttungspolitik, die in den ersten drei Jahren eine Gewinnthesaurierung in Höhe von 100 000,— DM vorsieht und dann in den Jahren A4 und A5 eine reduzierte von 50 000,— DM. Es ist zu prüfen, wann die Ausschüttung des Gewinns erfolgt. In unserem Unternehmen wird der Gewinn am Schluß des Jahres ausgeschüttet, bei Kapitalgesellschaften kann man davon ausgehen, daß die Ausschüttung erst Mitte des folgenden Jahres erfolgt. Insofern sind diese Ausschüttungsbeträge erst im Folgejahr als Abfluß zu erfassen.

Die notwendigen Investitionen und deren Finanzierung für die nächsten fünf Jahre ergeben sich aus der aufgeführten Investitionsplanung und Kapitalbedarfsrechnung (Tabelle 13).

In einem Kreditentwicklungsplan werden dann noch die verschiedenen Kreditaufnahmen in Einzelbeträgen konkretisiert (Tabelle 14).

Bei der Entwicklung dieser Finanzstrategie müssen bei den einzelnen Bestandsdaten jeweils die Jahresendbestände aufgeführt werden. Diese können allerdings ein falsches Bild geben, da die Bestände während des Jahres starken Schwankungen unterliegen. So ist zum Beispiel der Lagerbestand am Jahresende niedriger als in den Spitzenmonaten des Jahres. Die Werte dieser strategischen Finanzplanung können daher nur Durchschnittswerte sein. Die kurzfristigen Schwankungen beim Finanzierungsbedarf müssen jeweils in der operativen Planung in einem kurzfristigen Finanzplan bestimmt werden.

Tabelle 13: Investitionsplanung und Kapitalbedarfsrechnung

Position	A1	A2	A3	A4	A5
Ausgaben für					
Maschinen	− 500	− 500	− 550	− 550	− 600
sonstige Anlagen	− 240	− 240	− 270	− 300	− 360
Abbau Forderungen	+ 100	+ 200	+ 200	+ 200	+ 200
Erhöhung der Bestände					
Rohstoffe	− 100	− 100	− 100	− 100	− 100
Fertigware	0	− 100	− 100	− 100	− 100
Invetitionsausgaben gesamt	− 740	− 740	− 820	− 850	− 960
Tilgung von					
bisherigen Krediten	− 450	− 450	− 600	− 680	− 760
neuen Krediten	0	− 150	− 80	− 80	− 80
Kontokorrentkredit	− 500	0	0	0	0
Lieferantenverbindlichkeiten	− 400	− 200	− 100	0	0
Ausgaben gesamt	− 2 090	− 1 540	− 1 600	− 1 610	− 1 800
Mittelzufluß aus					
Abschreibung Maschinen	+ 340	+ 360	+ 410	+ 485	+ 545
Abschreibung sonstige	+ 200	+ 240	+ 265	+ 295	+ 340
Gewinn	+ 450	+ 550	+ 650	+ 750	+ 810
abzüglich Steuern	− 225	− 275	− 325	− 375	− 405
Cash-flow nach Steuern	+ 765	+ 875	+ 1 000	+ 1 155	+ 1 290
abzüglich Ausschüttung	− 125	− 175	− 225	− 325	− 355
verfügbarer Cash-flow	+ 640	+ 700	+ 775	+ 830	+ 935
abzüglich Ausgaben s.o.	− 2 090	− 1 540	− 1 600	− 1 610	− 1 800
Über-/Unterdeckung	− 1 450	− 840	− 825	− 780	− 865
liquide Mittel Vorjahr	+ 30	+ 80	+ 40	+ 15	+ 35
Kreditaufnahme neu	+ 1 500	+ 800	+ 800	+ 800	+ 900
liquide Mittel neu	+ 80	+ 40	+ 15	+ 35	+ 70
Gewinnvortrag Vorjahr	650	750	850	950	1 000
Zugang	+ 100	+ 100	+ 100	+ 50	+ 50
Gewinnvortrag neu	750	850	950	1 000	1 050

Tabelle 14: Kreditplan

Position	A1	A2	A3	A4	A5
Darlehen Anfangsbestand	4 500	5 550	5 750	5 870	5 910
Tilgung alt	− 450	− 450	− 600	− 680	− 760
Tilgung neu vom Vorjahr	0	− 150	− 80	− 80	− 80
Kreditaufnahme neu	+ 1 500	+ 800	+ 800	+ 800	+ 900
Darlehen Endbestand	5 550	5 750	5 870	5 910	5 970
Kontokorrent Anfangsbestand	+ 1 010	+ 510	+ 510	+ 510	+ 510
Kontokorrent Abbau	− 500				
Bankkredit Endbestand	6 060	6 260	6 380	6 420	6 480
Lieferantenverbindlichkeiten Anfangsbestand	1 000	600	400	300	300
Lieferantenverbindlichkeiten Abbau	− 400	− 200	− 100		
Kredit gesamt Endbestand	6 660	6 660	6 680	6 720	6 780
liquide Mittel	− 80	− 40	− 15	− 35	− 70
Verschuldung netto	6 580	6 620	6 665	6 685	6 710

Nachdem unsere Führungskräfte diese Strategie und die daraus abgeleiteten Zahlen einmütig verabschiedet haben, fühlen sie sich schon wesentlich wohler und sicherer. Sie sind der Ansicht, daß das, was sie anstreben, durchaus realistisch ist. Sie stehen mit voller Überzeugung hinter den Plänen, die sie ja selbst erarbeitet haben. Nun wollen sie daran gehen, diese strategischen Grundkonzeptionen in die Maßnahmen des kommenden Jahres umzusetzen. Herr B schließt die Diskussion über die Strategie des Unternehmens mit der Aufforderung, sich für die nächste Sitzung Gedanken über operative Planung im kommenden Jahr zu machen.

3.3 Die operative Planung

„Mit der Festlegung der funktionalen Strategie haben wir die strategische Planung abgeschlossen. Nun müssen wir uns mit der *operativen Planung* auseinandersetzen", stellt Herr B zu Beginn des neuen Planungsabschnitts fest. „Lassen Sie uns auch hierzu einige grundsätzliche Ausführungen vorab machen. Im Gegensatz zur strategischen Planung betrachtet die operative Planung nur einen kurzen Zeitraum, im Höchstfall ein Jahr. Demzufolge können die einzelnen Maßnahmen und Daten auch genauer definiert werden."

3.3.1 Wesen und Art der operativen Planung

Kommen wir noch einmal zurück zu dem, was wir über Planung gesagt haben: Planung ist das gedankliche Gestalten des zukünftigen Handelns. So auch bei der operativen Planung: In ihr sollen alle zukünftigen Aktivitäten durchdacht und auf ihre Auswirkungen hin überprüft werden. Die anschließend entwickelten Plandaten sind Grundlage für den späteren Vergleich mit Istdaten und gelten als Kompaß zur Steuerung des Unternehmens. Die gesamte Unternehmensplanung setzt sich zusammen aus einer Reihe von Einzelplänen. Diese Pläne stehen in enger Beziehung zueinander, sie sind *interdependent*.

Welche Pläne unterscheiden wir? Die Führungskräfte nennen zunächst ihre eigenen Bereiche als Planungsgrundlage. Darüber hinaus werden Pläne angegeben wie Werbeplan, Vertriebsplan, Kapazitätsplan, Investitionsplan, Arbeitsablaufsplan und viele mehr. Wir wollen nun diese Pläne in eine Systematik bringen. Dabei unterscheiden wir zwei große Planungsgruppen: die bereichsspezifischen Pläne und die bereichsübergreifenden Pläne. Die bereichsspezifischen Pläne orientieren sich an der Organisationsstruktur. So brauchen wir in unserem Unternehmen einen Absatzplan, einen Entwicklungsplan, einen Produktions- und Kapazitätsplan und einen Plan der Materialwirtschaft. Dazu sollten auch noch Lagerpläne für die Roh-, Hilfs- und Betriebsstoffe sowie für die Fertigware vorhanden sein. Des weiteren benötigen wir einen Plan für die Geschäftsleitung und den Verwaltungsbereich. Weiter können wir Pläne für spezielle Objekte oder für spezielle Aufgabenstellungen unterscheiden. So kennen wir innerhalb des Absatzplans Teilpläne wie Vertriebsplan, Programmplan, Aktionspläne und die Werbeplanung.

„Auch in der Produktion gibt es verschiedene Pläne", fügt Herr P hinzu: „Wir haben einen Grobplan für die Kapazitätsbelegung mehrerer Monate, den wir Kapazitätsplan nennen. Daneben kennen wir einen kurzfristigen Maschinenbelegungsplan sowie einen Arbeitsablaufsplan, der die einzelnen Arbeiten bis ins Detail regelt."

In der Materialwirtschaft können wir ebenfalls nach verschiedenen Gesichtspunkten wie Objekten, Terminen und ähnlichem differenzieren.

Die Personal- und Investitionsplanung sind bereichsübergreifende Pläne und ergeben sich aus dem Bedarf der Bereiche.

Für all diese Pläne gilt, daß die darin ermittelten Zahlenangaben eine Folge der festgelegten Maßnahmen sind und nicht eine Folge von Rechenoperationen irgendwelcher Art. Hochrechnungen, Trendrechnungen und sonstige sind zwar Hilfsmittel, aber nicht die eigentliche Planung.

Nachdem Mengen abgeleitet worden sind, müssen diese mit den entsprechenden Preisen bewertet werden. Die so ermittelten Wertdaten (Geldbeträge) fließen dann in die Betriebsergebnisplanung als bewertete Leistungen und Kosten ein. Daraus können dann eine Plan-G+V sowie eine Planbilanz abgeleitet werden. Außerdem muß mit Hilfe der Wertdaten die Finanzebene geplant werden. Dazu gehören ein Finanzplan (Liquiditätsplan) und ein Kreditplan. Es kann auch noch ein Finanzanlageplan dazugehören, sofern überschüssige Liquidität vorhanden ist (Abbildung 35).

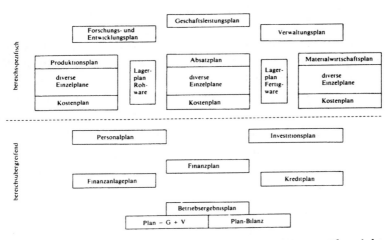

Abbildung 35: Planungsübersicht

3.3.2 Planungsinhalt

Planung wurde definiert als gedankliches Gestalten des zukünftigen Handelns. Wir wollen uns nun mit den Bestandteilen eines Plans befassen.

Es wurde schon mehrfach betont, daß jede Planung mit einer *Zielvorstellung* beginnt. Am Anfang steht die Frage: Was soll erreicht werden? Damit wird eine Sollvorstellung durch die Entscheidung des Managements festgelegt. Das bedeutet aber noch nicht, daß diese Sollvorstellung auch die endgültige Sollvorgabe am Ende der Planung ist. Diese Zielvorstellung muß durch den Planungsprozeß erst untermauert oder revidiert werden. Welche Ziele möglich sind, wurde bereits ausführlich besprochen.

Als weiteren Punkt müssen die Bedingungen, unter denen eine Planung erfolgt, festgelegt werden. Es sind also die *Prämissen*, die man als äußeren Datenkranz zugrunde legt, festzuhalten. Wenn sich diese Prämissen, das heißt die äußeren Umstände, ändern, kann eine Planung nicht aufgehen. Wenn also bei der späteren Analyse von Planabweichungen nach den Gründen gesucht wird, können diese auch in einer Veränderung der Prämissen liegen. Das ist aber nur zu erkennen, wenn wir auch die Ausgangsbedingungen festhalten.

Nach der Festlegung der Ausgangsbedingungen und der Zielvorstellungen ist das Problem zu lösen, wie die Zielvorstellungen erreicht werden können. In der Regel ist das Ziel nicht zu erfüllen, wenn die Aktivitäten einfach wie bisher fortgeführt werden.

In der Alternativsuche, der eigentlichen Planung, muß also die Frage beantwortet werden, durch welche Maßnahmen die Zielvorstellungen verwirklicht werden sollen. Hier sei nochmals auf den Alternativbaum hingewiesen. Die Maßnahmen müssen im einzelnen genau beschrieben werden. In vielen Fällen werden in einem detaillierten Maßnahmeplan weitere Einzelheiten festgelegt.

Zu diesen Einzelheiten zählen auch die Mittel, mit denen die Zielvorstellungen erreicht werden sollen; das heißt, die Ressourcen müssen genau definiert werden. Die Ressourcen umfassen nicht nur sachliche, sondern auch finanzielle und personelle Mittel. Dabei wird sich herausstellen, daß diese Ressourcen zum Teil begrenzt und nur im beschränkten Umfang erweiterungsfähig sind. Es kann sich aus der Ermittlung der Ressourcen sogar ergeben, daß bereits an dieser Stelle die Zielvorstellungen revidiert werden müssen. Häufig stellt sich die Begrenzung der Mittel aber erst heraus, wenn sämtliche Einzelpläne zusammengeführt werden und damit die Inanspruchnahme der betrieblichen Ressourcen insgesamt offenliegt. Erst dann wird sich erweisen, ob das Unternehmen insgesamt den Anforderungen gewachsen ist.

Im Rahmen der Maßnahmeplanung muß auch eine genaue Terminfestlegung erfolgen. Es ist nicht nur die Frage zu beantworten, wann das Ziel erreicht sein soll, sondern auch wann die einzelnen Teilschritte der Planung verwirklicht werden sollen. Sowohl Termine für Aktivitäten als auch für das Erreichen bestimmter Zwischenergebnisse müssen vereinbart werden.

Außerdem sind als wesentlicher Planungsinhalt auch die Personen zu bestimmen, die für die Abwicklung der geplanten Maßnahmen verantwortlich sind.

Nach Abschluß dieser Überlegungen wird sich herausstellen, ob die ursprüngliche Zielvorstellung realisierbar ist oder ob sie revidiert werden muß. Das Ergebnis der Planung stellt also dar, was als Wirkungsprognose aus dem Planungsprozeß definitiv festgelegt werden kann. Häufig werden die Ergebnisse einer Planung sich von der ursprünglichen Zielvorstellung unterscheiden. Es wird dann eine Frage der Verantwortlichen sein, ob der gesamte Planungsprozeß mit neuen Alternativen noch einmal durchgeführt werden soll oder ob der Planungsprozeß gegebenenfalls mit einer anderen *Zielvereinbarung* als der ursprünglichen Zielvorstellung abgeschlossen werden soll.

Kommt nach mehrmaligem Durcharbeiten unterschiedlicher Alternativen das Führungsgremium zu der Auffassung, daß nun das optimale Ergebnis ermittelt worden sei, wird dieses Ergebnis des Planungsprozesses zu einer Zielvereinbarung, die verbindlich gilt. Da in den Planungsprozeß alle Verantwortlichen einbezogen werden, wird dieses definierte Ziel auch von allen als realisierbar anerkannt werden. Die Zielvereinbarung ist also der Abschluß der Planung. Das Ergebnis der gesamten Tätigkeiten und Planungsprozesse kann dann in konkreten Zahlen festgehalten werden. Die Zahlen sind somit das Ergebnis des Planungsprozesses und nicht die Planung selbst.

3.3.3 Entwicklungsfolge der Planung

„In welcher Reihenfolge soll was geschehen?" fragt unser Produktionsleiter P. „Wir haben die Reihenfolge der einzelnen Inhalte kennengelernt, nicht aber, mit welchen Teilplänen wir anfangen und wie sich diese aufeinander aufbauen. Auch interessiert mich, wer nun die Planung im einzelnen durchführt. Ich kenne Fälle, da werden die von Ihnen aufgezeigten Punkte in einer zentralen Planungsabteilung erstellt, in anderen Unternehmen werden die Funktionsbereichsleiter und Abteilungsleiter eingeschaltet."

Herr B bestätigt dies und schlägt vor, die *Entwicklungsfolge* näher zu betrachten.

Wir haben schon über die strategische Planung gesprochen und diese festgelegt. Damit haben wir schon eine Entwicklungsfolge beschritten, ohne darüber ausdrücklich zu sprechen. Wir haben die langfristige Planung entwickelt. Daraus wollen wir nun die mittel- und kurzfristige Planung ableiten. Dies nennen wir die *deduktive* Entwicklung der Planung.

Man kann allerdings auch erst einen kurzfristigen Plan entwickeln und verabschieden, also zunächst das nächste Jahr planen, um darauf dann die folgenden Jahre aufzubauen. Ausgangspunkt ist damit die gegenwärtige Situation, und angestrebt wird die Lösung kurzfristiger Probleme. Nicht berücksichtigt wird, ob daraus Probleme für die nächsten Jahre entstehen können. Es kann durchaus passieren, daß man mit derzeitig optimalen Plänen ungünstige Entwicklungen für die Zukunft vorprogrammiert. So können zur Verbesserung der Liquidität in einer Kurzfristplanung langfristige Investitionen unterlassen werden, weil die negative Entwicklung erst in den Folgejahren zutage tritt. Auch wird die Zukunftsproblematik nicht erkannt, wenn man sich zunächst nur mit der Entwicklung des nächsten Jahres befaßt und nach Abschluß dieser Planung die nächsten Pläne festlegt. Diese Planungsfolge, erst kurzfristige Planung verabschieden und darauf die mittel- und langfristige Planung aufbauen, wird die *induktive* Entwicklungsfolge genannt. Aus dem oben Gesagten folgt, daß die induktive Entwicklungsfolge Gefahren birgt. Sie ist allerdings aus der Kenntnis der Daten heraus die einfachere Lösung und bietet sich vor allem dann an, wenn aus Notsituationen heraus schnelle Ergebnisse erzielt werden müssen. Solche „Feuerwehrpläne" sollten allerdings nicht das Vorbild für eine gezielte langfristige Unternehmensentwicklungsplanung sein.

3.3.4 Integrationsgrad der Planung

Aus der Überlegung, ob induktive oder deduktive Entwicklungsfolge, ergibt sich auch zwangsläufig der *Integrationsgrad* der Planung. Bei einer induktiven Entwicklungsfolge wird ein kurzfristiger Plan entwickelt. Darauf aufbauend, wird dann die mittel- und langfristige Planung erfolgen. Die Endzahlen des Kurzfristplanes sind die Ausgangszahlen der mittelfristigen Planung, und die Endzahlen der mittelfristigen Planung wiederum die Ausgangszahlen der Langfristüberlegungen. Dies nennen wir eine Reihung der Pläne oder eine Anschlußplanung (Abbildung 36).

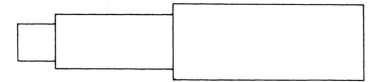

Abbildung 36: Reihung der Pläne

Eine Verbindung dieser Pläne wird durch eine Überlappung beziehungsweise Staffelung erreicht, das heißt, die Entwicklung des letzten Teils der Planungsperiode ist gleichzeitig der erste Zeitraum der nächstfolgenden Pläne (Abbildung 37).

So kann zum Beispiel das zweite halbe Jahr eines Kurzfristplanes gleichzeitig das erste halbe Jahr des nächsten kurzfristigen oder eines mittelfristigen Planes sein; das dritte Jahr einer mittelfristigen Planung ist wiederum das erste Jahr der darauf aufbauenden Langfristplanung. Die Pläne sind bei einer solchen Staffelung zum Teil miteinander verbunden, man kann aber noch nicht von einer Integration sprechen.

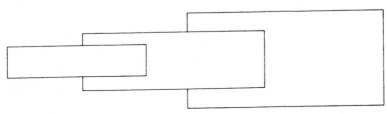

Abbildung 37: Überlappung der Pläne (Staffelung)

Eine vollkommen integrierte Planung erreichen wir durch die Schachtelung der Pläne. Dabei beginnen sowohl die kurzfristigen als auch mittelfristigen und langfristigen Pläne beim Zeitpunkt Null (Abbildung 38).

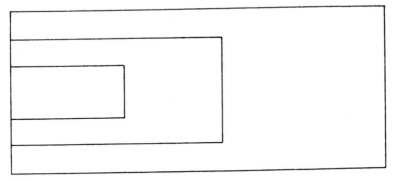

Abbildung 38: Schachtelung (integrierte Planung)

So sind die jeweils kurzfristigeren Pläne im Rahmen der langfristigeren Pläne zu sehen. Diese Schachtelung wird in der Regel dadurch erreicht, indem man die deduktive Entwicklungsfolge als Grundlage nimmt und zunächst den äußeren langfristigen Rahmen schafft. Darin wird dann die mittelfristige integriert, und darin wiederum die kurzfristige Planung. So entsteht ein organischer, in sich geschlossener Aufbau der Planung, der in den weiteren Planungsfolgen nicht zu Problemen führt, sondern bei dem die Grundlagen der späteren Jahre bereits im ersten Jahr so gelegt wurden, daß darauf folgerichtig aufgebaut werden kann. Geht man davon aus, daß eine strategische Planung die Erfolgspotentiale der Zukunft konsequent zu entwickeln beabsichtigt, egal, ob dies gegebenenfalls kurzfristig zu weniger positiven Ergebnissen führt, bietet sich eine deduktive Folge mit einer Schachtelung der Pläne als Grundlage für eine weitsichtige Planung der Unternehmensentwicklung an.

3.3.5 Träger der Planung

„Diese Überlegung sehen wir ein", meint Herr V nach der Diskussion dieser Entwicklungsfolgen, „doch ist damit die Frage noch nicht beantwortet, wer was zu welchem Zeitpunkt macht. Wir sollten jetzt festlegen, wer für welchen Teil der Planung verantwortlich, das heißt *Planungsträger*, ist."

Die Teilnehmer befassen sich nun mit der Zuordnung und stellen die verschiedenen Möglichkeiten gegenüber.

3.3.5.1 Die Trägerebene

Grundsätzlich ist der Idealzustand dann erreicht, wenn jeder Mitarbeiter Planungsträger seines Aufgabengebiets ist. Das wird in der Realität auf erhebliche Schwierigkeiten stoßen. Wir wissen inzwischen, daß nicht jeder für sich allein planen kann. Die Interdependenz der Pläne, das heißt das Abstimmen der Aktivitäten aufeinander, macht eine Koordination aller Aktivitäten notwendig. Je mehr Personen damit beschäftigt sind, ihre eigene Aufgabe festzulegen, um so umfangreicher wird diese Abstimmungsarbeit. Es ist daher nicht verwunderlich, daß man eine *zentrale Planung* als die einfachste ansehen kann. Bei einer zentralen Planung kann an einem Arbeitsplatz beziehungsweise in einer Planungsabteilung die Abstimmung direkt erfolgen, so daß zeitraubende Kontaktaufnahmen, Diskussionen und Auseinandersetzungen wegfallen. Eine zentrale Planung wird daher sicherlich am schnellsten und effektivsten arbeiten. Manchmal nehmen externe Spezialisten eine solche Planung vor.

„Es kann aber doch nicht richtig sein", wirft Herr P ein, „daß uns von außen vorgeschrieben wird, was wir zu tun haben."

Dem stimmen alle Beteiligten zu, und es wird schnell deutlich, daß das Extrem der externen zentralen Planung ein grundsätzliches Problem der Akzeptanz – der Annahme durch die anderen – aufwirft. Solche Pläne mögen noch so gut, noch so realistisch und noch so plausibel sein, sie stoßen auf den Widerstand der internen Abteilungen, finden keine Zustimmung.

Andererseits sehen wir auch das Problem der Koordinierung und erkennen, daß eine ungeordnete *dezentrale Planung* sicher nicht zu einem vernünftigen Ergebnis führt. Es stellt sich daher für jedes Unternehmen die Frage, wo der richtige Weg zwischen einer zentralisierten externen Planung eines Spezialisten und einer internen dezentralen Planung von Einzelgängern liegt.

„Im Augenblick befinden wir uns in einem Prozeß", stellt der Chef fest, „in dem wir einen externen Planungsspezialisten hinzugezogen haben, der koordinierend und moderierend wirkt, in dem wir aber intern, mit den Führungskräften gemeinsam, diese Pläne entwickeln."

Bei der strategischen Planung haben wir schon erfahren, daß vorbereitende Arbeiten nicht im gemeinsamen Gremium erfolgen. So haben alle Funktionsträger zwischen den einzelnen Diskussionsrunden Unterlagen in ihren Funktionsbereichen erarbeitet und Vorschläge entwickelt, die dann in der entsprechenden Diskussionsrunde aufeinander abgestimmt und verabschiedet wurden.

In ähnlicher Form müssen wir auch die operative Planung angehen. Damit von vornherein eine gewisse Abstimmung erfolgt, muß zentral ein Rahmen gesetzt werden, in dem von den einzelnen dezentral die weitere Arbeit durchgeführt wird. So kann eine zentrale Stabsstelle zunächst die Richtlinien der Planung erarbeiten. In manchen Betrieben wird das auch das *Planungshandbuch (Planning Manual)* genannt. Hier werden die Vorgehensweisen im einzelnen beschrieben. Des weiteren erarbeitet in der Regel eine zentrale Stabsstelle die Rahmenbedingungen, unter denen geplant werden soll. Neben den Vorgaben der strategischen Planung, die bereits gemeinsam erarbeitet wurden, zählen dazu die bereits erwähnten äußeren Bedingungen. Eine zentrale Festlegung dieser Prämissen ist deshalb erforderlich, weil alle von den gleichen Voraussetzungen ausgehen müssen.

Von einer zentralen Stelle, in der Regel der obersten Geschäftsleitung, werden auch die Zielvorstellungen formuliert, die als Grundlage für die weitere Planung gelten. Diese Vorstellungen, die zunächst aus einigen zentralen Rahmendaten bestehen, werden in Teilziele für die einzelnen Funktionsbereiche zerlegt, auf denen dann die Funktionsbereiche ihre Planung aufbauen können. Somit ist eine gewisse Koordinierung der Teilpläne schon im voraus festgelegt. Dezentral in den einzelnen Bereichen und Abteilungen werden dann die Maßnahmen erarbeitet, mit denen die genannten Zielvorstellungen erreicht werden sollen. Aus diesen werden die Mengen und gegebenenfalls auch die Werte abgeleitet sowie die Termine bestimmt. Dann wird sich herausstellen, ob damit die Abteilungs- beziehungsweise die Bereichsziele erreicht werden.

Die zentrale Stabsstelle trägt wiederum zu einer Koordinierung dieser Teilpläne bei.

In mittleren Unternehmen, so wie in unserem Beispiel, gibt es in der Regel keine zentrale Stabsstelle für Planung. Die Aufgaben kann dann auch das gemeinsame Gremium der Führungskräfte übernehmen, so wie bislang auch die einzelnen Richtwerte und Rahmendaten gemeinsam besprochen und festgelegt wurden.

3.3.5.2 Die Planungsrichtung

Legt man bei dieser Beschreibung die Zuordnung zu den einzelnen organisatorischen Hierarchieebenen zugrunde, so können wir folgende verschiedenen Vorgehensweisen festlegen:

Zunächst trifft die Geschäftsführung oder das obere Management übergeordnete Grundsatzentscheidungen, wie sie eben dargelegt wurden. Zielvorstellungen und Rahmendaten werden entwickelt, Prämissen werden festgelegt, diese werden von den nachgeordneten Bereichen als Fixdaten übernommen, die Grundlage ihrer Maßnahmeplanung und der weiteren Festlegungen sind. Wenn dies ohne weitere gegenseitige Abstimmung erfolgt, wird vorausgesetzt, daß in jedem Fall die vom oberen Management gesetzten Ziele erreicht werden müssen. Die nächste Ebene unterhalb der Geschäftsleitung führt dann die Bereichsplanung durch. Dabei ergeben sich wiederum Vorgaben für die darunterliegenden Abteilungen und letztlich die Kostenstellen. So wird die Planung von oben nach unten schrittweise aufgrund der jeweiligen Vorgaben entwickelt, die jweils für die untergeordneten Pläne verbindlich sind. Eine solche Vorgehensweise wird als *retrograde Planung* oder *„Top-Down-Planung"* bezeichnet.

Im Gegensatz dazu steht die *progressive Planung* oder die *Bottom-Up-Vorgehensweise*. Der Start der Planung erfolgt auf den unteren Ebenen. Die unteren Ebenen entscheiden über ihre Maßnahmen aufgrund der Daten, die sie aus der eigenen Sichtweise heraus zusammengestellt haben. Aufbauend auf den Planungsergebnissen der unteren Ebene werden dann schrittweise die Abteilungspläne zu Bereichsplänen und zur gesamten Unternehmensplanung zusammengeführt. Damit stellt sich zum Schluß das Unternehmensergebnis als Ergebnis des Planungsprozesses dar und wird als Zielvereinbarung akzeptiert.

Die progressive Planung provoziert geradezu den Weg des geringsten Widerstandes. Eine Abteilung, die in der Planung sich selbst ohne Vorgaben überlassen ist, wird in der Regel soviel Sicherheit einplanen, daß sie ihr Ziel in jedem Fall erreichen kann. Eine vorwärtstreibende Dynamik wird einer solchen Planung daher weitgehend fehlen. In Verwaltungen oder verwaltungsähnlichen Gremien ist dies häufig anzutreffen. Zwar wird dies unter der Überschrift „demokratische Führung" diskutiert, aber das Trägheitsmoment ist unverkennbar, da es nur wenige verantwortliche Abteilungsleiter in den unteren Bereichen gibt, die von sich und ihrer Abteilung ein dynamisches Vorgehen fordern und sich damit dem Risiko einer späteren Nichterfüllung aussetzen.

Bei der retrograden Planung dagegen müssen die vorgegebenen Ziele in jedem Falle erreicht werden, und dies kann zu einer resignativen Einstellung der unteren Bereiche führen. Man plant so, daß die Planung mit den Vorgaben in Übereinstimmung gebracht wird, ohne tatsächlich davon überzeugt zu sein, diese auch letztendlich einhalten zu können. Diese Pläne unterscheiden sich in ihrer Akzeptanz nicht sehr von den schon beschriebenen zentralen Planungen.

Aus der Erkenntnis dieser Vor- und Nachteile wurde das sogenannte *Gegenstromverfahren* entwickelt. Ausgehend von einer anspruchsvollen, aber realistischen Zielvorstellung werden die entsprechenden Teilziele für Bereiche und Abteilungen entwickelt. Diese gelten zunächst als Vorgabe zur Planungsentwicklung. Auf der unteren Ebene wird dann im Sinne der Bottom-Up-Vorgehensweise die erste konkrete Planung durchgeführt. Bei der Entwicklung dieser Maßnahmeplanung wird sich zeigen, ob die gesetzten Teilziele erreicht werden können. Sofern die Teilziele nicht erreicht werden können, ist auf der nächsthöheren Ebene durchaus eine Korrektur innerhalb der einzelnen Abteilungsziele möglich, sofern daraus das Gesamtziel des Bereichs noch nicht gefährdet wird. Stellt sich heraus, daß das Gesamtziel des Bereichs trotzdem nicht erreicht werden kann, muß auf der darüberliegenden Ebene koordiniert werden. Eventuell muß auch noch einmal auf den unteren Ebenen nach neuen Alternativen gesucht werden, um das Ziel zu erreichen. So ergibt sich eine wechselseitige Vor- und Rückkopplung zwischen Zielvorgabe und Planung.

Dies ist sicher ein sehr zeitaufwendiges Verfahren, führt aber letztlich dazu, daß die einzelnen planenden Bereiche auch von dem Ergebnis der Planung überzeugt sind. Insofern erreicht eine im Gegenstromverfahren entstandene Unternehmensplanung bei allen Beteiligten die höchste Akzeptanz und die höchste Motivation, diese Planung zu verwirklichen.

Bezogen auf unser Unternehmen heißt das, die gesetzten Zieldaten, die bereits aus der strategischen Planung heraus abgeleitet wurden, werden in Einzeldaten der Funktionsbereiche zergliedert. Bei der Ableitung dieser Teilziele entsteht eine Reihenfolge der entsprechenden Teilpläne. Es ist dabei die Frage zu beantworten, welche Zielplanung die maßgebende und welche Ziele und damit welche Pläne die abhängigen Größen sind.

Es handelt sich nicht zu jeder Zeit und in jedem Unternehmen um die gleiche Größe. Wenn auch die Unternehmenssicherung die Hauptzielsetzung ist und damit die Gewinnerwirtschaftung das quantitative Hauptziel, so ist dieses Ziel nur im Rahmen der verfügbaren Ressourcen zu erreichen. Dessen muß sich auch die Geschäftsleitung bewußt sein. Wunschvorstellungen in der Gewinnerwirtschaftung, die über die Möglichkeiten der zur Verfügung stehenden Ressourcen hinausgehen, schaden nur.

Aus der Beschränktheit der Ressourcen ergeben sich dann die Zwänge hinsichtlich der Planung.

So war es in früheren Jahren durchaus üblich, mit der Produktionsplanung zu beginnen, weil Fachkräfte für die Produktion nicht in unbegrenzter Zahl zur Verfügung standen.

Seit dem Wechsel zum Käufermarkt gibt es in der Regel im Absatzbereich einen Engpaß. Der Absatzplan stellt daher den Ausgangsplan für die übrigen Bereiche dar. Allerdings kann durchaus auch der Finanzplan Ausgangspunkt aller Überlegungen sein, wenn die finanziellen Mittel knapp sind.

Ebenfalls können andere Ressourcen knapp sein, wie zum Beispiel Rohstoffe.

Die Reihenfolge der Pläne ergibt sich also aus dem *Engpaßplan*. Das ist der Plan, dem von außen her die engsten nicht zu verändernden Grenzen gesetzt sind. Die Engpaßplanung wird auch *Leitplanung* genannt, da sie die Leitlinien für die übrigen Pläne darstellt.

3.3.6 Anpassung der Planung

„Was aber passiert, wenn sich im Laufe einer Planungsperiode die Prämissen ändern?" fragt Herr V. „Wir haben doch die Prämissen als Ausgangssituation festgehalten. Müssen wir uns nicht den veränderten Verhältnissen auch mit unserer Planung anpassen?"

Wenn wir die *Anpassung der Planung* untersuchen, so müssen wir einerseits die Anpassungsfähigkeit der Planung, auch Elastizität genannt, sowie den Anpassungsrhythmus betrachten.

3.3.6.1 Elastizität der Planung

Gerade die *Elastizität* der Planung wird von ihren Kritikern immer wieder bezweifelt. Diese befürchten, daß ein Unternehmen durch Planung zu sehr eingeengt wird und an Flexibilität verliert. Grundsätzlich kann man der Auffassung sein, daß eine Planung nicht angepaßt werden soll. Wir nennen das *starre Planung*. Das heißt nicht, daß man sehenden Auges ins Verderben rennt, sondern daß die notwendigen Korrekturen nicht mehr in die Planung eingearbeitet werden. Situationsbedingte Änderungen führen dann zu Planabweichungen. Bei der Kontrolle werden diese Gründe in der Analyse aufgeführt. So läßt sich nachvollziehen, weshalb das, was sein sollte, abweicht von dem, was wirklich ist.

Der Entschluß, Pläne nicht zu ändern, wird vor allem damit begründet, sonst würde zu leichtfertig das ursprünglich vereinbarte Ziel aufgegeben. Ein Ziel wird gesetzt, um es auch unter erschwerten Bedingungen noch zu erreichen. Jeder Beteiligte ist bei einer starren Planung also bestrebt, möglichst schnell auf die ursprüngliche Planung zurückzukommen und gegebenenfalls die Störeinflüsse von außen durch entsprechende Reaktionen abzuwehren und zu korrigieren. Darin zeigt sich auch der wirkliche Steuerungscharakter einer Planung.

Nehmen wir das Beispiel eines Flugplans. Ein Pilot ändert sein Ziel und seine grundsätzliche Richtung nicht, selbst wenn er durch Veränderung der Höhe oder Umfliegen eines Gewitters kurzfristige Varianten in die ursprüngliche Planung einbaut.

Auch der Fahrplan der Bundesbahn ist ein starrer Plan. Selbst bei widrigen Witterungsverhältnissen wird er nicht geändert, sondern alle Beteiligten versuchen, Verspätungen wieder aufzuholen oder sie gegenüber der Planung so gering wie möglich zu halten. Würden die Fahrpläne den veränderten Witterungsbedingungen angepaßt, so wäre keiner bestrebt, die Zeitverluste wieder wettzumachen.

Eine Möglichkeit ist die „nachträgliche Anpassung". In diesem Fall werden nach Ablauf der Planungsperiode zunächst die Pläne an die neuen Prämissen angepaßt. Erst nach einer Korrektur der Pläne werden diese mit dem tatsächlichen Ist verglichen. Damit wird festgehalten, daß die dann noch bestehende Abweichung nicht auf eine Veränderung der Verhältnisse in der Umwelt zurückzuführen ist, sondern im Einflußbereich des Unternehmens liegt. Insofern ist eine tiefergehende Analyse möglich, da man die Abweichungen nicht auf Veränderungen der Prämissen zurückführen kann. Andererseits besteht dabei die Gefahr, in Kenntnis des tatsächlich eingetretenen Ergebnisses die Pläne zu sehr diesem Ergebnis anzupassen. Damit werden bewußt oder unbewußt die Pläne hinsichtlich des Ergebnisses revidiert, Abweichungen sind nicht mehr oder nur kaum erkennbar. Das Ziel, eine tiefergehende Analyse zu ermöglichen, wird damit ins Gegenteil verkehrt. Die Pläne verlieren ihre Steuerungsfunktion vollständig. Herr E erinnert sich an eine frühere Stelle in einem Unternehmen, in dem in dieser Weise verfahren wurde. Er bestätigt, daß die Planungsabteilung im nachhinein die Pläne der Entwicklung angepaßt hat und die Geschäftsleitung damit immer Soll/Ist-Vergleiche ohne gravierende Abweichungen vorgelegt bekommen hat.

Die weitere Möglichkeit ist die der laufenden Anpassung während oder kurz vor Beginn der Periode. Man nennt diese auch die *flexible Planung*.

Einerseits besteht die Möglichkeit, eine Änderung der Planung sofort dann vorzunehmen, wenn eine Änderung der Prämissen bekannt oder vorhersehbar wird. Andererseits können Korrekturen auch routinemäßig jeweils vor einem Kontrollzeitabschnitt vorgenommen werden. Damit haben die Bereichsleiter immer aktualisierte Pläne auf der Grundlage der jeweils gültigen Prämissen.

Dies ist sicherlich ein hervorragendes Steuerungsinstrument, doch bedarf es einer laufenden Überwachung der Pläne und damit auch eines umfangreichen Personalaufwands. Trotzdem können wir in unserem Unternehmen diese Änderungen in Bereichsleiterbesprechungen vornehmen, wenn sie sich als unbedingt notwendig erweisen. Änderungen sollten aber nicht zu leicht möglich sein, da sonst Störeinflüsse nur berücksichtigt statt überwunden werden.

Es besteht auch die Möglichkeit, von Anfang an mehrere Planungsalternativen zu entwickeln. Man geht von verschiedenen Konstellationen der Prämissen aus, so daß man für viele Situationen vorbereitet ist. Die nicht genutzten Pläne sind zwar wertlos, geben jedoch dem Unternehmen eine gewisse Sicherheit.

Herr K weist darauf hin, daß er ein Unternehmen kennt, das für jede Periode eine alternative Planung auf der Grundlage einer niedrigeren Umsatzerwartung aufbaut, mit der man zwar nicht rechnet, auf die man aber vorbereitet sein will. Solche Notpläne gibt es in vielen Unternehmen.

Wir können auch Spielräume in die Planung einbauen und bei den jeweiligen Positionen und Ressourcen Reserven vorsehen. Damit wird aber nicht die volle Effektivität des Unternehmens eingeplant und eingesetzt, was die optimale Wirtschaftlichkeit beeinträchtigt. Es wird jedoch auf der anderen Seite ein gewisses Maß an Sicherheit erkauft, so daß die Unternehmen auf diesen Teil Wirtschaftlichkeit bewußt verzichten.

Auch die Zeitaufschiebung der Detaillierung ermöglicht eine angepaßte Planung. So werden zunächst Grobpläne entwickelt, die dann schrittweise zum endgültigen Feinplan ausgearbeitet werden. Mit dieser Feinplanung können wir dann bis zu einem Zeitpunkt kurz vor der eigentlichen Realisierung warten, so daß diese immer auf aktuellem Stand ist. Mit der Grobplanung wurde aber bereits die Marschrichtung vorgegeben, so daß wir uns über grundsätzliche Fragen bei der Feinplanung nicht mehr abstimmen müssen.

Herr P bestätigt, daß er so bei seiner Produktionsplanung vorgeht. Die Gesamtkapazitätsplanung macht er über Monate hinweg im voraus, da er entsprechende Investitions- und Vorbereitungszeiten berücksichtigen muß. Die Maschinenbelegungsplanung ist wesentlich kurzfristiger, und die Personaleinsatzplanung ist manchmal nur auf Tage bezogen möglich, da sich bei Arbeitsbeginn häufig der verfügbare Personalbestand ändert.

3.3.6.2 Anpassungsrhythmus

Bei diesen Überlegungen spielt auch der *Anpassungsrhythmus* eine besondere Rolle. Wir unterscheiden eine periodische beziehungsweise *rollende Planung* und eine *revolvierende Planung*.

Bei der revolvierenden Planung wird eine kurzfristige (monatliche, quartalsweise) Überprüfung und Aktualisierung aller Teilpläne vorgenommen. Es wird damit der Grundsatz der laufenden Anpassung verfolgt, und zwar nicht nur bei Kenntnisnahme neuer Prämissen, sondern in einem vorher festgelegten Anpassungsrhythmus. In diesem Falle werden auch nicht nur die Kurzfristpläne, sondern sämtliche Pläne überprüft. Es kann dabei sogar zu einer Anpassung der Mittel- und Langfristpläne kommen. Das setzt allerdings eine Schachtelung voraus, da sonst die langfristigeren Pläne von der Situationsänderung noch nicht betroffen sind. Typische Merkmale einer revolvierenden Planung sind also:

- kurzfristige regelmäßige Überprüfung und Aktualisierung,
- Mehrstufigkeit der Pläne,
- Schachtelung der Planung,
- deduktive Entwicklung der Planung.

Die rollende Planung betrifft die Überlappung und die Anschlußplanung. Bei der überlappenden Planung wird zeitlich vor Beginn der Überlappung — zum Beispiel nach der Hälfte einer Periode — eine ganze Periode neu geplant. Die erste Hälfte dieser neuen Planung entspricht dann zeitlich der zweiten Hälfte der alten Planung. Dabei spielt es keine Rolle, ob Veränderungen vorgenommen werden müssen oder nicht.

Bei der Anschlußplanung erfolgt die Anpassung nicht mehr in der laufenden Kurzfristplanung. Veränderte Prämissen werden in der neuen Periode berücksichtigt. Korrekterweise kann man also nicht von der Anpassung der alten Pläne sprechen, sondern nur von einer Anpassung der neuen Pläne an veränderte Prämissen.

3.3.7 Die Planungsfolge

Es wurde bereits darauf hingewiesen, daß Planung zunächst in der Festlegung von Maßnahmen, dann in der Mengen- und Wertbestimmung besteht.

3.3.7.1 Die Maßnahmeplanung

In den einzelnen Bereichen beginnt aufgrund der Richtwerte vom Engpaßplan zunächst die *Maßnahmeplanung (Aktivitätenplanung)*. Bei den Maßnahmen müssen wir unterscheiden zwischen *Routinetätigkeiten* und *Sondermaßnahmen*. Die Routinetätigkeiten sind durch die Ablauforganisation festgelegt. Die einzelnen Arbeitsvorgänge werden bei der Organisationsgestaltung geregelt. Zu Beginn der Maßnahmeplanung muß geprüft werden, ob sich bei dieser organisatorischen Regelung Veränderungen ergeben haben oder in Zukunft ratsam erscheinen. Sofern es keine Änderungen im Maßnahmebereich gibt, genügt ein Verweis auf die Ablaufplanung. Trotzdem kann auch bei diesen Plänen eine Mengen- und Wertänderung, zum Beispiel durch Preisänderungen, eintreten. Diese Änderungen müssen dann bei der Wertplanung in die Gesamtplanung einfließen.

Wir haben gesehen, daß unser Unternehmen bei Verfolgung der bisherigen Aktivitäten langfristig in die Verlustzone geraten würde. Demzufolge müssen neue Aktivitäten geplant werden, um eine Umkehrung dieses Trends herbeizuführen. Diesen Sondermaßnahmen gilt die besondere Aufmerksamkeit der Führungskräfte, da mit ihnen neue Wege beschritten werden, die gut überlegt sein müssen.

Bei den Sondermaßnahmen können wir unterscheiden zwischen

— primären Maßnahmen, die einen direkten Einfluß auf den Erfolg des Unternehmens haben, die nachweisbar zu Ertragssteigerungen oder Kostensenkungen führen, und deren Erfolg quantitativ berechenbar ist;
— sekundären Maßnahmen, die unterstützend für die betrieblichen Aktivitäten wirken, denen aber keine direkte Erhöhung des Erfolgs zugerechnet werden kann. Diese wirken zunächst als Belastung. Trotzdem sind sie unbedingt erforderlich, da ohne sie die übrigen Maßnahmen nicht ihre volle Wirkungskraft entfalten können. Ein typisches Beispiel für derartige sekundäre Maßnahmen ist die Einführung der Planung selbst, die zunächst nur Kosten zu verursachen scheint und damit erfolgsmindernd wirkt. Trotzdem wirkt auch sie erfolgverbessernd dadurch, daß die primären Maßnahmen mit ihren direkten Auswirkungen anhand besserer Informationen durch-

geführt werden und somit einen größeren Erfolg erzielen. In gleicher Weise sind Maßnahmen im Personalbereich, wie zum Beispiel Weiterbildung von Mitarbeitern oder Maßnahmen im Bereich der Organisation, oft nicht direkt erfolgswirksam, wirken sich aber langfristig erfolgsverbessernd aus.

Der Vorgang der Maßnahmeplanung ist in allen Bereichen ähnlich. Für die Routinemaßnahmen wird die Ablaufbeschreibung hinsichtlich Änderungen des Ablaufes wie auch der Stellenbesetzung überprüft. Sofern das nicht der Fall ist, wird sie mit dem bekannten Mengenbedarf in die Gesamtplanung übernommen. Für unser Unternehmen sei als Beispiel die Auftragsbearbeitung als Routinemaßnahme mit personeller Mengenbelastung dargestellt (Abbildung 39).

Der gleiche Arbeitsvorgang kann allerdings im Rahmen einer Sondermaßnahme neu gestaltet werden. Die Ablaufbeschreibung sieht dann wie folgt aus (Abbildung 40).

Die Routinemaßnahmen, die bei der jährlichen Planung nicht geändert werden, werden in der Regel nicht gesondert erfaßt, sondern als Grundlage in die jährliche Planung eingeführt. Die Sondermaßnahmen führen dann zu den gewünschten Veränderungen, so daß sich die eigentliche Maßnahmeplanung auf letztere bezieht.

Sondermaßnahmen können sich auch über mehrere Bereiche erstrecken. Dann müssen die jeweiligen Teile dieser Maßnahme in den Bereichsplänen getrennt erfaßt werden. Trotzdem sollte eine solche Sondermaßnahme als Gesamtplan entwickelt werden, damit die Zusammenhänge erkennbar sind. Selbstverständlich können solche Sondermaßnahmen auch außerhalb der eigentlichen Planungszeiträume geplant und durchgeführt werden.

Ablaufbeschreibung Datum: 17.10.
Routine-/Sondermaßnahme: Auftragsbearbeitung (Ist)

| Vorgang | \multicolumn{6}{c}{Monatliche Stunden/Stelle} | Bemerkung |

Vorgang	03	01	21	22	53	54	Bemerkung
Öffnen der Post	8						
Sichtung der Post durch die Geschäftsleitung		5					
Sichtung der Post durch den Vertriebsleiter			8				
Telefonische Annahme von Aufträgen			5	20			
Sachliche Prüfung der Aufträge / Prüfung der Lieferbereitschaft (EDV-Bestandsliste) / Korrektur auf Bestandsliste / Bearbeitungsvermerk über Lieferzeit				130			
Übertragen auf Eingabebeleg Weitergabe an EDV				20			
Eingabe in EDV					20		
Ausdrucken der Bestätigung						8	
Abzeichnen der Bestätigung				20			
Überwachung der Terminaufträge				20			
Veranlassen des Schreibens der Lieferscheine für Terminaufträge				5			
Ausdrucken der Lieferscheine						8	
Ausdrucken der Rechnung						8	
	8	5	13	215	20	24	

Abbildung 39: Beispiel Ablaufbeschreibung Ist

Ablaufbeschreibung   Datum: 4.11.

R̶o̶u̶t̶i̶n̶e̶-/Sondermaßnahme: Auftragsbearbeitung Neugestaltung

Vorgang	\multicolumn{6}{c}{Monatliche Stunden/Stelle}	Bemerkung
	03	01	21	22	53	54	
Öffnen der Post	8						
Sichtung der Post durch Geschäftsleitung		0					
Sichtung der Post durch Vertriebsleiter			0				
Telefonische Annahme von Aufträgen			5	20			
Sachliche Prüfung der Aufträge							
Prüfung der Lieferbereitschaft (über Bildschirm)							
Lagerabbuchung der Bestellung mit Direkteingabe über Bildschirm				110			
Bearbeitungsvermerk über Bildschirm							
Übertragen auf Eingabebeleg				0			
Weitergabe an EDV					0		
Eingabe				0			
Ausdrucken der Bestätigung						8	
Abzeichnen der Bestätigung				20			
Überwachung der Terminaufträge				0			
Ausdrucken der Lieferscheine und Rechnungen						9	
Summe	8		5	150		17	
bisher	8	5	13	215	20	24	
Differenz		−5	−8	−65	−20	−7	

Abbildung 40: Beispiel Ablaufbeschreibung Soll

3.3.7.2 Die Mengenplanung

Grundlage der Bestimmung quantitativer Planungsgrößen sind also nicht die Istzahlen der vorangegangenen Periode, sondern die geplanten Maßnahmen, deren Auswirkungen zahlenmäßig erfaßt werden. Diese Auswirkungen beziehen sich sowohl auf den Einsatz als auch auf die Leistung des entsprechenden Prozesses. Die Erfassung des Einsatzes und der Leistung kann mengenmäßig oder wertmäßig erfolgen. Zur gedanklichen Durchdringung und zu einer besseren Überprüfbarkeit wollen wir nach der Maßnahmeplanung die Auswirkung zunächst mengenmäßig erfassen (Mengenplanung). Es erweist sich häufig als zweckmäßig, für bestimmte Kontrollgänge nur eine Mengenrechnung aufzustellen, da diese vor allem im Bereich der Produktion wesentlich aussagefähiger und schneller zu erhalten sind als Wertangaben, die erst aus der Buchhaltung oder sonstigen Unterlagen ermittelt werden müssen.

Herr P bestätigt dies durch den Hinweis, daß zum Beispiel die Gegenüberstellung von gearbeiteten und erarbeiteten Minuten pro Tag, pro Produktionsgruppe oder pro Arbeitskraft für den Produktionsleiter mehr aussagt als eine monatliche wertmäßige Kostenstellenabrechnung. Auch der Verbrauch der Hauptrohstoffe läßt sich mengenmäßig sehr schnell abrechnen und kontrollieren. Damit erübrigen sich häufig detaillierte Kostenstellenabrechnungen, die erst zu einem wesentlich späteren Zeitpunkt aus der Buchhaltung kommen und keinesfalls so schnell zu Reaktionen führen können.

Die Mengenpläne werden entsprechend den Aktivitätenplänen erstellt. Da alle Tätigkeiten einen Einsatz und teilweise auch eine meßbare Leistung verursachen, müssen beide Größen getrennt erfaßt werden. Eine Aktivitätenplanung pro Verantwortungsbereich zieht also eine Mengenplanung des Einsatzes und, sofern erfaßbar, eine Mengenplanung der Leistung nach sich. In Abbildung 40 werden die eingesetzten Stunden pro Monat erfaßt, was zur Überprüfung der Stellenbesetzung führt. Die Aufgabe der Leistungsmengenrechnung als Grundlage der Einsatzmengenrechnung zeigt sich besonders deutlich im Produktionsbereich. Erst die Ermittlung der Soll-Produktionsmengen ergibt die richtigen Ausgangsdaten für die Einsatzmengenrechnung. Eine Ermittlung der benötigten Arbeitskapazität gemessen in Minuten, Stunden, Tagen oder an der Anzahl der Mitarbeiter, läßt sich nie direkt aus Vergangenheitswerten ermitteln, sondern nur aus entsprechenden Planzahlen der Produktion. Das gleiche gilt für die Einsatzmengen des Materials.

Die Leistungsmengenplanungen gehen, wie bereits beschrieben, häufig vom Engpaß Absatz aus. Die Forderung der Produktion nach Mengenangaben erzwingt daher eine Absatzmengenplanung. Es ist somit unrealistisch, eine Absatzplanung als reine Umsatzplanung, das heißt Wertplanung, vorzunehmen. Abgesehen davon, daß eine Umsatzplanung ohne Mengenrechnung auf unsicheren Füßen steht, ist die Absatzmengenplanung für die Produktionsmengenplanung unabdingbare Voraussetzung oder Ergänzung, je nachdem, welcher der beiden Pläne der Engpaßplan ist.

„Kann eine Absatzmengenplanung realistisch sein?" will der Verkaufsleiter wissen. „Wir haben uns doch schon oft genug in unseren Erwartungen getäuscht."

Hierzu einige Stimmen aus der Praxis.

„Wir halten eine Absatzmengenplanung für notwendig. Abweichungen von plus minus 5 Prozent sind normal und gleichen sich gegenseitig aus."

„Großaufträge machen uns Probleme, deshalb schließen wir mathematische Prognoserechnungen völlig aus."

„Unsere Angebote laufen bis zu sieben Jahren, bevor sie realisiert werden. Wir setzen uns zu einem bestimmten Termin zusammen und analysieren die Erfolgswahrscheinlichkeit pro Angebot."

„Ich bin für die Absatzplanung zuständig und habe eine genaue Vorstellung von den einzelnen Kunden, die ich zum Jahresende besuche. Daraus bekomme ich eine Tendenz und liege teilweise bei Abweichungen bis plus minus 10 Prozent, die sich aufheben."

„Die beste Information, die wir für unseren Absatzplan erlangen, erhalten wir aus Gesprächen unseres Außendienstes mit den Kunden."

Aus diesen Zitaten ersehen wir, daß eine Absatzmengenplanung als notwendig angesehen wird. Wesentlich ist allerdings die Erkenntnis, daß wir solche Schätzungen nie mit einer absoluten Genauigkeit durchführen können. Dies ist auch in der Regel nicht erforderlich. Einerseits gleichen sich die einzelnen Positionen gegenseitig aus, so daß in der Gesamtheit die Planung trotzdem stimmt, andererseits sind Abweichungen von plus minus fünf Prozent in der Planung durchaus möglich, können aber durch spätere Anpassungen ausgeglichen werden.

Außerdem müssen nicht sämtliche Artikel in dieser Form erfaßt werden. In Erhebungen stellt sich immer wieder heraus, daß oft mit 20 bis 30 Prozent der Produkte bis zu 80 Prozent der Leistung des Unternehmens erzielt werden. Setzt man den Schwerpunkt der Ermittlungen auf diese Produkte, so ist die Erfassung schon ziemlich genau. Die übrigen 20 Prozent der Leistung, das sind aber 70 bis 80 Prozent der Artikel, werden in homogenen Produktgruppen zusammengefaßt und als Produktgruppe mengenmäßig ermittelt. Auf diese Weise dürfte es fast allen Unternehmen möglich sein, Mengenermittlungen für die wesentlichen Einzelprodukte und für Produktgruppen durchzuführen.

Wie schon gesagt, ist die Leistungsmengenplanung nicht nur Grundlage für die Leistungswertplanung, sondern auch für die Einsatzmengenplanung. Außer dem Produktionsbereich bauen auch der Beschaffungsbereich, der Lagerbereich, der Servicebereich mit Fuhrpark, Personalwesen, Finanzwesen und weitere auf diesen Zahlen auf, das heißt, sämtliche Bereiche des Unternehmens werden in irgendeiner Form von der Leistungsmenge beeinflußt und benötigen diese Angaben als Grundlage für die eigene Mengenplanung.

Die Mengenplanung des Einsatzes wird nach den vier Leistungsfaktoren Arbeitskräfte, Betriebsmittel, Material und Information aufgebaut.

Im Bereich der Mitarbeiter werden die Mengen pro Gehalts-/Lohngruppe angegeben. Sie werden durch die Bedarfsschätzung bei der Maßnahmeplanung ermittelt. Im Prinzip gibt es dabei keinen Unterschied zwischen Verwaltungsbereich und Fertigungsbereich. In der Fertigung lassen sich aufgrund von Zeitkarteien die benötigten Zeiten für die geplanten Produktionsmengen besser ermitteln. Doch kann man auch in den übrigen Bereichen die Arbeiten in Durchschnittsstunden pro Tag messen (siehe Beispiel Auftragsbearbeitung).

Bei den Betriebsmitteln unterscheiden wir verschiedene Gruppen:

- Betriebsmittel, die bereits vorhanden sind;
- Betriebsmittel, die gekauft werden sollen und über mehrere Jahre dem Unternehmen dienen;
- Betriebsmittel, die geleast wurden oder werden sollen;
- Betriebsmittel, die als geringwertige Güter sofort als Kosten angesetzt werden.

Während die gemieteten Betriebsmittel und die als Kosten anzusetzenden geringwertigen Wirtschaftsgüter direkt in die Kostenbudgets eingehen, ist für die anzuschaffenden Betriebsmittel eine Investitionsplanung erforderlich, damit diese bereichsübergreifend mit den verfügbaren Finanzmitteln abgestimmt werden kann.

Bei der Materialmengenplanung ist die Produktionsmengenplanung Grundlage für den Grobplan. Ein detaillierter Feinplan kann in einer operativen einjährigen Planung noch nicht erstellt werden, da der Materialbedarf direkt von der erstellten Menge je Artikel abhängt. Die Sollzahlen für die jeweilige Periode werden daher erst nach Ermittlung der Leistungsmenge laut Produktionsauftrag ermittelt. Die jährliche Mengenplanung für das Rohmaterial dient vor allem folgenden Zwecken.

- Wenn die Lieferzeiten für Rohmaterial länger sind als die eigene Lieferzeit abzüglich Durchlaufzeit der Artikel, müssen entsprechende Mengen vordisponiert werden, ohne daß die effektive Bedarfshöhe und der tatsächliche Bedarfszeitpunkt feststehen. Darüber hinaus müssen Lagerkapazitäten bereitgestellt werden.
- Um eine periodengerechte Finanzplanung (mit dem Zeitpunkt der Ausgaben) durchführen zu können, müssen Näherungswerte über Art, Menge und Zeitpunkt der zu bestellenden Materialien bekannt sein, selbst wenn es in den einzelnen

Daten noch Veränderungen gibt; die Summe des Finanzbedarfs wird in der Regel dadurch nur unwesentlich verändert.

Ein besonderes Problem ist die Planung des Informationsbedarfs. Dabei geht es mehr um die organisatorische Gestaltung und den Umfang der zu ermittelnden Informationen. Dies kann sowohl bei externen wie auch internen Informationen zu entsprechenden Kosten führen, die in die Gesamtplanung miteinzubeziehen sind.

3.3.7.3 Die Wertplanung

Auf der Grundlage der Leistungsmengen- und Einsatzmengenplanung erfolgt die *Wertplanung*. Die Leistungsmengen werden mit dem erwarteten Marktpreis multipliziert und führen so von der Absatzplanung zur Umsatzplanung. Diese ist später Grundlage der Einnahmenplanung. Sofern ein Unternehmen die Planung nach der Erfolgsbeitragsrechnung ausführt, werden auch die Ertragsanteile für die einzelnen Bereiche auf der Grundlage der Leistungsmengenplanung ermittelt. Ist die Erfolgsbeitragsrechnung nicht eingeführt, arbeiten Unternehmen häufig mit internen Verrechnungspreisen für die internen Leistungen.

Es gibt aber auch Unternehmen, die den Einzelbereichen keine eigenen Erträge zurechnen, sondern nur die Umsatzplanung als Gesamtertragsplanung zugrunde legen. In den einzelnen Bereichen werden dann lediglich die Einsatzmengen in Einsatzwertzahlen, das heißt Kostenplänen oder Budgets, umgerechnet.

Die Kostenplanung geht demnach von den einzusetzenden Mengen aus und multipliziert sie mit den zu erwartenden Marktpreisen. Es gibt Unternehmen, die zur besseren Kontrolle auch hier

Verrechnungspreise einsetzen. Dies führt jedoch zu theoretischen Kosten, die kein realistisches Bild von der Kostensituation wiedergeben. Die Einführung von Verrechnungspreisen ermöglicht zwar die Kontrolle der Verbrauchsabweichungen, doch wird eine Aussage hinsichtlich des Gesamterfolges des Unternehmens dadurch erschwert.

„Wenn wir aber höhere Kosten aufgrund von gestiegenen Marktpreisen haben, kann man uns doch dafür nicht verantwortlich machen", meint Herr P.

„Wenn die Preise für Einsatzmengen am Markt steigen, so sollte sich darüber auch eine verantwortliche Führungskraft Gedanken machen", entgegnet Herr B. „Sie muß dann dafür Sorge tragen, daß die Einsatzmengen noch reduziert werden oder daß die geplanten Einsatzmaterialien durch andere ersetzt werden, damit die gesamte Kostenplanung trotzdem eingehalten wird."

So geht zum Beispiel auch die Erfolgsbeitragsrechnung davon aus, daß ein Bereichsleiter sich mit seinen Einsatzmengen auf die erzielten Erträge einzustellen hat, unabhängig davon, ob die ursprünglich geplanten Zahlen wirklich erreicht werden. Auch in diesem Fall ist eine Führungskraft verpflichtet, sich veränderten Verhältnissen auf der Kostenseite anzupassen.

Wie bei der Einsatzmengenplanung wird auch bei der Kostenplanung von der Einteilung in Leistungsfaktoren ausgegangen. So werden die zurechenbaren Werte für die Faktoren Arbeitskraft, Betriebsmittel, Material und Information getrennt erfaßt. Lediglich dort, wo keine Mengenerfassung vorausgehen konnte, werden reine Wertzahlen als sonstige Kosten ermittelt.

Bei einer solchen Kostenaufstellung sollte allerdings beachtet werden, daß zu weitgehende Differenzierungen den Aussagewert eher verringern als erhöhen. Werden die Kostenpositionen vom Wert her zu gering, widmet man ihnen keine Aufmerksamkeit mehr. In der Gesamtheit können aber auch geringe Positionen beachtenswert sein. Andererseits kann es durchaus empfehlenswert sein, Positionen aufzuschlüsseln, die man bislang nicht untergliedert hat. Zum Beispiel erscheint nach der unterschiedlichen Energiepreisentwicklung eine Aufschlüsselung in einzelne Energieträger durchaus ratsam.

Neben den direkt zu ermittelnden Kosten, die aus Ausgaben herrühren, müssen wir bei der Planung aber auch die kalkulatorischen Kosten berücksichtigen. Auf die Frage des Unternehmerlohns beziehungsweise des Gehalts für den Chef wurde bereits eingegangen. Die Abschreibungen für die Betriebsmittel dürfen in der Planung nicht nach steuerlichen Gesichtspunkten erfolgen, sondern nach betriebswirtschaftlichen Überlegungen. Dadurch können sich andere Abschreibungssätze und Nutzungszeiträume ergeben. Insbesondere müssen wir berücksichtigen, daß das eingesetzte Kapital, unabhängig von der Tatsache, ob Eigen- oder Fremdkapital, verzinst sein will. Deshalb setzen wir für das gesamte Kapital einen kalkulatorischen Zins unter Einbeziehung einer Risikoprämie an. Die in der Wertplanung und damit in der Betriebsergebnisplanung erscheinenden Zinsen sind demnach nicht identisch mit den Fremdkapitalzinsen, die wiederum in der Plan-G+V eingesetzt werden, um eine entsprechende Planbilanz erstellen zu können.

Es sei aber darauf hingewiesen, daß die Mengenplanung nicht nur Grundlage für die Leistungs- und Kostenplanung ist, sondern auch für die Einzahlungs- und Auszahlungsplanung, genannt Finanzplanung. Hierauf wollen wir später noch einmal zurückkommen. Mit der Planungsfolge Maßnahmeplanung, Mengenplanung, Wertplanung haben wir nun die Vorgehensweise für unser Unternehmen in der Gesamtheit, insbesondere aber auch für die Entwicklung der Einzelpläne, festgelegt. Nun müssen unsere Bereichsleiter auf dieser Grundlage ihre funktionsorientierten Pläne erstellen, so daß daraus die bereichsübergreifenden Pläne abeleitet werden können.

3.3.8 Die bereichsspezifische Planung

Nach der vorangegangenen Betrachtung über die operativen Pläne wollen wir nun die einzelnen Pläne unseres Unternehmens genauer behandeln. Dabei werden wir immer wieder auf das zurückgreifen können, was bereits gesagt wurde.

Wir haben mehrfach betont, daß wir für jede Planung, so auch für die operative Unternehmensplanung, Rahmendaten setzen müssen, aus denen die einzelnen Bereichsziele abgeleitet werden. Ausgehend von der strategischen Planung und den darauf aufbauenden Überlegungen beschließen unsere Führungskräfte folgende Zielvorstellungen für die operative Planung des Jahres A1 auf Unternehmensebene:

Gewinn	450 000,—
Eigenkapitalquote	33 %
Kapitalumschlag	2,1 mal
Gesamtkapital	10 000 000,—
Eigenkapital	3 330 000,—
Gesamtkapitalrendite	4,5 %
Lieferantenverbindlichkeiten	900 000,—
Forderungen	2 200 000,—
Lieferantenziel	34 Tage
Kundenziel	33 Tage
Verschuldungsrate	6,7

Entsprechend diesen Rahmendaten werden weitere Vorgaben für die einzelnen Bereiche zugrunde gelegt.

Mengenentwicklung:	klassischer Bereich	plus 2 – 2,5 %
	Freizeitbereich	plus 12 – 15 %
Preissteigerung:	klassischer Bereich	1 %
	Freizeitbereich	keine
Lohnanteil:	Anzüge/Sakkos	17,5 – 18,5 %
	Hosen	20 %
	Freizeitjacken	26 %
	Freizeithosen	20 %
Materialanteil:	Anzüge/Sakkos	37 – 37,5 %
	Hosen	33 – 33,5 %
	Freizeitjacken	39 – 40 %
	Freizeithosen	35 %
	Modellabteilung	2,5 % vom Umsatz
Materialgesamt-durchschnitt:		40 % vom Umsatz.

Aus der Zielhierarchie können dann als weitere Teilziele die Deckungsbeiträge der Produktgruppen und die Bereichskosten für die einzelnen Bereiche abgeleitet werden.

Aufgrund dieser Einzeldaten können wir nun die Pläne für die einzelnen Bereiche entwickeln.

3.3.8.1 Absatzplanung

In unserem Diskussionskreis wird zunächst die Frage aufgeworfen, wo der Engpaß des Unternehmens zu suchen sei. Übereinstimmend wird der Absatz als Engpaß betrachtet, an dem sich alle anderen Pläne auszurichten haben. Die *Absatzplanung* ist also Leitplanung.

3.3.8.1.1 Absatzzielsetzung

Ausgehend von den allgemeinen Zieldaten werden für diesen Bereich folgende Absatzmengenentwicklungen als Zielvorstellung zugrunde gelegt.

Anzüge	plus 2 %	=	25 500
Sakkos	plus 2,5 %	=	18 500
Hosen	plus 2,5 %	=	36 000
Freizeitjacken	plus 13 %	=	30 500
Freizeithosen	plus 13 %	=	34 000

Bei der Preisentwicklung wollen wir von der festgelegten Preissteigerung von einem Prozent für die klassische Bekleidung und von konstanten Preisen für die Freizeitbekleidung ausgehen. Daraus ergeben sich als anzustrebende Zielvorstellungen nachstehende Durchschnittspreise für die Produktgruppen:

Anzüge	325,— DM,
Sakkos	225,— DM,
Hosen	86,— DM,
Freizeitjacken	110,— DM,
Freizeithosen	65,— DM.

Die Provision beträgt 6 Prozent und der erwartete Skontoabzug 3,5 Prozent vom Umsatz.

Als weitere Zielsetzung für den Absatzbereich lassen sich bei Berücksichtigung von 110 000,— DM zurechenbarer Kosten für Spezialmaschinen die Deckungsbeiträge der Produkt- und Artikelgruppen (Produkterfolgsbeiträge) festlegen (Werte aus Tabelle 1):

Deckungsbeitrag:		Anzüge	2 900 000,— DM
		Sakkos	1 500 000,— DM
		Hosen	1 100 000,— DM
	Klassik	gesamt	5 500 000,— DM
		Freizeitjacken	820 000,— DM
		Freizeithosen	760 000,— DM
	Freizeit	gesamt	1 580 000,— DM

Als Absatzbereichskosten werden aus der Zielhierarchie folgende Zielvorstellungen abgeleitet:

sonstige Personalkosten	680 000,— DM
Abschreibungen	72 000,— DM
Leasing	48 000,— DM
Werbung	550 000,— DM
Allgemeine Kosten	700 000,— DM.

Davon ausgehend müssen nun Maßnahmen geplant werden, wie die bisherigen Trends gebrochen und die Ziele erreicht werden können.

3.3.8.1.2 Programmplanung

In enger Zusammenarbeit mit der Modellabteilung und mit der Produktion erfolgt als erste Einzelplanung die *Programmplanung*. In der Programmplanung werden die Schwerpunkte der einzelnen Artikel und Artikelgruppen und ihr Anteil am Gesamtprogramm festgelegt. Grundlage der Programmplanung sind die Entscheidungen bezüglich der strategischen Geschäftseinheiten. In unserem Unternehmen wurden die langfristigen Schwerpunkte dahingehend festgelegt, daß eine Trendwende bei der klassischen Bekleidung erreicht werden soll mit einer jährlichen Steigerung von 2 bis 2,5 Prozent, während bei der Freizeitbekleidung eine Steigerung von 12 bis 15 Prozent angestrebt wird.

Auf dieser Basis werden nun die Angebote für das nächste Jahr im einzelnen erarbeitet. Dazu gehört die Anzahl der jeweiligen Artikel, aber auch der Charakter der einzelnen Artikel sowie ihr spezieller Nutzungszweck. Der Idealzustand wäre, daß kein Artikel den anderen ersetzen kann. Mit einem derart gestrafften Angebot wäre allerdings kaum ein Kunde zufrieden. Er möchte die Auswahl zwischen mehreren Alternativen für den gleichen Zweck haben. Eine zu große Ausweitung, eine zu differenzierte Programmvielfalt, führt aber zur Zersplitterung des Angebotes und zieht vor allem in der Produktion Schwierigkeiten nach sich. Auch sind die einzelnen Preise innerhalb einer Artikelgruppe festzulegen. In unserem Unternehmen gibt es zum Beispiel bei den Sakkos die Artikelgruppe Clubjacke im Angebot. Diese wiederum kann in unterschiedlichen Preislagen und Qualitäten angeboten werden. Andererseits sollte man das Clubjackenangebot nicht zu umfangreich gestalten, da sich dadurch insgesamt der Erfolg nicht verbessert. Am Beispiel der Clubjacke soll die Überlegung der Programmgestaltung auch hinsichtlich der Erfolge deutlich gemacht werden.

Aus Tabelle 15 sind die Daten von fünf verschiedenen Jacken zu ersehen. Diese Produkte schließen sich im Verkauf zum Teil gegenseitig aus, das heißt, ein Kunde wird sich immer nur für einige dieser Produkte, aber niemals für alle entschließen. Daher beschließt die Verkaufsleitung, sich auf eine Auswahl von vier Varianten zu konzentrieren. Bei dieser Überlegung wird angenommen, daß sich die verkauften Stückzahlen des entfallenden Produkts auf die preislich in der Nähe liegenden Artikel verteilen. Der gesamte Umsatz beträgt bisher mit den fünf Jacken 302 050,— DM. Der insgesamt erwirtschaftete Deckungsbeitrag dieser Produkte liegt bei 102 007,— DM. Da eine Erhöhung der Summe aller Produktdeckungsbeiträge den Gewinn steigert und umgekehrt, muß das Ziel sein, eine ebenso hohe oder höhere Summe der Deckungsbeiträge der vier im Angebot verbleibenden Artikel zu erwirtschaften, wie dies mit den bisherigen fünf Artikeln der Fall ist. Es ist daher die Programmzusammensetzung zu wählen, die den höchsten Deckungsbeitrag der vier Artikel erbringt.

Tabelle 15: Clubjackenprogramm

Position	Artikel 1	Artikel 2	Artikel 3	Artikel 4	Artikel 5
Preis	200,—	220,—	180,—	190,—	165,—
Material	74,—	88,—	63,—	67,—	56,—
Fertigungslohn	36,—	44,—	31,—	34,—	26,—
sonstige direkte Kosten	5,—	9,—	3,—	5,50	3,—
Provision	12,—	13,20	10,80	11,40	9,60
Skonto	7,—	7,70	6,30	6,65	5,60
Deckungsbeitrag/ Stück	66,—	58,10	65,90	65,45	64,80
Verkaufte Stück	300	290	300	350	350
Umsatz	60 000	63 800	54 000	66 500	57 750
Deckungsbeitrag	19 800	16 849	19 770	22 908	22 680

Der Verkaufsleiter ist bei der vorgegebenen Datenkonstellation zunächst versucht, den Artikel mit dem geringsten Umsatz, nämlich Artikel Nummer 3, aufzugeben in der Erwartung, daß sich die 300 Stück verteilen auf

200 Stück Artikel 4	=	38 000,— DM Umsatz,
100 Stück Artikel 5	=	16 500,— DM Umsatz,
Gesamtsumme	=	54 500,— DM Umsatz,

statt bisher

mit Artikel 3	=	54 000,— DM Umsatz.

Er erreicht damit nicht nur eine Konzentration, sondern eine leichte Umsatzsteigerung. Die Ermittlung der Deckungsbeiträge (Erfolgsbeiträge) zeigt folgendes Bild:

200 Stück Artikel 4	=	13 090,— DM Deckungsbeitrag
100 Stück Artikel 5	=	6 480,— DM Deckungsbeitrag
Gesamt	=	19 570,— DM Deckungsbeitrag

statt bisher

mit Artikel 3	=	19 770,— DM Deckungsbeitrag.

Der Gesamtdeckungsbeitrag sinkt also geringfügig um 200,— DM.

Da die Konzentration auf vier Artikel vor allem in der Produktion auch kostenmäßige Vorteile nach sich zieht, scheint diese geringfügige Verringerung des Deckungsbeitrages akzeptabel.

Herr B macht aber den Vorschlag, den umsatzträchtigen und teuersten Artikel 2 herauszunehmen. Er geht außerdem von ungünstigeren Bedingungen aus und nimmt an, daß auf die Änderung ein Mengenverlust von 20 Stück folgt und sich die restlichen verkauften 270 Stück auf die beiden nächstbilligeren Artikel verteilen. Dann ergibt sich folgende Rechnung:

170 Stück Artikel 1	=	34 000,— DM Umsatz
100 Stück Artikel 4	=	19 000,— DM Umsatz
Gesamt	=	53 000,— DM Umsatz

statt bisher

mit Artikel 2	=	63 800,— DM Umsatz.

Bei dem Rückgang der Preise und der Stückzahl ist ein Umsatzrückgang um insgesamt 10 800,— DM nicht überraschend.
Dieses negative Bild ändert sich aber bei der Ermittlung der Deckungsbeiträge:

170 Stück Artikel 1	=	11 220,— DM Deckungsbeitrag
100 Stück Artikel 4	=	6 545,— DM Deckungsbeitrag
Gesamt	=	17 765,— DM Deckungsbeitrag

statt bisher

mit Artikel 2	=	16 849,— DM Deckungsbeitrag.

Es zeigt sich also trotz geringerer Stückzahl und geringerem Umsatz eine Steigerung des gesamten Deckungsbeitrags um 916 DM. Dieser zusätzliche Deckungsbeitrag kommt voll und ganz der Gewinnerhöhung zugute, da aus der Konzentration keine zusätzlichen Kosten entstehen. Es ist im Gegenteil mit einer Kostenreduzierung in der Produktion zu rechnen.

Mit diesen und ähnlichen Überlegungen bestimmen wir in der Programmplanung die Anzahl sowie die Arten und Charakteristika der einzelnen Artikel. Dies ist noch nicht identisch mit einer Modellbeschreibung. Es werden lediglich Richtlinien für die Modellentwicklung erarbeitet, in welchem Umfang sie für die einzelnen Artikelgruppen Einzelmodelle entwickeln muß.

3.3.8.1.3 Vertriebsplanung

Für die *Vertriebsplanung* gibt es viele neue Überlegungen. Zunächst werden bei den Routinemaßnahmen einige Änderungen vorgenommen, die sich auf die Auftragsabwicklung ab Lager beziehen. Diese wurden bereits als Beispiel bei der Maßnahmeplanung vorgestellt.

Die Planung der Sondermaßnahmen betrifft unter anderem die Neukonzeption des Außendienstes und die Einstellung eines Marketingmanagers, der sowohl im Absatzbereich wie auch in der Modellentwicklung tätig sein soll. Die Federführung dafür wird Herrn V übertragen. Dazu muß er eine Planung für die Vertragsänderung des Außendienstes sowie für die Einstellung und die daran anschließende Tätigkeit aufstellen.

Vorgang	*Neukonzeption Außendienst* verantwortliche Stellen/Personen	Termin
Einberufung einer Vertreter- besprechung	V	25.6.
Vorstellung des Konzepts mündl. Erläuterung	V/C	
Übergabe der schriftlichen Änderungsvereinbarung	V/C	
Schriftlicher Abschluß der neuen Verträge	C	15.7.
Vorbereitungsreise	V	20.7. – 15.8.
Urlaub Außendienst	V	15.8. – 15.9.
Vorlagen der Saison	V	15.9. – 30.11.

Für die Einstellung des Marketingmanagers ergibt sich dann folgende Planung:

Vorgang	verantwortliche Stellen/Personen	Termin
Beschluß	Geschäftsleitung	10.6.
Anzeigenveröffentlichung	L	15.6.
Bewerbungsschlußtermin		30.6.
Einstellungsgespräche abgeschlossen	V/C	31.7.
Vertragsabschluß	C	10.8.
Einstellung per		1.10.
Durchlauf durch die Abteilungen		
Materialwirtschaft	E/V	
Produktion	P/V	
Modellabteilung	M/V	31.10.
Reise mit Vertretern	V	1.11. – 30.11.

Einkauf Musterware	E/M	30.11.–31.
Einarbeitung Modellabteilung	M	ab 1.1.
Kalkulation	V/P/M	1.2.–14.2.
Kollektionsübergabe	V	15.2.
Informationskontrollreisen	V	ab 16.2.

3.3.8.1.4 Aktionsplanu⟨ng⟩

Neben diesen organisatorischen Maßnahmen werden auch b⟨e⟩sondere Verkaufsmaßnahmen geplant. Dazu gehört zum Be⟨i⟩spiel die folgende Sonderaktion für Freizeitbekleidung. Ziel i⟨st⟩ der Zusatzverkauf durch eine Sonderaktion Sommerfreizeitkle⟨i⟩dung. Angeboten werden sollen zwei Jackenmodelle und zw⟨ei⟩ Hosenmodelle mit einem Gesamtverkaufsziel von 1 000 Freizei⟨t⟩jacken und 1 200 Freizeithosen. Die Preisstellung soll so erfo⟨l⟩gen, daß die zusätzlichen Einzelkosten der Aktion gedeckt we⟨r⟩den. Als langfristiger Effekt wird eine nicht meßbare Werb⟨e⟩wirksamkeit erwartet.

Prämisse: Die Hauptkollektion wird im normalen Umfang ang⟨e⟩boten, der Verkauf der Hauptkollektion im Herbst des Folgeja⟨h⟩res darf nicht im voraus beeinträchtigt werden, die Sonderaktio⟨n⟩ muß neue Modelle enthalten, die die letzte Entwicklung berüc⟨k⟩sichtigen. Die äußeren Bedingungen in der Konjunktur und i⟨m⟩ Kaufverhalten der Kunden ändern sich nicht wesentlich. D⟨ie⟩ Produktion muß zusätzlich in der Zeit vom 10.4. bis 20.4. berei⟨t⟩gestellt werden können.

Problem: Die bisherige Entwicklung des Absatzes in Freizeitb⟨e⟩kleidung erfüllt nicht die Zielvorstellungen. Das Image des U⟨n⟩ternehmens auf dem Freizeitsektor ist nicht besonders gut un⟨d⟩ bedarf daher der Verbesserung.

Maßnahmen: Die geplanten Modelle werden während einer zusätzlichen Verkaufsreise angeboten und zum Saisonabschluß produziert und geliefert. Es werden spezielle Werbeträger für den Einzelhandel entwickelt und diesem teils gratis, teils mit Kostenbeteiligung angeboten. Daraus ergibt sich folgende Einzelplanung der Maßnahmen:

Vorgang	verantwortliche Stelle/Person	Termin
Vertrag Werbeagentur	V/WA	1.10.
Konzeptionsentwicklung	WA	10.11.
Entwicklung Spezialmodelle	V	15.11.
Fotos fertig	WA	30.11.
Fertigstellung Werbekonzeption	WA	15.12.
Erläuterung Außendienst	V	20.12.
Sonderreise Außendienst	V	2.1. – 15.2.
Angebot bei regulärer Reise	V	16.2. – 31.5.
Produktion	P	10.4. – 20.4.
Versand	V	15.4. – 30.4.
weiterer Versand	V	nach Auftragserteilung

Die Aktion Freizeitbekleidung setzt eine entsprechende werbemäßige Unterstützung voraus. Geplant sind 5 000 Werbeträger für die Kunden sowie 50 000 Prospekte für den Endverbraucher, darüber hinaus 100 Fotos für besondere Wünsche. Es wird den Vertretern ein Zuschlag für die Sonderreise zugesagt, da das Provisionsaufkommen die Reisekosten nicht annähernd deckt.

Ressourcen: Personelle und betriebliche Mittel sind vorhanden; die finanziellen Mittel müssen durch den Erlös gedeckt werden.

Mengen- und Wertermittlung der Maßnahmen:

Werbeträger nach Abzug der Kundenbeteiligung	30 000,— DM
Entwicklung Sondermodelle, zusätzliche Kosten	3 000,— DM
Zuschlag Sonderreise für Außendienst	6 000,— DM
Gesamt	39 000,— DM

	Ertragsplanung Freizeitjacken	Freizeithosen
Stück	1 000	1 200
Durchschnittspreis	100,— DM	58,— DM
Umsatz	100 000,— DM	70 000,— DM
Provision/Skonto	9 500,— DM	6 600,— DM
Materialeinsatz	39 500,— DM	24 400,— DM
Lohn	25 000,— DM	12 000,— DM
Deckungsbeitrag I	26 000,— DM	27 000,— DM

Gesamt	53 000,— DM
Sonderkosten	39 000,— DM
zusätzlicher Deckungsbeitrag II	14 000,— DM
sonstige zusätzliche Kosten (Überstundenzuschläge, Transport, und ähnliches)	13 500,— DM
endgültiger DB	500,— DM

Das Ziel, daß die Aktion kostendeckend abläuft, wird erreicht. Die Imageverbesserung aufgrund attraktiver Freizeitangebote ist nicht meßbar. Der Erfolg im regulären Absatz wird im nächsten Jahr erwartet.

3.3.8.1.5 Weitere Teilpläne

Es gibt eine Vielzahl weiterer möglicher Teilpläne. So gehört zur Absatzplanung auch die Werbeplanung. Zunächst müssen die bisherigen Werbemaßnahmen auf ihre Fortsetzung hin überprüft und gegebenenfalls umgestellt werden. Dann werden wir die einzelnen Werbeaktionen in seinem Maßnahmeplan mit Termin- und Aufgabenzuordnung planen, so wie wir es für die Sonderaktion Freizeitbekleidung getan haben. In ähnlicher Weise werden auch die übrigen Teilpläne erarbeitet. Dazu gehören gegebenenfalls die Lagerpläne, die insbesondere die jeweilige Zusammensetzung des Sofortlagers sowie die saisonale Lagerentwicklung berücksichtigen müssen.

3.3.8.1.6 Verkaufsplanung

Unter Beachtung aller Teilpläne wird die gesamte *Verkaufsplanung* vorgenommen. Da alle Sondermaßnahmen berücksichtigt sind, bleiben nun noch die unveränderten Routinemaßnahmen des Verkaufs. Diese müssen nicht gesondert ausgewiesen werden, da sie aus den Vorjahren bekannt sind. Darauf aufbauend werden dann die Verkaufszahlen ermittelt. Dabei stellt sich für unser Unternehmen die Frage, wie differenziert die Absatzmengenermittlung sein soll. Der Verkaufsleiter sieht sich außerstande, einzelne Artikel, die heute noch nicht einmal von der Modellabteilung vorgestellt worden sind, mengenmäßig einzuschätzen. Es werden daher in den bekannten fünf Produktgruppen Untergruppen gebildet, die dann mengenmäßig bestimmt werden. So ist es kein Problem, festzuhalten, daß es bei den Anzügen bestimmte Standardmodelle gibt, die über mehrere Saisons hinweg im Programm verbleiben. Zu diesen zählen zum Beispiel dunkelblaue und dunkelgraue Anzüge, Smokings und ähnliche Artikel.

Im Bereich der Sakkos wird der Clubjacke eine besondere Stellung zugeordnet sowie einigen anderen Modellen, deren Lebenskurve offensichtlich auch in den nächsten Saisons nicht in die unteren Bereiche absinken wird. Ähnlich verhält es sich mit dem Bereich der Hosen sowie im Bereich der Freizeitbekleidung.

Neben diesen Produkten gibt es aber auch andere, deren Lebenszyklus sehr kurz ist und die im voraus als einzelne Artikel schlecht einzuschätzen sind. Dennoch können auch sie unter bestimmten Gesichtspunkten zu kleinen Produktgruppen zusammengefaßt werden wie zum Beispiel modisch karierte Sakkos, modische uni Sakkos und ähnliches. Auf der Grundlage dieser Einteilungen werden dann die Mengen geschätzt.

Diese Schätzungen können auch von mehreren Beteiligten kommen. So ist es empfehlenswert, daß der Außendienst seine Erwartungen, ausgehend von den Kundenzahlen, ermittelt und so die Gesamtzahlen pro Artikelgruppe errechnet. Des weiteren können mathematische Trendberechnungen das Zahlenmaterial ergänzen. Der Verkaufsleiter wird aus der Kenntnis der zentralen Erwartungen und Sondermaßnahmen das Zahlenmaterial nach Artikelgruppen zusammenstellen und aus der Gesamtheit dieser drei Schätzungen die endgültigen Mengen festlegen. Für diese Artikelgruppen bestimmt Herr V dann die jeweiligen Preise, so daß er daraus die Umsätze errechnen kann. Zusammengefaßt zu den uns bekannten Produktgruppen ergeben sich folgende Zahlen:

Produktgruppe	Menge	Wert
Anzüge	25 600	8 240 000,— DM
Sakkos	18 400	4 100 000,— DM
Hosen	36 100	3 100 000,— DM
Freizeitjacken	30 200	3 300 000,— DM
Freizeithosen	33 900	2 200 000,— DM
Umsatz gesamt		20 940 000,— DM

Aus diesen Zahlen kann Herr V in Verbindung mit den darauf entfallenden Einzelkosten die Deckungsbeiträge für die Artikel und für die Produktgruppen berechnen.

Deckungsbeiträge I		
	Anzüge	2 870 000,— DM
	Sakkos	1 480 000,— DM
	Hosen	1 030 000,— DM
	Klassik gesamt	5 380 000,— DM
	Freizeitjacken	790 000,— DM
	Freizeithosen	736 000,— DM
	Freizeit gesamt	1 526 000,— DM

Wie wir sehen, ergeben sich leichte Abweichungen gegenüber den Zielvorstellungen, die aber akzeptiert werden.

3.3.8.1.7 Kostenplanung

Für die Bereichskosten bilden die Einsatzmengen die Grundlage.

Bei der Einsatzmengenplanung wird sowohl der Einsatz für die routinemäßige Abwicklung der Verkaufstätigkeit wie auch für die Sondermaßnahmen geplant. Die Routinemaßnahmen sind mit der bisherigen Personalbesetzung und Betriebsmittelausstattung abgedeckt. Die organisatorische Veränderung in der Auftragsabwicklung erfordert Investitionen im Bereich der EDV.

Tabelle 16: Kostenplanung (in TDM)

Verantwortungsbereich: ....

Jahr: ....

Kostenarten	Jahr	Jan	Feb	März	usw.
Arbeitskräfte					
Personalkosten	685	54	48	57	
Provision	1 256	100	100	100	
...		.	.	.	.
Betriebsmittel					
Abschreibungen	72	6	6	6	
Leasing	48	4	4	4	
geringwertige Wirtschaftsgüter	12	1	1	1	
kalkulatorische Zinsen	238	20	20	20	
...		.	.	.	.
Material					
Büromaterial	110	8	10	8	
Werbematerial	550	20	60	50	
Verpackung	380	10	20	40	
sonstiges	90	4	8	5	
...		.	.	.	.
Information					
Marktanalyse	80	0	35	5	
Zeitschriften	2	1	0	0	
...		.	.	.	.
Sonstiges					
Fracht	11	1	2	5	
Telefon	20	1	3	2	
...		.	.	.	.
Summe	3 554	230	317	303	

Die Maßnahme der Einstellung eines Marketingmanagers bringt neben der Bereitstellung eines Arbeitsplatzes und den daraus folgenden Raum- und Einrichtungsplanungen auch die Anschaffung eines PKWs mit sich. Die Neukonzeption des Außendienstes soll keine weiteren Kosten bewirken. Der Provisionssatz wird wie bisher mit sechs Prozent angesetzt. Auch die zunächst getrennt erfaßten Kosten der Sonderaktion in Höhe von 39 000,— DM werden in die Gesamtermittlung der Bereichskosten einbezogen. Nachdem alle Maßnahmen mengenmäßig erfaßt sind, kann die Werterfassung in einem Kostenbudget abgeschlossen werden. Dieses wird anschließend auf die einzelnen Monate aufgeteilt (Tabelle 16).

Der als Engpaßplan definierte Absatzplan ist nun Grundlage für die übrigen Bereichspläne. Diese werden in entsprechender Weise von den Bereichsleitern vorbereitet und dann gemeinsam verabschiedet.

3.3.8.2 Forschungs- und Entwicklungsplanung

Bei der Absatzplanung haben wir bereits zusammen mit der Entwicklungsabteilung (Modellabteilung) die Programmplanung erstellt. Letztere ist nun wiederum Grundlage für die *Entwicklungsplanung* der einzelnen Modelle. Der Leiter der Entwicklungsabteilung stellt zusammen, welche Entwicklungsarbeiten im einzelnen durchgeführt werden sollen und ordnet diese den verschiedenen Verantwortungsträgern zu. Die Entwicklungsarbeiten sind aufgrund der Gesamtkonzeption bereits mit bestimmten Auflagen versehen, die sich sowohl auf die Art der Nutzung wie auch auf die Kosten des Artikels und damit auf die spätere Preisgestaltung beziehen. In der Planung inbegriffen sind auch die Mustervorlagen der Vorlieferanten sowie der Besuch von

Fachmessen. Weitgehend liegen diese Termine und Abläufe schon als Routine fest und bedürfen nur einer Überprüfung. Die neue Schwerpunktsetzung wird allerdings auch neue Überlegungen in der Entwicklungsabteilung notwendig machen. In der Entwicklungsplanung muß entschieden werden, durch welche neuen Maßnahmen bezüglich der Modellgestaltung eine entsprechend starke Ausweitung des Freizeitbereichs und die vorgesehene Steigerung des klassischen Bereichs durchgesetzt werden können.

Auf der Basis dieser Maßnahmeplanung erfolgt die Mengenbedarfsplanung hinsichtlich des Personals und der Materialmengen. Bei der bislang besprochenen Konzeption ergibt sich im Personalbereich dadurch eine Änderung, daß der Marketingmanager im Entwicklungsbereich tätig wird und entsprechend eingebunden werden muß. Für die Materialbeschaffung wird die Programmplanung mit ihren Modellvorhaben eine Grundlage für den Mengenbedarf sein.

Daraus können wiederum die Werte und hier insbesondere das gesamte Kostenbudget der Modellentwicklungsabteilung errechnet werden.

3.3.8.3 Produktionsplanung

Bei der Diskussion der *Produktionsplanung* kann Herr P darauf verweisen, daß bei ihm schon bisher viel geplant wird. So gibt es für jedes einzelne Produkt detaillierte Ablaufpläne. Diese gehören zur Kategorie der Routinemaßnahmen. Allerdings sind auch diese Ablaufpläne kontinuierlich im Laufe des Jahres auf eine Verbesserungsmöglichkeit hin zu überprüfen, bevor der entsprechende Artikel in die Produktion geht. Des weiteren bestehen für die einzelnen Produkte Stücklisten oder detaillierte Verbrauchsvorgaben (in anderen Industriezweigen Rezepturen), ohne die weder eine planmäßige Produktion noch eine Vorkalkulation zur Preisgestaltung möglich ist. In diesen Stücklisten wird der gesamte Verbrauch der verschiedenen Materialien bis ins einzelne festgelegt. Sie sind in der Regel über viele Perioden gültig und werden nur bei Modellveränderungen entsprechend angepaßt.

Wichtig bei der Jahresplanung ist für Herrn P auch die Kapazitätsplanung. Die Produktionsziele hinsichtlich der Menge pro Artikel und Produktgruppe ergeben sich aus der Absatzplanung. Die Lohnzielvorgaben sind abzuleiten aus den Zielgrößen der Lohnstückkosten. Unter Berücksichtigung einer erwarteten Lohnerhöhung und der Potentiale aus der Erfahrungskurve werden ihm Rahmendaten gesetzt in Form von Durchschnittswerten. Danach darf von einer zu erwartenden Lohnerhöhung von 3,5 Prozent nur etwa 1 Prozent weitergegeben werden, die übrigen 2,5 Prozent Lohnerhöhung sind durch Produktivitätssteigerung auszugleichen. Aufgrund dieser Überlegungen errechnet Herr P die durchschnittlichen Lohnkosten für

Anzüge	60,60 DM
Sakkos	38,90 DM
Hosen	17,30 DM
Freizeitjacken	28,65 DM
Freizeithosen	12,95 DM.

Diese Werte sind für ihn Zielvorgaben, die er in Durchschnittsminuten pro Stück umrechnet, um daraus den Kapazitätsbedarf an Maschinen und Arbeitsminuten sowie die Lohnkosten zu ermitteln. Selbstverständlich darf die Minutenreduzierung nicht mit einer übermäßigen maschinellen Ausstattung erreicht werden, die insgesamt zu höheren Kosten führt. Mit Hilfe von Kostenvergleichen oder Investitionsrechnungen wird Herr P die günstigste

Verfahrensweise ermitteln. Dies sei an einem Beispiel deutlich gemacht.

Für eine Gruppe von drei Maschinen macht Herr P folgende Rechnung auf:

Lohnkosten bei Vollauslastung	130 000,— DM
Abschreibungen für die Maschinen	5 000,— DM
Zinsen für gebundenes Kapital	1 000,— DM
laufende Betriebskosten bei Vollauslastung	4 000,— DM
Gesamt	140 000,— DM

Bei Vollauslastung werden 200 000 Arbeitsgänge durchgeführt. Dem wird ein Angebot gegenübergestellt, die gesamte Gruppe durch einen Automaten zu ersetzen. Dabei ergeben sich folgende Kosten:

Lohnkosten	50 000,— DM
Abschreibungen	50 000,— DM
Zinsen	10 000,— DM
laufende Betriebskosten	6 000,— DM
Gesamt	116 000,— DM

Bei Vollauslastung sind 220 000 Arbeitsgänge möglich. Für Herrn P stellt sich nun die Frage, ob er von diesem Angebot Gebrauch machen soll. Er weiß, daß die Auslastung unterschiedlich sein kann. Er fragt sich, ab welcher Auslastung der Automat wirtschaftlicher ist. Dies errechnet er wie folgt:

Maschinengruppe:
fixe Kosten   6 000,— DM
variable Kosten gesamt   134 000,— DM
variable Kosten pro Arbeitsgang $\frac{134\,000}{200\,000}$ = 0,67 DM

Für den Automaten lauten die Werte:
fixe Kosten   60 000,— DM
variable Kosten gesamt   56 000,— DM
variable Kosten pro Arbeitsgang $\frac{56\,000}{220\,000}$ = 0,255 DM

Um die Schwelle zu errechnen, ab der der Automat günstiger arbeitet, legt er die Formel zugrunde:

Gesamtkosten = fixe Kosten + variable Kosten pro Stück · Menge
$$GK = K_f + k_v \cdot m$$

Die Schwelle des Übergangs zum Automaten ist bei der Menge erreicht, bei der beide Arbeitsverfahren gleich teuer sind. Somit müssen die Werte gleichgesetzt werden und es ergibt sich die Rechnung:

$6\,000 + 0{,}67 \cdot x = 60\,000 + 0{,}255 \cdot x$
$x = 130\,120$

Damit kommt der Produktionsleiter zu dem Ergebnis, daß bis zu einer Anzahl von 130 120 Arbeitsvorgängen die Maschinengruppe wirtschaftlicher arbeitet, daß darüber hinaus aber der Automat günstiger ist.

Da er aufgrund der Zielvorgaben der Produktionsmengen ermitteln kann, wie häufig voraussichtlich der Arbeitsgang im Laufe eines Jahres vorkommt, fällt ihm nun die Entscheidung leichter.

Auf diese Art und Weise überlegt er verschiedene Maßnahmen, um zu einer neuen Ablaufgestaltung in einzelnen Teilbereichen der Produktion zu kommen.

Er ermittelt die Anzahl der notwendigen Maschinen und Automaten und stellt diesem Bedarf die vorhandene Menge gegenüber. Daraus ergibt sich seine Investitionsanforderung.

Auf derselben Grundlage nimmt Herr P auch die Arbeitskräfteplanung vor. Seine Ablauforganisationsplanung und seine Maschinenplanung erfordern ein bestimmtes Personal zur Realisierung. Da er nicht immer mit einer hundertprozentigen Anwesenheit rechnen kann, plant er Zusatzpersonal mit der entsprechenden Qualifikation ein. Auch in diesem Fall berücksichtigt er nur die Veränderungen und kann dann Einstellungen oder Entlassungen fordern.

Für die Beschaffung zusätzlicher Maschinen wie auch für die Einstellungen oder Entlassungen stellt Herr P Maßnahmepläne auf, um die Termine zu wahren und die Tätigkeiten entsprechend zuordnen zu können. Andernfalls hätte er immer wieder mit Verzögerungen, Störungen oder übereilten Anforderungen zu kämpfen. Die Absatzmengenplanung kann natürlich auch zu unterschiedlichen Auslastungen in einzelnen Bereichen führen. Herr P stellt daher Auslastungspläne für die einzelnen Bereiche auf und sorgt für einen innerbetrieblichen Kapazitätsausgleich.

Herr P ergänzt die allgemeine Kapazitätsplanung durch einen Maschinenbelegungsplan und Personaleinsatzplan. Diese kurzfristigeren Pläne sind aufgeschlüsselt entsprechend der Reihenfolge der zu produzierenden Artikel unter Beachtung der gesetzten Termine. Gleichzeitig berücksichtigt er auch die Höhe der Produktionsaufträge pro Artikel und die damit verbundenen

Umrüstzeiten in seiner Planung. Er ermittelt optimale Fertigungslosgrößen und darf bei unterschiedlichen Reihenfolgen von verschiedenen Artikeln die Umrüstzeiten nicht außer acht lassen. Des weiteren muß er eine hohe Auslastung der Maschinen durch entsprechende Belegung erreichen. Herr P muß somit viele Gesichtspunkte berücksichtigen, die sich alle auf seine Kosten auswirken. Selbstverständlich müssen auch Terminzwänge und Lieferzeiten beachtet werden.

In Unternehmen mit sehr komplizierten Arbeitsvorgängen ist die Netzplantechnik eine wertvolle Hilfe. Mit ihr können nicht nur die Termine optimal ermittelt, sondern auch die Durchlaufzeiten optimiert und damit die Kapitalbindung erheblich reduziert werden. Auch lassen sich die einzelnen Arbeitsgänge hinsichtlich ihrer Kostenwirksamkeit überprüfen. Auf der Grundlage all dieser Pläne ist auch der Produktionsleiter in der Lage, zunächst die Leistungsplanung entsprechend den Mengenanforderungen und anschließend die Einsatzplanung hinsichtlich der Maschinen, des Personals und sonstiger Einsatzgrößen zu bestimmen. Das wiederum ist die Grundlage der Wertplanung. Die Leistungsplanung kann mit innerbetrieblichen Verrechnungspreisen zu einer Wertplanung umgestaltet werden, doch ist dies nicht in allen Betrieben üblich. Die Erfolgsbeitragsrechnung bietet weitere Möglichkeiten, die Planung leistungsgerecht durchzuführen.

In jedem Fall muß die Einsatzmengenplanung zu einem Kostenplan für den Bereich Produktion weiterentwickelt werden. Dieser Kostenplan ist wie der Kostenplan der Absatzabteilung und aller anderen Bereiche aufgebaut. Selbstverständlich entfallen bei einer solchen Kostenplanung die Positionen, die es im Produktionsbereich nicht gibt, wie zum Beispiel Provisionen.

3.3.8.4 Materialwirtschaftsplanung

Herr E als Verantwortlicher für die Materialwirtschaft hat nun bereits eine Grundlage und kann seine Planung entwickeln. Die Produktionsmengenplanung verbunden mit den entsprechenden Terminen gibt ihm einen Anhalt, welche Materialmengen zu welcher Zeit im Haus sein müssen. Gleichzeitig bezieht er in seine Überlegungen mögliche Lieferverzögerungen ein. Da sich keine gravierenden Änderungen gegenüber den Vorjahren in seinem Bereich ergeben, hält er Sondermaßnahmen zur Festlegung anderer Abläufe nicht für erforderlich. Er greift auf seine normalen Routinepläne zurück, in denen der Ablauf von der Disposition bis zum Wareneingang festgelegt ist. Er wird allerdings prüfen, ob er alle bisherigen Materialien in der gleichen Form behandelt und ob einige Materialien durch andere ersetzt werden können. Dies bezieht sich sowohl auf die Art des Materials als auch auf den Lieferanten. Bei Qualitätsänderungen muß er sich selbstverständlich mit der Entwicklungsabteilung und der Produktion in Verbindung setzen. So kann er eine Bedarfsplanung hinsichtlich der Standardware im voraus aufstellen, die er mit den entsprechenden Terminen und Mengen ergänzt.

Unabhängig davon wird er eine Materialbeschaffungsplanung für die modischen Qualitäten in Abhängigkeit vom Auftragseingang festlegen.

Ausgehend von den Mengen und den Terminen der Beschaffung führt Herr E die Lagerplanung durch. Dabei wird sich herausstellen, ob Änderungen im Lager vorzunehmen sind. Unabhängig von den Vorgaben der Zielsetzung informiert sich Herr E, ob es neue Lagersysteme gibt, die ihm eine wirtschaftlichere Lagergestaltung gestatten. So haben Großunternehmen anderer Branchen zum Beispiel einen Teil ihrer Zulieferanten zu einer

Just-in-Time-Lieferung verpflichtet, das heißt, die Lieferanten müssen das notwendige Material genau zu dem Zeitpunkt liefern, an dem es in der Produktion benötigt wird. Das setzt die Lagerhaltung für diese Artikel auf Null, beinhaltet aber das Risiko einer Anlieferungsstörung.

Bei der Beschaffungsplanung wird Herr E auch eine Überprüfung der Lieferanten vornehmen. Diese könnte zu dem Ergebnis führen, daß neue Maßnahmen hinsichtlich der Lieferantenauswahl geplant werden müssen.

Die aus diesen Planungen hervorgehenden Mengen werden sowohl in eine Lagerplanung als auch in eine Beschaffungsplanung einfließen. Daraus resultieren wiederum die Werte. Im Gegensatz zu den anderen Bereichen handelt es sich bei der Materialeinsatzplanung um mengenabhängige Werte, die in einem engen Zusammenhang mit der Produktionsmenge stehen. Da zum Zeitpunkt der Jahresplanung aber noch nicht feststeht, wie hoch für die einzelnen Artikel die Absatzmenge ist, steht auch noch nicht fest, welche Materialien im einzelnen zu welchem Preis in welchen Mengen benötigt werden. Die Jahresplanung kann sich daher bei der Materialmengenbestimmung nur auf Durchschnittswerte stützen. Sie ist noch keine Grundlage für den eigentlichen Beschaffungsvorgang, ist aber unbedingt erforderlich, um den Finanzbedarf für die einzelnen Zeitpunkte zu ermitteln, damit die Finanzplanung die entsprechenden Zahlungstermine berücksichtigen kann. Es handelt sich also bei der Materialbeschaffungsplanung zunächst um einen Grobplan, der während des Jahres durch einen Feinplan ergänzt wird. Dieser legt dann die nötigen Mengen in den einzelnen Qualitäten und Farben zu den verschiedenen Terminen fest. Die gegenüber der Grobplanung eingetretenen Finanzierungsunterschiede sind in der Regel nicht so gravierend, daß sie die Finanzplanung in Frage stellen.

Die Gesamtmengen der Grobplanung dienen auch als Grundlage zur Planung der Lagerkapazität, bei der es freilich nicht auf die Mengen der einzelnen Qualitäten, sondern auf das Gesamtvolumen ankommt.

Bei der Wertplanung unterscheiden wir zwischen dem Einkaufswert (Einkaufsbudget) und dem Kostenplan (Kostenbudget). Das Kostenbudget ergibt sich, wie alle anderen Kostenplanungen auch, aus den anfallenden Tätigkeiten und den dafür erforderlichen Hilfsmitteln. Das Einkaufsbudget wird bestimmt durch die zu beschaffende Menge und dem entsprechenden Preis.

3.3.8.5 Sonstige Planungen

Herr B erläutert nun, daß in den durchgeführten Planungen die Hauptbereiche angesprochen worden sind. Diese Bereichsplanungen können selbstverständlich noch weiter in Abteilungsplanungen bis hin zu Kostenstellenplanungen differenziert werden. Dazu bietet der Betriebsabrechnungsbogen mit seiner Kostenstellenübersicht eine Grundlage. Aber auch der Organisationsplan weist Verantwortungsbereiche aus, die als Planungsbereiche abgegrenzt werden können.

Bei der Festlegung der einzelnen Planungsbereiche muß allerdings folgender Grundsatz der Kostenstellenbildung beachtet werden:

Jede Kostenstelle muß ein selbständiger Verantwortungsbereich sein, um wirksame Kostenkontrolle und eine wirksame Steuerung zu gewährleisten. Dabei soll sie möglichst auch eine räumliche Einheit sein, um Kompetenzüberschreitungen zu vermeiden.

Des weiteren spielt bei der Kostenstellenabgrenzung die Verursachung und die Zuordnung einzelner Größen eine Rolle. Herr B weist aber darauf hin, daß es bei der Planung und der Planungskontrolle nicht darauf ankommt, den Verursacher zu identifizieren, um ihn zur Rechenschaft zu ziehen, sondern darauf, ein Steuerungsinstrument zu besitzen, um gegebenenfalls gegensteuern zu können. Wenn ein Flugzeugpilot aufgrund äußerer Einwirkungen von seinem Kurs abkommt und das dadurch feststellt, daß er seinen Flugplan mit seinen Instrumenten vergleicht, so wird er auch nicht nach dem Bösewicht suchen, der diese Abweichung verursacht hat, sondern wird gegensteuern, damit die Abweichung korrigiert wird. Insofern ist der weitere Grundsatz zur Kostenstellenbildung, daß den Kostenstellen bei einer Kostenkontrolle nur die verursachungsgerechten Kosten zugerechnet werden sollen, bei der Planung zweitrangig. Bei der Planung sollen sämtliche in einem Planungsbereich anfallenden Kosten erfaßt werden, unabhängig davon, ob sie der Bereichsleiter verantworten und beeinflussen kann oder nicht. Unter diesem Gesichtspunkt lassen sich also noch eine ganze Reihe untergeordneter Pläne entwickeln, die jeweils nach dem gleichen Prinzip aufgestellt werden.

Aus den übergeordneten Plänen ergibt sich eine bestimmte Zielsetzung, die bis in die untersten Planungseinheiten aufgegliedert wird. Diese veranlaßten die jeweiligen Abteilungs- oder Kostenstellenleiter zur Planung von Maßnahmen, die wiederum Leistungs- und Einsatzmengen zur Folge haben. Daraus werden dann die entsprechenden Werte abgeleitet, die in die Gesamtplanung einfließen und stellenübergreifend als Summen erfaßt werden.

3.3.9 Die bereichsübergreifende Planung

Die funktionsorientierten Pläne müssen wegen der Interdependenz aller Pläne in bereichsübergreifenden Plänen aufeinander abgestimmt werden. Letztere fassen die Ergebnisse der einzelnen Bereiche — häufig nach Objekten gegliedert — in einer Gesamtplanung zusammen.

3.3.9.1 Personalplanung

Unter *Personalplanung* wird insbesondere die Personalbedarfs- sowie die Personalentwicklungsplanung verstanden. In der Bedarfsplanung erfaßt man sämtliche Personalveränderungen — Einstellungen und Entlassungen — in den einzelnen Bereichen. Schwerpunkt der Einstellungsplanung sind die eingeleiteten Aktivitäten bis hin zum Termin der Einstellung. Die Einarbeitungsphase wird von dem jeweiligen Bereich geplant. Es gibt allerdings auch Betriebe, die die Einstellungsplanung in den einzelnen Abteilungen durchführen, sofern es keine zentrale Stelle für das Personalwesen gibt.

In gleicher Weise wird auch bei Entlassungen die Vorgehensweise festgelegt. Dabei spielt der finanzielle Aspekt (Sozialpläne) eine wesentliche Rolle.

Eine besondere Bedeutung kommt der Personalentwicklungsplanung zu. Unter Personalentwicklung versteht man die Gesamtheit aller Maßnahmen zur anforderungsgerechten Qualifizierung der Mitarbeiter. Die Personalentwicklungsplanung beginnt mit dem Ausbildungsplan, in dem die Anzahl der Auszubildenden, die Zuordnung zu den einzelnen Bereichen und die innerbetriebliche Unterstützung bei der Vermittlung des theoretischen Wissens geplant wird. Des weiteren zählt dazu die Weiterbildung. Eine sporadische, von der Initiative Einzelner abhängige Weiterbildung, führt zu keinem nennenswerten Ergebnis für das Unternehmen. Es ist deshalb sowohl langfristig wie auch auf das Jahr bezogen eine konsequente Planung erforderlich, in die alle Bereiche des Unternehmens einbezogen werden. In Abstimmung mit den Bereichsleitern müssen Art, Teilnehmer und Termine der Weiterbildungsmaßnahmen festgelegt werden.

Für all diese Planungen sind neben den Maßnahmen, der Anzahl, den Terminen und sonstigen Einzelheiten selbstverständlich auch die anfallenden Kosten zu erfassen, die zentral in die Kostenplanung eingehen.

Weitere mögliche Pläne im Rahmen der Personalentwicklung sind Umschulungspläne, die Verwendungsplanung bei Arbeitsplatzwechseln und die Aufstiegsplanung für Führungskräfte. Auch Beurteilungen und anschließende Gespräche mit dem Beurteilten müssen in einem regelmäßigen Rhythmus stattfinden und sollten entsprechend vorbereitet sein.

Ein weiterer Gegenstand der Planung im Personalwesen ist die Gestaltung des Gehalts- und Lohnsystems. Neben den tariflichen Vereinbarungen hat ein Unternehmen eine Reihe von Möglichkeiten, das Gehalts- und Lohnsystem weiter zu entwickeln. Hierzu zählen neben den bekannten Entlohnungsarten des Leistungslohns vor allem Beteiligungssysteme verschiedener Art, die selbstverständlich geplant sein müssen. Begleitet werden muß die Planung von einer laufenden Information aller Betroffenen.

Das Personalwesen beinhaltet demnach eine Reihe von Aufgaben, die nicht zufällig oder zusammenhanglos durchgeführt werden dürfen, sondern einer genauen Planung und gegenseitiger Abstimmung bedürfen. Hierzu ist es erforderlich, alle Bereiche in diese Überlegungen einzubeziehen, damit die Maßnahmen von allen Führungskräften mitgetragen werden.

3.3.9.2 Investitionsplanung

Nach dem Faktor Arbeit kommt Herr B nun auf den Faktor Betriebsmittel zu sprechen.

Ein besonderes Problem stellt die *Investitionsplanung* dar. Sämtliche Bereiche haben im Rahmen ihrer Bereichsplanung Ausgaben für solche Güter und Leistungen geplant, die dem Unternehmen langfristig zur Verfügung stehen sollen. Diese Umwandlung von Geld in Vermögenswerte wird in der Betriebswirtschaftslehre als *Investition* bezeichnet. Dabei wird in der Betriebswirtschaftslehre der Begriff unterschiedlich weit ausgelegt. Im weitesten Sinne fallen darunter auch Beschaffungsvorgänge von Gütern und Leistungen, die sich schnell umschlagen und in kurzer Zeit wieder zu Geld werden. Zu diesen Gütern zählen zum Beispiel Handelswaren und Rohstoffe.

Auch findet man häufig die Formulierung, daß ein Unternehmen in die Personalentwicklung investiert. Genauso werden die Ausgaben für die Entwicklungsabteilung und für Werbung insgesamt oft als Zukunftsinvestitionen bezeichnet.

All diese Formulierungen haben ihren Sinn. Wenn wir jetzt von Investitionsplanung sprechen, so beziehen wir das jedoch nur auf objektbezogene Investitionen mit einer langen Umschlagdauer.

Diese können wir unterteilen in Sachinvestitionen, das sind Ausgaben für Güter des Anlagevermögens, und Finanzinvestitionen wie den Erwerb von Beteiligungsrechten (Aktien, Geschäftsanteile) oder Forderungsrechten (Obligationen und anderes).

Auch immaterielle Investitionen sind möglich. In unserer Definition verstehen wir darunter Ausgaben für den Erwerb von Patenten, Lizenzen und ähnliches.

Wenn wir die Investitionen behandeln, müssen wir auch die Begriffe Bruttoinvestitionen sowie die beiden Teilbegriffe Nettoinvestitionen und Reininvestitionen kennen.

Während Bruttoinvestitionen die Gesamtheit aller Investitionen darstellen, verstehen wir unter Nettoinvestitionen nur die Ausgaben für die erstmalige Anschaffung der Investitionsobjekte. Sie fallen also bei der Gründung des Unternehmens als Gründungsinvestitionen oder in einem bereits bestehenden Unternehmen als Erweiterungsinvestitionen an.

Reininvestitionen sind Ausgaben für Objekte, die bereits vorhanden sind und in irgeneiner Form ersetzt werden sollen. Dies kann ein Ersatz im engeren Sinne sein, das heißt, daß das gleiche Objekt wieder angeschafft wird; es kann aber auch sein, daß als Ersatz für einen vorhandenen Vermögenswert andere Güter angeschafft werden.

So sind Rationalisierungsinvestitionen Reininvestitionen, die zur besseren wirtschaftlichen Gestaltung der Arbeitsabläufe vorgenommen werden.

Umstellungsinvestitionen sind Reininvestitionen, bei denen absatzbedingte Umstellungen des Programms Änderungen der

Ausstattung in den übrigen Bereichen des Unternehmens erfordern. Diversifizierungsinvestitionen sind Reininvestitionen, bei denen freiwerdende Mittel in gänzlich neue Produkte oder Absatzmärkte investiert werden.

Häufig ist eine echte Trennung zwischen Nettoinvestition und Reininvestition nicht möglich, da die Neuanschaffung eines Investitionsgutes einerseits einen Ersatz für ein altes Gut darstellen kann, andererseits aber auch eine Erweiterung der Kapazität bedeutet.

Die ersten Überlegungen für eine Investition werden immer in den einzelnen Bereichen stattfinden. Nur dort ist zunächst zu beurteilen, welche Investitionen erforderlich sind. So wird unser Herr P zunächst im Rahmen der Produktionsplanung erkennen, welche neuen Maschinen er anschaffen muß. Genauso kann Herr L im Rahmen seiner Planung feststellen, ob zur Umorganisation neue Investitionen in entsprechende Betriebsmittel (EDV, Schreibmaschinen, Geschäftseinrichtung) getätigt werden müssen. Keiner der beteiligten Führungskräfte kann aber von sich aus beurteilen, ob die zur Verfügung stehenden Mittel des Unternehmens ausreichen, alle Investitionen zu bezahlen. Neben der finanziellen Abstimmung muß eine technische Abstimmung dergestalt erfolgen, daß Bereiche, die ähnliche Investitionen tätigen, diese so durchführen, daß die Verbindung oder der Austausch der einzelnen Betriebsmittel möglich ist. Diese allgemeine Abstimmung bezieht sich nicht nur auf übergreifende EDV-Anlagen, sondern ebenfalls auf Betriebsmittel, die vielfach einsetzbar sind und gegebenenfalls in verschiedenen Bereichen genutzt werden können (zum Beispiel Schreibmaschinen, Produktionsmittel für Produktions- und Entwicklungsabteilungen).

Die Investitionsplanung beginnt mit den ersten Planungsarbeiten in den Bereichen. Dort wird zunächst die Notwendigkeit einer

Neuanschaffung festgestellt. Sodann wird innerhalb des Bereiches eine grobe Vorauswahl hinsichtlich der Art des Investitionsguts erfolgen.

Herr P plant die Anschaffung einiger neuer Maschinen. Dabei hat er sich über die Voraussetzungen, die diese Maschinen technisch erfüllen müssen, Gedanken gemacht und entsprechende Angebote eingeholt. Letztere hat er auch dahingehend geprüft, ob alle gesetzlichen Vorschriften erfüllt werden. Es gibt durchaus Angebote aus dem Ausland, die nicht alle deutschen Auflagen erfüllen. Häufig müssen solche Maschinen nachgerüstet werden und werden dann im Nachhinein teurer. Nachdem Herr P sich über diese Grundvoraussetzungen informiert hat, führt er mit Hilfe von Investitionsrechnungen Wirtschaftlichkeitsprüfungen durch. Hierbei bedient er sich auch der betriebswirtschaftlichen Abteilung, die ihm mit entsprechenden Berechnungsverfahren behilflich ist. Nach diesen Vorprüfungen stellt Herr P die Liste seiner Anforderungen auf und fügt entsprechende Begründungen, eventuell mit den Ergebnissen der Wirtschaftlichkeitsberechnungen bei. Alle anderen Bereichsleiter verfahren in ähnlicher Weise (Abbildung 41).

Nachdem sämtliche Investitionsanforderungen vorliegen, wägt man sie gegeneinander ab und erstellt eine Prioritätenliste.

Anhand dieser Liste werden die finanziellen Mittel bereitgestellt. Hierbei wird zunächst die Zielgröße Orientierungshilfe leisten. In der entsprechenden Zielsetzung wurde bereits beschlossen, daß für das kommende Jahr Investitionen für maschinelle Anlagen in Höhe von 500 000,— DM und Investitionen für sonstige Anlagen in Höhe von 240 000,— DM getätigt werden sollen. Der Vergleich mit den Abschreibungen zeigt, daß bei den maschinellen Anlagen der Investition von 500 000,— DM Abschreibungen in Höhe von

340000,— DM gegenüberstehen. Somit werden Nettoinvestitionen in Höhe von 160000,— DM bei den Maschinen vorgesehen. Bei den sonstigen Anlagen betragen die Nettoinvestitionen 40000,— DM. Dadurch addieren sich die Nettoinvestitionen auf 200000,— DM. Die Summe der Reininvestitionen beträgt 540000,— DM.

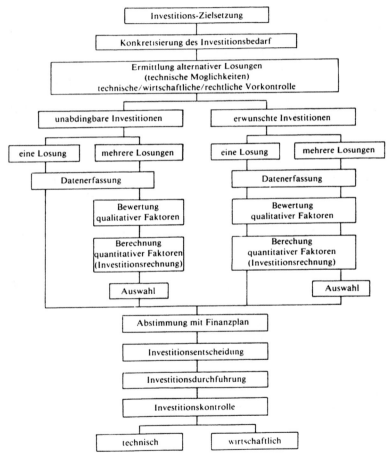

Abbildung 41: Investitionsentscheidung

Anhand der vorliegenden Investitionsanforderungen ergeben sich beispielsweise folgende Zahlen in der Prioritätenliste:

	Maschinen	
Produktion:	Investitionsobjekt I	76 200,— DM
	Investitionsobjekt II	43 000,— DM
	.	.
	.	.
	.	.
	Investitionsobjekt n	12 000,— DM
Modellentwicklungsabteilung:		
	Investitionsobjekt I	8 000,— DM
	Investitionsobjekt II	14 000,— DM
Investitionen gesamt		512 000,— DM

Bei den vorbereiteten Planungen in den Bereichen wird die Maßnahmeplanung für die Beschaffung der Investitionsobjekte vorgenommen. Dabei werden sowohl die einzelnen Aktivitäten und die dafür Verantwortlichen als auch die entsprechenden Termine festgelegt.

Die Termine der Maßnahmenplanung werden in die vorliegende Investitionsplanung übernommen und durch den Zahlungstermin aufgrund der Zahlungskonditionen ergänzt. Diese Termine sind notwendig für die spätere Finanzplanung.

Für die übrigen Anlagen werden derartige Pläne in gleicher Weise, wie oben für die Maschinen dargestellt, durchgeführt. Somit ist die Übersicht über sämtliche geplanten Investitionen vollständig. In unserem Unternehmen ergeben sich für die sonstigen Investitionen 228 000,— DM. Alle weiteren Investitionswünsche werden zurückgestellt auf die folgenden Jahre.

Es versteht sich von selbst, daß eine solche Investitionsplanung in Abstimmung mit sämtlichen Führungskräften erfolgt und daß dies nicht immer zur Zufriedenheit aller verläuft. Heiße Diskussionen entfachen sich auch in unserem Unternehmen, doch strebt Herr B an, daß letztendlich nicht die Autorität des Chefs, sondern Überzeugung die allgemeine Übereinstimmung herbeiführt. Nur so können die Führungskräfte zur Einhaltung der Planung motiviert werden.

3.3.9.3 Finanzplanung

Mit gemischten Gefühlen nimmt nun Herr L als Verantwortlicher für das Finanzwesen des Unternehmens die Gesamtheit der Pläne zur Kenntnis. Aus diesen Plänen ersieht er, welche ausgabewirksamen Kosten und damit welche finanziellen Belastungen in den einzelnen Bereichen entstehen. Aus dem Investitionsplan und dem Personalplan entnimmt er die zusätzlichen finanziellen Belastungen. Andererseits kann er aus den Planungen auch die zu erwartenden Einnahmen ableiten. Damit hat er eine solide Grundlage für die *Finanzplanung,* die eine Gegenüberstellung der geplanten Einzahlungen und Auszahlungen darstellt. Zwar begrüßt er einerseits eine solche solide Grundlage der Finanzplanung, andererseits nimmt er zur Kenntnis, daß die Zahlen Liquiditätsprobleme aufwerfen, die er zu lösen hat. Um diese Aufgabe erfüllen zu können, stellt er sämtliche Einzahlungen und Auszahlungen gegenüber. Herr B weist ihn darauf hin, daß er bewußt die Worte Einzahlungen und Auszahlungen und nicht Einnahmen und Ausgaben oder Erträge und Aufwendungen gebraucht hat. Beim Finanzplan kommt es auf den definitiven Termin des Zahlungsflusses an. Ein Ertrag ist bereits entstanden, wenn ein Gut gefertigt ist. Eine Einnahme wird bereits erfaßt, wenn die Forderung besteht. Eine Einzahlung ist aber erst dann erfolgt, wenn das

Geld eingegangen ist. In entsprechender Weise wird auch zwischen Aufwand, Ausgaben und Auszahlungen unterschieden. Wenn Material eingekauft wird, so erfolgt die Ausgabe bei Entstehen der Verbindlichkeit, die Auszahlung bei Bezahlung der Rechnung, wohingegen der Aufwand erst dann entsteht, wenn das Material verbraucht wird. Die unterschiedliche Begriffsbezeichnung definiert also unterschiedliche Termine, die für die Abrechnungssysteme des Unternehmens wichtig sind.

Unter diesem Gesichtspunkt überlegt Herr L zunächst, wie er die Einzahlungen terminieren kann. Er geht dabei von dem Forderungsbestand aus, den er noch aus dem ablaufenden Jahr in das neue Jahr übernehmen wird. Aus Erfahrung weiß er, mit welchen Zahlungseingängen er aus den bestehenden Forderungen rechnen kann.

Die Umsatzerlöse wird er nicht zum Rechnungsdatum in die Finanzplanung übernehmen, sondern zum erwarteten Zahlungseingang. Bei den Auszahlungen wird er sich ebenfalls an der Fälligkeit der entsprechenden Zahlungen orientieren. Auch wird er die Lieferantenverbindlichkeiten aus dem Vorjahr berücksichtigen müssen. Die laufenden Auszahlungen für Löhne und allgemeine Kosten werden relativ gleichmäßig im Laufe des Jahres anfallen. Die Zahlungen für das Material werden unterschiedlich sein, Steuern und Versicherungen unterliegen bestimmten Zahlungsfristen, und die Investitionen müssen zu den vorgesehenen Anschaffungsterminen bezahlt werden. Somit stellt Herr L sehr unterschiedliche Belastungen in den einzelnen Monaten fest, die es auszugleichen gilt.

In unserem Unternehmen ergeben sich für Herrn L folgende Zahlen:

Forderungen aus Jahr A	2 400 000,— DM
erwarteter Zahlungseingang daraus:	Januar 40 %
	Februar 30 %
	März 20 %
	April 10 %
Lieferantenverbindlichkeiten aus A	1 000 000,— DM
geplante Zahlung:	Januar 50 %
	Februar 30 %
	März 20 %

Die Umsatzsteuer können wir bei den laufenden Zahlungen unberücksichtigt lassen, da sie ein durchlaufender Posten ist. Bei genauer Abstimmung empfiehlt es sich aber, diese Einzahlungen und Auszahlungen ebenfalls zu erfassen.

Wir erwarten nach Abzug der Skontobeträge und der für das nächste Jahr verbleibenden Forderungen Einzahlungen

in Höhe von 17 907 000,— DM

bei folgendem erwartetem Rhythmus der Zahlungseingänge in Prozent

Jan.	Febr.	März	April	Mai	Juni	Juli	Aug.	Sept.	Okt.	Nov.	Dez.
—	5	10	15	15	5	—	5	10	15	10	10

Auszahlungen für Wareneinkäufe ohne Mehrwertsteuer und verbleibenden Verbindlichkeiten ergeben sich

in Höhe von 7 770 000,— DM

verteilt auf die Monate in Prozent

Jan.	Febr.	März	April	Mai	Juni	Juli	Aug.	Sept.	Okt.	Nov.	Dez.
10	15	10	5	5	5	10	15	10	5	5	5

Sonstige Zahlungen in TDM verteilen sich wie folgt:

Jan.	Febr.	März	April	Mai	Juni	Juli	Aug.	Sept.	Okt.	Nov.	Dez.
180	200	220	240	200	170	150	150	280	250	150	120

Steuern und Gebühren von insgesamt 140 TDM fallen zu festen Terminen an.

Die Personalauszahlungen von 6 760 TDM sind entsprechend den vertraglichen Vereinbarungen zu verteilen.

Zinszahlungen erfolgen entsprechend den Konditionen im Juni und Dezember.

Für Provisionen wird ein monatlicher Abschlag gezahlt, die Abrechnungen sollen jeweils im Juni und Dezember erfolgen.

Die Investitionen werden entsprechend den erwarteten Zahlungsterminen der Rechnungen berücksichtigt, und zwar in TDM für

Jan.	Febr.	März	April	Mai	Juni	Juli	Aug.	Sept.	Okt.	Nov.	Dez.
220	10	20	70	20	30	250	50	30	10	10	20

Aus diesem Zahlenmaterial entwickelt Herr L nun für jeden Monat einen Einnahme-/Ausgabeplan in folgender Weise (Tabelle 17).

Aus dem so aufgestellten Finanzplan kann Herr L nun die Einnahmenüberschüsse/-unterdeckung erkennen. Unter Berücksichtigung des Bankguthabens am Anfang des Jahres ergibt sich dann der zusätzliche Kapitalbedarf in den einzelnen Monaten des Jahres.

Tabelle 17: Finanzplanung (in TDM)

Position	Jan	Feb	Marz	April	Mai	Juni	Juli	Aug	Sept	Okt	Nov	Dez
liquide Mittel Bank/Kasse Anfangsbestand	30	180	0	25	515	1 975	990	0	0	0	0	345
Einnahmen aus:												
Forderungen	960	720	480	240								
Umsätze (netto)	0	900	1 800	2 700	2700	700	150	900	1 800	2 700	1 800	1 757
liquide Mittel gesamt	990	1 800	2 280	2 965	3 215	2 675	1 140	900	1 800	2 700	1 800	2 102
Ausgaben für:												
Lieferantenverbindlichkeiten	500	300	200									
Materialeinkauf	780	1 170	780	390	390	390	780	1 170	780	390	390	360
Personalkosten	520	520	520	520	520	520	520	520	520	520	520	1 040
Provision	100	100	100	100	100	125	100	100	100	100	100	131
Zinsen						210						271
Steuern/Gebuhren	10	10	15	10	10	15	10	10	15	10	10	15
sonstige Kosten	180	200	220	240	200	170	150	150	280	250	150	120
Über-/Unterdeckung	−1 100	−500	+445	+1 705	+1 995	+1 245	−420	−1 050	+105	+1 430	+630	+165
Ausgaben für:												
Investitionen	220	10	20	70	20	30	250	50	30	10	10	20
Tilgung Darlehen						225						225
Steuern vom Gewinn												225
Ausschuttung												125
Über-/Unterdeckung	−1 320	−510	+425	+1 635	+1 975	+990	−670	−1 100	+75	+1 420	+620	−430
Aufnahme Darlehen	+1 500											
Veränderungen Kontokorrent	0			0	0							
Erhöhung		+510				+670	+1 100					+510
Abbau			−400	−1 120				−75	−1 420	−275		
liquide Mittel Bank/Kasse Endbestand	180	0	25	515	1 975	990	0	0	0	0	345	80
Kontokorrent-Endbestand	1 010	1 520	1 120	0	0	0	670	1 770	1 695	275	0	510

Wie zu ersehen ist, schwankt dieser sehr. In Übereinstimmung mit dem mittelfristigen Kreditplan wird ein Teil des Bedarfs durch ein zusätzliches mittelfristiges Darlehen in Höhe von 1 500 000,— DM gedeckt. Die nun verbleibenden Spitzen will Herr L mit einem Kontokorrentkredit abdecken. Obwohl der Kontokorrentkredit nur zu einem höheren Zinssatz zu bekommen ist, erweist er sich als billiger, als wenn er in Höhe des Spitzenbedarfs ein Darlehen aufnehmen würde, das man nicht während des ganzen Jahres benötigt. Beim Kontokorrentkredit muß er nur für den wirklich in Anspruch genommenen Kredit Zinsen bezahlen, beim Darlehen muß er den gesamten Darlehensbetrag verzinsen, auch wenn er zwischendurch Guthaben auf dem Girokonto hat.

Mit Hilfe dieses Finanzplans ist es Herrn L möglich, rechtzeitig die Verpflichtungen zu erkennen und für die notwendige Liquidität zu sorgen. Selbst wenn er im Laufe des Jahres feststellen sollte, daß Abweichungen eintreten, hat er Orientierungsdaten, um rechtzeitig und schnell reagieren zu können.

3.3.9.4 Ergebnisplanung

„Damit ein Unternehmen exisitieren kann, muß zunächst die Zahlungsfähigkeit gesichert sein", fährt Herr B fort.

„Dies haben wir mit dem Finanzplan abgesichert. Wir wissen aber noch nicht, ob das Betriebsergebnis unseren Vorstellungen entspricht. Deshalb werden wir alle Teilpläne in einer *Ergebnisplanung* zusammenfassen."

Der Leiter der betriebswirtschaftlichen Abteilung Herr K übernimmt diese Aufgabe und stellt die Budgets der einzelnen Abteilungen zu einer Gesamtaufstellung zusammen. Diese Gesamtaufstellung ergibt eine Planerfolgsrechnung. Darin werden in der Regel die kalkulatorischen Kosten erfaßt, so auch die kalkulatorischen Zinsen und der Unternehmerlohn sowie die kalkulatorischen Abschreibungen.

In unserem Unternehmen wollen wir auch in der Gewinn- und Verlustrechnung den Unternehmerlohn erfassen, doch als Zinsen dürfen wir im Jahresabschluß nur die Fremdkapitalzinsen aufführen. Daraus ergibt sich für uns folgende Plan-G+V (Tabelle 18).

Tabelle 18: Plan-G + V A 1

Umsatz	20 940 000,—
Material Fertigung	7 750 000,—
Material Modellabteilung	520 000,—
Fertigungslohn	4 185 000,—
sonstige Personalkosten	2 575 000,—
Provision	1 256 000,—
Skonto	733 000,—
Abschreibungen Maschinen	340 000,—
Abschreibungen sonstige	200 000,—
Werbung	550 000,—
Zinsen	481 000,—
sonstige Kosten	1 900 000,—
Gewinn	450 000,—

Ergänzend zu der Plan-G+V kann nun aus den einzelnen Planungsunterlagen auch die Planbilanz abgeleitet werden (Tabelle 19).

Alle Führungskräfte sehen nun, wie sich das Ergebnis ihrer Planung auf das gesamte Unternehmen auswirkt. Ein Vergleich mit den ursprünglich formulierten Zielvorstellungen zeigt, daß die

Werte verständlicherweise nicht genau übereinstimmen. Da sich unsere Führungskräfte aber während der Planung immer an den Zielvorstellungen orientiert haben, sind die Abweichungen in den wesentlichen Punkten so gering, daß sie die Zahlen der endgültigen Planung beibehalten können.

Tabelle 19: Plan-Bilanz A1

Sonstiges Anlage-		Einlagen	2 600 000,—
vermögen	2 670 000,—	Gewinnvortrag alt	650 000,—
Maschinen	560 000,—	Gewinn im Jahr A1	450 000,—
Roh-, Hilfs-, Betriebs-		Darlehen	5 550 000,—
stoffe	3 900 000,—	Kontokorrentkredit	510 000,—
Halb-/Fertigwaren	500 000,—	Lieferanten Verbind-	
Forderungen	2 300 000,—	lichkeiten	600 000,—
Bank/Kasse	430 000,—		
	10 360 000,—		10 360 000,—

Die liquiden Mittel reduzieren sich nach der Ausschüttung von 350 000,— auf DM 80 000,— DM, der Gewinnvortrag A1 auf 100 000,— DM.

4
Die Entscheidung

Im Laufe des gesamten Planungsvorgangs haben wir immer wieder unterschiedliche Alternativen entwickelt. Schon während der Planung haben die einzelnen Führungskräfte die eine oder andere Alternative verworfen. In den Planungsphasen stehen meistens mehrere Möglichkeiten offen. Diese bauen auf unterschiedlichen Erwartungen auf. Je nachdem, ob die Erwartung optimistischer oder pessimistischer ist, ob einige Entwicklungen in der einen oder anderen Form erwartet werden, ergeben sich unterschiedliche Alternativen und damit auch unterschiedliche Maßnahmepläne und Kosten- und Leistungsentwicklungen.

Die Entscheidungen sind zwangsläufig von Unsicherheit geprägt. Dies ist das Merkmal jeder Planung. Trotzdem muß eine Entscheidung getroffen werden. Je nach Einstellung der Führungskräfte und des Chefs wird in unserem Unternehmen die Entscheidung mehr in Richtung Risikofreude oder mehr in Richtung Vorsicht getroffen. Die entsprechenden Alternativen werden dann zur maßgebenden Planung. Als Entscheidungshilfe stehen verschiedene betriebswirtschaftliche Instrumente zur Verfügung.

Im Bereich der quantitativen Größen haben wir eine Vielzahl von Berechnungsmöglichkeiten, angefangen bei der einfachen Kostenrechnung bis hin zu den komplizierten mathematischen Verfahren. Auch bei der Beurteilung qualitativer Kriterien haben wir Hilfsmittel, wie die Nutzwertanalyse, entwickelt. Alles dies sind Werkzeuge, die die Sicherheit vergrößern, die Unsicherheit aber nicht endgültig beseitigen können. Das wesentliche Merkmal einer Führungskraft ist, bereit zu sein, die Entscheidung unter Unsicherheit zu fällen und dafür die Verantwortung zu übernehmen.

In dieser Situation stehen nun auch unsere Führungskräfte bei der Verabschiedung der Planung. Damit werden die dort festgelegten Maßnahmen verbindlich, die Ergebnisse werden als Zielvereinbarung von allen akzeptiert.

Auf der Grundlage dieser Planung erfolgt nun die Durchsetzung der Maßnahmen. Diese ist begleitet von Einzelentscheidungen im Laufe des Jahres, bei denen unsere Führungskräfte aber nun eine erhebliche Hilfestellung in den Orientierungsdaten der Planung haben. Bei entsprechenden Kontrollen wissen sie, inwieweit sie sich im Rahmen der Planung bewegen oder davon bereits abgewichen sind. Das gibt ihnen die Hinweise, um notwendige Maßnahmen zu ergreifen.

Damit die Planung zu einem vollwertigen Steuerungsinstrument wird, ist eine laufende Überwachung der Ergebnisse erforderlich.

5
Die Überwachung als Wegweiser

5.1
Wesen und Aufgabe

Die Planung als Gestalten des zukünftigen Handelns bekommt erst dann ihren Wert als Steuerungsinstrument, wenn kontrolliert wird, inwieweit die mit Unsicherheit belasteten Vorhaben der späteren Realität entsprechen. Herr B macht unseren Führungskräften deutlich, daß es nicht Aufgabe einer solchen Kontrolle ist, einen Schuldigen zu suchen. Vielmehr ist durch Analysen festzustellen, wo der Grund der Abweichungen liegt, um so den einzelnen Führungskräften die Möglichkeit zu geben, geeignete Maßnahmen zur Zielerreichung ergreifen zu können.

Eine solche Kontrolle muß also verstanden werden im Sinne des englischen Ausdrucks to control, auf deutsch auch „steuern", „leiten". Aus diesem Grund gebrauchen auch viele deutsche Unternehmen das englische Wort *Controlling* für diesen Bereich der Kontrolle.

Zunächst macht Herr B den Unterschied zwischen einer *Revision* und der laufenden Kontrolle als Steuerungsinstrument deutlich.

Eine Revision ist eine Prüfung von abgeschlossenen Tatbeständen durch unabhängige Personen. Dabei wird die Ordnungsmäßigkeit der Durchführung, die Zweckmäßigkeit der Verfahren sowie bei einzelnen Betrieben auch das Einhalten gesetzlicher Vorschriften geprüft. Das Ergebnis, das durch die Tätigkeiten erzielt wird, ist nicht Gegenstand einer Revision. Krass ausgesprochen, kann das Ergebnis des Unternehmens miserabel sein, die Revision aber trotzdem ein gutes Urteil fällen, weil Unregelmäßigkeiten hinsichtlich der Vorschriften und Gesetze nicht festgestellt wurden.

5.2 Kontrolle als Steuerungshilfe

Uns interessiert hier aber die Kontrolle im Sinne der Steuerung unseres Unternehmens. Dabei werden nicht abgeschlossene Vorgänge geprüft, sondern es erfolgt eine ständige Überwachung des gesamten Prozesses.

5.2.1 Ausführungskontrolle

Herr B weist darauf hin, daß die Kontrolle im Sinne einer Steuerung schon mit der Überwachung der Maßnahmen beginnt. Nicht erst die Ergebnisse, die sich zahlenmäßig niederschlagen, sind Gegenstand der Kontrolle, sondern bereits während des Prozesses sollen die Schritte hinsichtlich ihrer Durchführung und Termineinhaltung überwacht werden, um eventuelle Abweichungen schon im Keim zu vermeiden. Vor allem die Sondermaßnahmen sind besonders aufmerksam zu verfolgen, weil sie zum erstenmal durchgeführt werden.

Wir können auch in den Maßnahmeplänen, insbesondere dann, wenn es sich um Terminfortschritte handelt, Kontrollspalten vorsehen, bei denen der verantwortliche Vorgesetzte die ordnungsgemäße Durchführung dieser Maßnahme abzeichnet.

„Das fehlt uns noch", meint Herr P, „daß wir mit bürokratischen Listen durch die Gegend laufen, um abzuhaken, ob auch alles geschehen ist."

So sollte die Kontrolle freilich nicht verstanden werden. Ein Abzeichnen auf den Maßnahmeplänen zwingt aber jede Führungskraft dazu, derartige Überprüfungen auch wirklich durchzuführen und sie nicht in der Hektik des Tagesgeschäfts zu versäumen.

5.2.2 Soll/Ist-Vergleich

Während die Ausführungskontrolle während des Prozesses ohne konkreten Abschluß eines Teilabschnitts erfolgt, kann die Kontrolle von Teilergebnissen durch einen *Soll/Ist-Vergleich* quantitativer Größen erfolgen. Hierbei werden die Sollwerte mit den tatsächlich eingetretenen Istwerten verglichen. Dies kann sowohl bei Mengengrößen wie auch bei Wertgrößen geschehen.

Der erste Schritt des Soll/Ist-Vergleichs mit quantitativen Größen ist die Kontrolle der Mengengrößen. Diese dient zunächst nur der bereichsinternen Steuerung und ist häufig sogar in einem Tagesrhythmus durchzuführen. Der tägliche Vergleich der erarbeiteten mit den gearbeiteten Minuten in der Produktion signalisiert sofort Gefahr und ermöglicht ein früheres Reagieren als die monatlichen Kostenstellenabrechnungen. Die Sollminuten ergeben sich dabei nicht aus der jährlichen Produktionsplanung, sondern aus der Tagesplanung.

Auch ist eine Kontrolle des Materialverbrauchs in Mengengrößen wesentlich schneller durchzuführen als der entsprechende Wertverbrauch. Sowohl die Materialabteilung wie auch die Produktionsabteilung haben Unterlagen wie Stücklisten oder Vorkalkulationen, die einen entsprechenden Soll/Ist-Vergleich ermöglichen.

Bei den Betriebsmitteln sind Mengenkontrollen ebenfalls angebracht. Zwar erübrigt sich eine Kontrolle der vorhandenen Stückzahlen, doch kann eine Kontrolle der Auslastung in Minuten schon während der Prozeßdauer von Bedeutung sein. Auch in diesem Fall werden die geplanten Einsatzminuten den realen Einsatzminuten gegenübergestellt.

Die genannten Beispiele der Mengenkontrolle beziehen sich alle auf den Produktionsbereich. Wir stellen fest, daß eine Mengenkontrolle auch in den übrigen Bereichen möglich ist, aber selten vorkommt. So können zum Beispiel der Auftragsanfall, der Beleganfall in der Buchhaltung, der Umfang der Schreibarbeiten und ähnliche Zahlen signalisieren, daß sich eine Veränderung gegenüber der Planung ergibt.

Für alle Bereiche gleichbedeutend ist die Wertkontrolle. Die Soll/Ist-Vergleiche der Wertdaten umfassen sowohl die Leistungsgrößen wie auch die Einsatzgrößen. Dazu ist es erforderlich, daß die Istdaten analog zur Planung erfaßt werden, das heißt, daß die Abgrenzung und Definition der einzelnen Größen in gleicher Weise erfolgt wie bei der Planung.

In der Regel erfolgt die Ersterfassung der Kostendaten in der Buchhaltung oder in statistischen Aufzeichnungen aus den einzelnen Bereichen. In der betriebswirtschaftlichen Abteilung unseres Unternehmens – in anderen Unternehmen Controlling-Abteilung genannt – werden diese Daten so aufbereitet, daß sie den Plandaten gegenübergestellt werden. Erfaßt werden dabei alle Werte, die im Unternehmen anfallen und sich auf den betrieblichen Bereich beziehen. Wie bereits bei der Planung zum Ausdruck gebracht, beinhalten die Kostenplanungen sämtliche ermittelten Größen, unabhängig davon, ob der Bereichsleiter einen Einfluß darauf hat oder nicht, denn mit dem Soll/Ist-Vergleich soll eine umfassende Darstellung des Gesamtergebnisses erfolgen.

Je umfassender der Bereich ist, um so umfassender muß auch die Verantwortung und die Einflußmöglichkeit der jeweiligen Führungskräfte sein. Auch ist grundsätzlich zu vermeiden, Abweichungen durch Schuldzuweisungen an andere Bereiche zu erklären. Es ist unbestreitbar, daß Fehlentwicklungen in einem Bereich – unabhängig, ob verschuldet oder nicht – zu Störungen in anderen Bereichen führen können. Diese Störungen führen dann zu Soll/Ist-Abweichungen. So kann ein verspäteter Materialeingang zu erhöhten Kosten in der Produktion führen. Dies darf aber nicht dazu führen, daß sich unser Herr P dadurch aus der Verantwortung für seine Kosten stiehlt, daß er die erhöhten Kosten Herrn E zuweist, weil dieser letztendlich für den Materialeinkauf verantwortlich sei. Das würde dazu führen, daß Herr P bei entsprechenden Vorkommnissen keinerlei Anstrengungen unternehmen würde, um die durch die Materiallieferungen verursachten Störungen so gering wie möglich zu halten.

Wir müssen noch einmal darauf hinweisen, daß die Soll/Ist-Vergleiche nicht einer Schuldzuweisung dienen, sondern Steuerungsgrößen darstellen. Herr P wird bei entsprechenden Störungen des Materialflusses daher bestrebt sein, durch eigene Maßnahmen die Auswirkungen so gering wie möglich zu halten und sie dahingehend auszugleichen, daß er insgesamt seine Planziele doch noch erreicht. Nur bei einer solchen Einstellung der Führungskräfte erfüllt das Planungsinstrument seine volle Wirksamkeit.

5.2.3 Abweichungsanalyse

Der reine Soll/Ist-Vergleich sagt zunächst noch nicht viel aus, gibt auch wenig Hinweise auf entsprechende Steuerungsmaßnahmen. Eine *Abweichungsanalyse* ist daher in jedem Fall erforderlich, wenn die Abweichungen sich nicht in vertretbarem Maß bewegen. Abweichungen wird es immer geben, denn Planungen sind keine Vorhersagen, die genau erreicht werden können. Je nach Betrieb und Wichtigkeit der einzelnen Daten wird man die Abweichungsspanne weit oder weniger weit setzen. Irreführend ist eine pauschale Festlegung, daß Abweichungen über plus minus x Prozent hinaus einer genauen Analyse unterzogen werden müssen. Prozentangaben sagen nichts über die Gewichtigkeit der Abweichungen. Bei einem Planwert von 1 000,— DM und der Abweichungsgröße von 50 Prozent beträgt die Abweichung letztendlich nur 500,— DM. Abweichungen von 5 Prozent bei einer Plangröße von 100 000,— DM summieren sich dagegen bereits auf 5 000,— DM und sollten genauer analysiert werden.

Dabei wird die Analyse je nach Organisation des Unternehmens an unterschiedlicher Stelle stattfinden. In unserem Unternehmen soll ein *Informationszentrum* gebildet werden. Dieses Informationszentrum wird auch die Aufgaben der betriebswirtschaftlichen Abteilung übernehmen; in ihm sollen aber auch alle anderen einschließlich der externen Informationen zusammenfließen. So kann es wesentlich leichter Analysen erstellen als ein Bereichsleiter allein. Es wird also dem Bereichsleiter Hilfestellung geben, indem es ihm nicht nur die Abweichungen zur Kenntnis gibt, sondern entsprechende Analysen beifügt. Darüber hinaus werden in unserem Unternehmen aber alle Bereichsverantwortlichen ihre Zahlen auf die Gründe der Abweichung hin untersuchen. Ob in einzelnen Bereichen oder im Gesamtunternehmen, letztendlich entspricht diese Analyse genau der, die zu Beginn des gesamten Planungsvorgangs durchgeführt wurde. Sie ist lediglich dahingehend erweitert, daß Sollzahlen vorliegen und damit eine bessere Beurteilungsgrundlage vorhanden ist, als wir es bei der ersten Analyse vorgefunden haben.

5.3 Steuerungsinformationen und ihre Wege

Wir haben bereits festgestellt, daß die Soll/Ist-Vergleiche und die vorbereiteten Analysen an zentraler Stelle erarbeitet werden. Die Führungskräfte fragen nun, wie sie in den Besitz dieser Berichte gelangen können. Dazu muß zunächst vereinbart werden, in welcher Art die Steuerungsinformationen aufbereitet sein sollen.

5.3.1 Listen und Tabellen

Quantitative Größen, so hält Herr B fest, können zunächst einmal in Form von Listen und Tabellen dargestellt werden. Grundlage für diese Listen ist die jeweilige Planung. Listen und Tabellen beinhalten Zahlenangaben, so daß die Mengenplanung und insbesondere die Wertplanungen Grundlage dieser Aufstellungen sind.

Greifen wir zurück auf den Kostenplan der Absatzabteilung.

In einer weiteren Spalte werden neben den Sollwerten aus der Planung die Istwerte des entsprechenden Planungsabschnitts eingetragen. Die nächste Spalte zeigt die jeweiligen Abweichungen und in einer Spalte Bemerkungen kann dann ein kurzer Hinweis oder ein Verweis auf einen Bericht stehen (Abbildung 42).

In jedem Fall dürfen diese Listen und Tabellen nicht zu umfangreich sein. Eine Vielzahl von Zahlen führt nur zur Verwirrung und veranlaßt den Empfänger, den Soll/Ist-Vergleich zunächst beiseitezulegen, um ihn anschließend zu vergessen. Seine Funktion als Steuerungsinstrument hat der Plan damit verloren.

Herr B berichtet, daß er häufig in Betrieben, die viele und umfangreiche Listen und Tabellen herausgeben, zu Beginn seiner Beratung die Ausgabe dieser Listen gesperrt und abgewartet habe, von wem das Nichterscheinen der Listen reklamiert würde. Dies führe häufig zu der Erkenntnis, daß viele Listen überhaupt nicht vermißt würden. Bei genauer Untersuchung stelle sich dann heraus, daß diese Listen einfach zu wenig aussagefähig oder zu umfangreich waren. Der Aufbau der Listen und Tabellen muß daher sehr sorgfältig vorgenommen werden.

Für unser Unternehmen schlägt Herr B vor, daß eine solche Kostenkontrolle in einer zusammenfassenden Darstellung die Größe eines Din-A 4-Bogens nicht überschreiten und nicht mehr als 15 bis 20 Kontrollzeilen beinhalten darf. Sofern einzelne Positionen zu einer tieferen Analyse Veranlassung geben, können dann die Erstausführungen aufgrund von Ergänzungsmitteilungen, die die jweilige Führungskraft anfordert, vertieft werden.

Verantwortungsbereich				
Monat:				

Kostenart	Soll	Ist	Abweichung	Bemerkung
Arbeitkräfte				
Personalkosten	48	49	1	
Provision	100	102	2	leicht erhöhter Umsatz
...	.	.	.	
Betriebsmittel				
Abschreibungen	6	6		
Leasing	4	4		
geringwertige Wirtschaftsgüter	1	0,7	−0,3	
kalkuatorische Zinsen	20	19	−1	Lagerbestand niedriger
...	.	.	.	
Material				
Büromaterial	10	11	1	kein besonderer Grund
Werbematerial	60	59	−1	
Verpackung	20	21	1	leicht erhöhter Umsatz
sonstiges	8	7	−1	
...	.	.	.	
Information				
Marktanalyse	35	34	−1	
Zeitschriften				
...	.	.	.	
Sonstiges				
Fracht	2	2		
Telefon	3	4	1	ungeklärt
...	.	.	.	
Summe	317	318,7	1,7	

Abbildung 42: Soll/Ist-Vergleich Kostenplanung (in TDM)

5.3.2 Kennziffern

Die Vielzahl von Aufstellungen und Listen macht es notwendig, daß sich unsere Führungskräfte auch in konzentrierter Form über betriebswirtschaftlich interessante Sachverhalte informieren. Bereits bei der Analyse des Unternehmens haben wir die Kennzahlen kennengelernt, die sich als Steuerungsinformation gut eignen. Der entscheidende Vorteil liegt in der Verdichtung des Informationsgehalts der anfallenden Datenmengen. Sie sind geeignet, komplexe betriebliche Vorgänge schnell und übersichtlich transparent zu machen. Wir können feststellen, daß die Kennzahl unseren Führungskräften hilft

- das Wesentliche schnell zu erkennen,
- Zusammenhänge zu sehen,
- in Relationen statt in absoluten Zahlen zu denken,
- Vergleiche intern und extern durchzuführen,
- zielorientiert zu führen.

Für die Zieldefinition wurde bereits eine Reihe von Kennzahlen erläutert. Diese haben auch als Steuerungsinformation Bedeutung, zeigen sie doch, wie weit die Istzahl vom Ziel abgewichen ist. Über die allgemeinen Unternehmenskennzahlen hinaus können auch bereichsbezogene Kennzahlen entwickelt werden. Für Herrn P ist zum Beispiel der *Zeitgrad* eine wichtige Kennziffer.

$$\text{Zeitgrad} = \frac{\text{erarbeitete Minuten}}{\text{gearbeitete Minuten}}$$

Bei den erarbeiteten Minuten werden die geplanten Produktionsminuten pro Stück mal Anzahl der produzierten Produkte zugrunde gelegt, bei den gearbeiteten Minuten die Anwesenheitszeit der Arbeitskräfte.

Eine weitere beachtenswerte Kennzahl ist der *Investitionsquotient*.

$$\text{Investitionsquotient} = \frac{\text{Abschreibungen}}{\text{Investitionssumme}}$$

Diese Kennziffer zeigt, ob die Substanz des Unternehmens bloß erhalten bleibt oder ob Erweiterungen stattfinden. Ist der Quotient kleiner als eins, übersteigt die Investitionssumme die Summe der Abschreibungen. Somit finden Nettoinvestitionen statt. Zu berücksichtigen ist allerdings die Frage, ob Preisveränderungen bei den Investitionsgütern die Kennziffer beeinflussen.

Ist der Quotient größer als eins, werden die Sachanlagen verzehrt, ohne in vollem Umfang erneuert zu werden. Kurzfristig führt dies zur Ergebnisverbesserung (geringe Kosten, da keine erhöhten Abschreibungen durch zusätzliche Investitionen), langfristig führt es zum Veralten der Sachanlagen und Aushöhlung des Betriebes.

Als weitere Kennzahl ist zu nennen die

$$\text{Gesamtproduktivität} = \frac{\text{Gesamtleistung}}{\text{Standardbeschäftigte}}$$

Diese Kennziffer stellt die statistische Durchschnittsleistung eines Beschäftigten, unabhängig von der Art und dem Ort seiner Tätigkeit dar. Je höher die Leistung pro Beschäftigtem ist, um so rationeller wird die menschliche Arbeitskraft eingesetzt. Als Standardbeschäftigter gilt die Umrechnung sämtlicher bezahlter Stunden einschließlich der Urlaubs- und Fehlzeiten dividiert durch die tarifliche Arbeitszeit. Eine solche Umrechnung auf den Standardbeschäftigten vermeidet die Schwierigkeit, die durch Teilbeschäftigte oder Überstunden entstehen.

Wichtig ist auch die Kennziffer

$$\text{Fluktuation} = \frac{\text{ersetzte Abgänge}}{\text{durchschnittliche Zahl der Beschäftigten}}$$

Wenn für eine ausscheidende Arbeitskraft kein Ersatz eingestellt wird, wird sie in die Abgangszahlen nicht einbezogen. Diese Kennziffer kann eventuell getrennt nach Bereichen oder Personengruppen ermittelt werden, um Unterschiede innerhalb des Unternehmens zu erkennen.

Eine ähnliche Kennziffer ist die

$$\text{Abwesenheitsquote} = \frac{\text{Abwesenheitsstunden} \cdot 100}{\text{Sollstunden}}$$

Diese Kennzahl kann für das gesamte Unternehmen wie auch für bestimmte Bereiche oder sonstige Gruppen ermittelt werden. Häufig zeigen sich innerhalb des Unternehmens und im Vergleich zu anderen Unternehmen starke Unterschiede, deren Ursachen wir auf den Grund gehen sollten.

Sowohl die Fluktuationskennziffer wie auch die Abwesenheitskennziffer kann auf innerbetriebliche Probleme hinweisen, die wir rechtzeitig erkennen müssen.

Weitere Kennziffern sind die Kostenanteile an der Gesamtleistung.

So kennen wir die

$$\text{Materialquote} = \frac{\text{Materialeinsatz} \cdot 100}{\text{Gesamtleistung}}$$

oder

Lohnquote $= \dfrac{\text{Personalaufwendungen} \cdot 100}{\text{Gesamtleistung}}$

oder

Fertigungslohnquote $= \dfrac{\text{produktive Löhne} \cdot 100}{\text{Gesamtleistung}}$

und weitere Verhältniszahlen. Auch die Erfolgskennzahlen der Produkte, Produktgruppen oder Abnehmergruppen können dargestellt werden als:

Ergebnisquotient $= \dfrac{\text{Deckungsbeitrag}}{\text{Umsatz}}$ oder $\dfrac{\text{Erfolgsbeitrag}}{\text{Umsatz}}$

Damit können wir die Erfolge der einzelnen betrachteten Gruppen miteinander vergleichen.

In der Literatur gibt es eine Vielzahl von Kennzahlen, die häufig auch branchentypisch sind. Die einzelnen Branchenverbände geben derartige Kennzahlen häufig im Rahmen eines Betriebsvergleiches ihren Verbandsmitgliedern bekannt.

5.3.3 Graphische Darstellungen

Neben einer Auflistung und Ermittlung von Kennzahlen ist es häufig anschaulicher, die Zahlen durch graphische Darstellungen zu ergänzen. Eine aussagekräftige Zeichnung ist oft informativer als eine Vielzahl von Daten. Als Beispiel sei die *Z-Kurve* genannt, die die Umsätze oder Deckungsbeitragsentwicklungen der Produktgruppen oder Bereiche darstellt (Abbildung 43).

	Absatz des lfd. Jahres (Stck.)	kumulierter Absatz des lfd. Jahres (Stck.)	Absatz der letzten 12 Monate (Stck.)
Januar	200	200	4700
Februar	400	600	4800
März	700	1300	4900
April	600	1900	5000
Mai	400	2300	4900
Juni	200	2500	4800
Juli	100	2600	4800
August	300	2900	4900
September	300	3200	4900
Oktober	600	3800	5000
November			
Dezember			

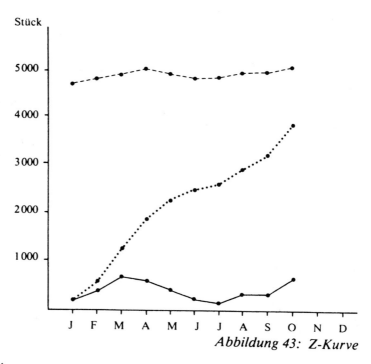

Abbildung 43: Z-Kurve

Aus dieser Kurve sind die Ergebnisdaten sowohl als monatliche Einzeldaten wie auch als kumulierte Entwicklung zu ersehen. Ergänzt werden diese Kurven durch die Darstellung des späteren Jahresergebnisses, das jeweils aus der Summe der letzten zwölf Monate errechnet wird.

Bekannt sind uns allen die üblichen Umsatzkurven, Gewinnkurven, Versandkurven und ähnliches. Säulen in unterschiedlicher Höhe stellen Vergleiche dar und Teile eines Kreises zeigen die jeweiligen Anteile an einer Gesamtheit. Derartige Darstellungen eignen sich auch besonders gut zur Information der übrigen Mitarbeiter, da sie keiner besonderen Erläuterung bedürfen.

Auch aus dem Organisationsbereich sind uns eine Reihe von Graphiken bekannt. Maschinenbelegungspläne wie auch die Darstellung des Netzplanes gehören in die Kategorie dieser Hilfsmittel.

5.3.4 Berichte

Zusätzlich zu den Listen, Kennziffern und graphischen Darstellungen ist in manchen Fällen eine verbale Kommentierung erforderlich. Diese sollte in jedem Fall knapp gehalten sein. Zum Jahresabschluß ist ein Bericht häufig erforderlich, doch verbale Berichte zu Teilergebnissen dürfen nicht zu oft und in zu großem Umfang erfolgen. Insbesondere müssen sie kurz und sachlich nur die Analyse kommentieren, nicht eventuelles Fehlverhalten beklagen oder gar in Vorwürfe ausarten. Die Berichte sollen eine Hilfe für den Empfänger sein und von diesem mit Interesse aufgenommen werden. Bewährt haben sich auch vorbereitete Formulare, in dem auf wesentliche Punkte eingegangen wird (Abbildung 44).

Kommentar zu:	..Abrechnung Bereich 7... Monat: Mai

Ergebnisabweichung:	./. 3 TDM ..../. 30 %
zurückzuführen auf:	Gebäude, Betriebsstoffe
	Ertrag
wesentliche Positionsabweichungen:	Gebäude: ./. 2 TDM ..../. 20 %
	Ertrag: ./. 2 TDM ..../. 1,2 %
Grund:	Überschreitung der Heizungskosten
	wegen ungeplanter Ölpreiserhöhung
	Artikel 64 erfüllte nicht die Absatz-
	erwartungen, Grund dafür noch nicht
	ermittelt.
Vorschlag:	Ölpreis des Lieferanten überprüfen
	Heizungssparmaßnahmen
Entscheidung:	Ölpreis überprüft: keine Alternative
	möglich

Abbildung 44: Formular für Kommentierung

5.3.5 Wege und Termine der Steuerungsinformationen

Nun wollen unsere Führungskräfte wissen, wie sie die Steuerungsinformationen empfangen und zu welchen Terminen sie damit rechnen können. „Es nützt nichts", meint Herr P, „wenn wir erst nach Wochen feststellen, daß wir im Mai oder Juni Abweichungen hatten, die wir hätten auffangen können, wenn wir es rechtzeitig gewußt hätten."

Herr B kann ihm nur recht geben. Steuerungsinformationen müssen regelmäßig und wenige Tage nach dem Stichtag erfolgen. Am besten bewährt hat sich ein monatlicher Rhythmus, einige Berichte genügen allerdings in einem vierteljährlichen Abstand. Wesentlich dabei ist, daß die Zahlen nicht zu spät kommen. Da auch die entsprechende Abteilung des Rechnungswesens zunächst die Zahlen aufbereiten muß, ist trotz einer EDV-Programmierung eine Berichterstattung vor dem 10. des folgenden Monats noch als rechtzeitig anzusehen. Es gibt allerdings eine Reihe von Unternehmen, die schon Stunden nach Ablauf des Stichtages über EDV-Programme die entsprechenden Daten errechnen und auflisten, so daß eine kurzfristige Bearbeitung möglich ist.

Die Steuerungsinformationen sind formelle Informationen, die auf Fakten beruhen. Sie dürfen daher nicht nur mündlich weitergegeben werden, um Mißverständnisse und spätere Fehlinterpretationen zu vermeiden. Auch muß das Recht auf Information festgeschrieben sein. Eine Führungskraft darf nicht darauf angewiesen sein, auf informellen Wegen die notwendigen Informationen zu bekommen.

Unsere Führungskräfte möchten auch wissen, ob sie von ihrem jeweiligen Vorgesetzten diese Berichte mit einem mehr oder weniger anerkennenden oder kritisierenden Kommentar überreicht bekommen. Herr B stellt dazu fest, daß es sinnvoll ist, solche Informationen nicht den Weg der Hierarchie nehmen zu lassen. Steuerungsinformationen sollen schnell erfolgen und daher auf dem direkten Weg von der betriebswirtschaftlichen Abteilung (Controlling-Abteilung) zu den Führungskräften gelangen. Dies beschleunigt nicht nur das Verfahren, sondern es erspart auch den Beteiligten unangenehme Situationen, wenn die Zahlen einmal nicht erfreulich aussehen. Schlechte Zahlen vom Vorgesetzten dargelegt zu bekommen, beinhaltet immer einen Vorwurf. Sie von einer neutralen Stelle zu erhalten, macht deutlich, daß die verantwortliche Führungskraft aufgerufen ist, das Notwendige zu tun, um diese negativen Ergebnisse zu korrigieren. Die Steuerungsinformationen erfüllen nur dann ihren Sinn, wenn sie vom Empfänger als Steuerungsinstrument betrachtet werden und nicht als unliebsame Kritik. Es sei noch einmal darauf hingewiesen, daß „to control" im Deutschen „steuern" heißt und nicht als unangenehme Ermahnung aufzufassen ist.

5.4 Steuerungsmaßnahmen

Herr B erwähnt noch einmal, daß die Steuerungsinformationen Anstoß und Grundlage sind, um aktiv in den ablaufenden Prozeß einzugreifen. Sofern die Steuerungsdaten negative Abweichungen signalisieren, ist die Führungskraft aufgerufen, nach Alternativen zu suchen, um gegenzusteuern. Wir wollen uns daran erinnern, daß wir Alternativhierarchien bereits in der Planung aufgebaut haben, daß wir eventuell sogar Reserve- oder Notpläne vorbereitet haben. Sofern dies nicht der Fall ist und durch improvisierte Maßnahmen eine schnelle Reaktion nicht erreicht werden kann, muß konsequent in Abstimmung mit den anderen Bereichen eine Vorgehensweise erarbeitet werden, die das angestrebte Ergebnis ermöglicht. Keineswegs dürfen die Steuerungsdaten dahingehend verstanden werden, daß zunächst nach Entschuldigungen gesucht wird, beziehungsweise Veränderungen der Prämissen als gegebenes Schicksal hingenommen werden, an denen man nichts ändern kann. Erinnert sei noch einmal an den Fahrplan, der trotz widriger Witterungsverhältnisse nicht geändert wird und der dazu veranlaßt, bei Verbesserung der Verkehrsverhältnisse doch noch das Ziel rechtzeitig zu erreichen.

Doch auch positive Abweichungen müssen zu Reaktionen führen. So kann es sein, daß durch zu starke Verkäufe die übrigen Bereiche des Unternehmens überfordert werden. Die Überlastung der Produktion kann zu unvorhersehbaren Lieferverzögerungen führen oder die finanziellen Mittel reichen nicht aus, um den Prozeß zu finanzieren. So kann aus dem Engpaß Absatz ein Engpaß Produktion oder Finanzierung werden. Auch solche Situationen bedürfen entsprechender Steuerungsmaßnahmen.

Bei den Kontrollen kann sich aber auch zeigen, daß sich die Prämissen geändert haben oder sonstige Ereignisse zu der Erkenntnis führen, daß die Zielgrößen geändert werden müssen (siehe Kapitel Anpassung der Pläne). Damit beginnt der beschriebene Planungsvorgang erneut.

6
Die Steuerung als Prozeß

Wir sehen, daß die Steuerung mit ihren Teilabschnitten Zielsetzung, Planung, Entscheidung, Durchsetzung und Kontrolle nicht einen einmaligen Vorgang darstellt, sondern einen Prozeß, der sich wiederholt.

6.1
Die einzelnen Phasen

Wir wollen noch einmal zusammenfassen, wie die einzelnen Phasen der Steuerung aufeinander aufbauen. Zunächst bestimmen wir nach eingehender Analyse die Zielsetzungen, die zu verfolgen sind.

Die nächste Phase beinhaltet die Suche nach Alternativen, die eigentliche Planung. In dieser Phase werden verschiedene Möglichkeiten untersucht, kritisch betrachtet, verworfen, neu entwickelt und letztendlich verabschiedet. Keinesfalls können wir davon ausgehen, daß die Phase der Planung im ersten Anlauf ein Ergebnis erbringt. Gegenseitige Abstimmungen und Korrekturen führen zu immer wieder neuen Überlegungen, so daß die Planungszeitspanne nicht zu eng bemessen sein sollte. In Großunternehmen wird als Zeit für Zielsetzung und Planung im operativen Bereich das letzte Vierteljahr vor der Planungsperiode angesetzt. In unserem mittleren Unternehmen können wir sicher mit einem kürzeren Zeitraum rechnen und somit näher an den eigentlichen Termin herankommen. Aber auch wir werden für die operative Planung mehr als vier Wochen benötigen.

Die dritte, kürzeste, aber bedeutendste Phase ist die Entscheidung. Den Verantwortlichen sollte bei noch so sorgfältiger Planung bewußt bleiben, daß Entscheidungen immer mit Unsicherheit belastet und spätere Abweichungen unvermeidlich sind.

Danach erfolgt die Durchsetzung (Realisation) der Maßnahmen.

Als letzte Phase ist die der Kontrolle zu nennen. Sie soll die Möglichkeit geben, die Planung als Steuerungsinstrument zu nutzen. Wenn Instrumente nicht beobachtet werden, nützen sie nichts. Nach jeder Kontrolle muß geprüft werden, ob eine Korrektur der Ziele oder der Planung notwendig ist beziehungsweise ob die Ziele bestätigt werden und mit den bisherigen Planungen fortgefahren werden kann. Damit schließt sich der Kreislauf.

6.2
Der Steuerungsprozeß als Kreislauf

Die Steuerung als Kreislauf kann man in Form eines *Managementkreises* darstellen (Abbildung 45).

Abbildung 45: Managementkreis

Hiermit wird deutlich, daß der Ablauf Zielsetzung, Planung, Entscheidung, Durchführung und Kontrolle ein ununterbrochener Kreislauf ist, der sich im Laufe der Zeit in kürzeren oder längeren Abständen ständig wiederholt. Dieser Kreislauf muß sich im Rahmen der Organisation abwickeln, das heißt, die Organisation gibt ihm das notwendige Gerüst. Damit wir im Sinne dieses Managementkreises das Unternehmen richtig steuern können, benötigen wir Informationen.

Herrn P wird vielleicht eine andere Betrachtung näher liegen, die der Technik entlehnt ist. Ein *Regelkreis* ist dadurch gekennzeichnet, daß Führungsgrößen (Sollgrößen, Ziele) einem Regler (Führungsstellen) vorgegeben werden. Dieser schreibt der Regelstrecke (ausführende Stelle) Stellgrößen (Teilziele, Anweisung zur Aufgabenerfüllung) vor. Durch Störgrößen (Außeneinflüsse) wird die Erfüllung beeinträchtigt und die Abweichungen werden durch Regelgrößen (Istgrößen, Information über die Aufgabenerfüllung) im Wege der sogenannten Rückkopplung an den Regler weitergegeben. Diese Rückinformation über das Ergebnis der Aufgabenerfüllung ermöglicht weitere Aktivitäten des Reglers oder eine Veränderung der Führungsgröße (Abbildung 46).

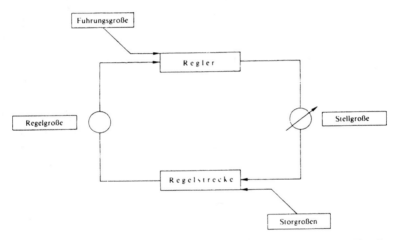

Abbildung 46: Regelkreis

6.3
Die Organisation als Grundlage

Herr B weist nun darauf hin, daß eine solche betriebliche Steuerung nur möglich ist, wenn Kompetenzen und Informationswege in der Organisation festgelegt sind. Auch das Gestalten der Organisation ist nichts anderes als Planen. Im Zusammenhang mit der strategischen Planung haben wir bereits darauf hingewiesen, daß eine langfristige Organisationsplanung erfolgen muß. Bei der Frage nach dem Umfang und der Strenge organisatorischer Regelungen gibt es eine Vielfalt von Meinungen. Die Straffheit einer Organisation darf weder zu bürokratischen Apparaten führen, noch soll Improvisationen zu großer Raum gegeben werden. Der optimale Organisationsrahmen wird immer zwischen der absoluten Improvisation und der bürokratischen Unbeweglichkeit liegen.

In Diskussionen mit Managern verschiedener Unternehmen wurde auf die Notwendigkeit und die Gefahren aufmerksam gemacht. Dazu einige kurze Zitate (von einem Symposium mit Managern in Bielefeld).

„Auch wir haben zunächst eine informelle Organisation gehabt und haben uns dann doch zu einer schriftlichen Fixierung entschlossen. Wir haben nämlich festgestellt, daß Funktionen doppelt ausgeführt werden, wir hatten doppelte Arbeit."

„Ich halte die persönliche Abstimmung darüber für besser. Ich gestehe Ihnen zwar, ich beneide die Unternehmen, die eine festgefügte Organisation haben, aber ich glaube, ich wäre nicht ganz glücklich, wenn wir sie auch hätten."

„Unser Problem ist, daß wir gerade auch bei neuen Mitarbeitern das Bestreben merken, daß sie sich qualifizieren wollen. Da haben wir die Erfahrung gemacht, daß sie sich in Randgebieten Freiräume verschaffen und dabei ihre eigenen Arbeitsbereiche sträflich vernachlässigen. Ich weiß auch aus anderen Betrieben, daß das meistens nicht funktioniert und es zu menschlichen Differenzen in einzelnen Ebenen kommt. Dies geschieht nicht, wenn es eine klare Kompetenzabgrenzung gibt und jeder seinen Aufgabenbereich kennt und gleichzeitig die Informationswege festgelegt werden, auf denen jeder die notwendigen Informationen bekommen kann."

„Noch einen Punkt sollten wir bei der festgelegten Organisation herausstellen, das ist die Tatsache der Selbstbindung. Wenn ich verbal etwas schnell ändern kann, dann mache ich dies auch und ich traue mir nicht zu, daß ich in dem Moment alle Konsequenzen der Änderung bis ins letzte Detail durchdacht habe. Die Änderung schriftlich festgelegter Pläne ist eine Hemmschwelle und verlangt eine sorgfältigere Überlegung."

Die Literatur weist eine Vielzahl von Organisationsmöglichkeiten auf. So wird weitgehend unterschieden zwischen einer Aufbauorganisation, die eine Beschreibung der Struktur eines Unternehmens mit ihren Stellen und Informationswegen darstellt, und der Aufbauorganisation, die das zeitliche und räumliche Neben- und Hintereinander der einzelnen Arbeitsvorgänge regelt.

Die Netzorganisation versucht beide Aufgabenstellungen miteinander zu verbinden, gibt allerdings den Abläufen die Priorität. Damit soll auch erreicht werden, daß Querverbindungen problemlos möglich sind.

Auch bei der Steuerungsinformation haben wir darauf hingewiesen, daß diese nicht den hierarchischen Weg über den Vorgesetzten nehmen soll. Damit haben wir von der strengen hierarchischen Organisation, wie sie in den meisten Organisationsplänen dargestellt wird, Abstand genommen.

7
Schlußbetrachtung

In unserem Unternehmen haben wir die gesamte Planung zum Abschluß gebracht und arbeiten im Jahr A1 entsprechend unseren Plänen.

Die monatlichen Kontrollen werden termingerecht durchgeführt.

Unsere Führungskräfte treffen sich in regelmäßigen Abständen, diskutieren die Abweichungen, ziehen daraus ihre Schlußfolgerungen, soweit sie es nicht schon in ihren eigenen Bereichen unabhängig voneinander getan haben und stimmen die neuen Verhaltensweisen ab. Mehr und mehr bekommen die einzelnen Führungskräfte Verständnis für die anderen Bereiche, können zeitweise sogar selbst mit Empfehlungen zu Problemlösungen beitragen und fühlen sich selbst auch von ihren Kollegen besser verstanden. Dies trägt nicht nur zu einem besseren Miteinander bei, sondern erhöht auch die Einsatzbereitschaft, das Interesse und damit die Eigeninitiative der Führungskräfte. Probleme, mit denen sich der Chef früher allein herumplagen mußte, werden nun schon von den Führungskräften gelöst oder zumindest soweit vorbereitet, daß nur noch eine letzte Abstimmung mit dem Chef erforderlich ist. Auch die Sicherheit der Entscheidungen wächst, da man nicht mehr so unsicher wie früher in die Zukunft hineinsteuert, sondern mit der Planung und den daraus entwickelten Zahlen ein Instrumentarium zur Verfügung hat, das die Führungsaufgabe erheblich erleichtert.

In der zweiten Hälfte des Jahres treffen sich unsere Führungskräfte routinemäßig wieder, um die Planung für das Jahr A2 vorzubereiten. Nun wissen sie schon, wie der Ablauf aussieht und haben ihre Skepsis überwunden. Erfreut stellen sie fest, daß sie es geschafft haben, ihr Unternehmensschiff wieder in die richtige Richtung zu steuern. Es nimmt Kurs auf das angestrebte Ziel. Der Prokurist Herr L stellt unter Zustimmung aller Beteiligten beim Beginn der Planungssitzung fest:

„Wir haben unser Unternehmen wieder im Griff. Wir können die ersten Erfolge unserer Arbeit an unserem Instrumentarium ablesen. Wir haben die erste Etappe mit unserer neuen zielorientierten Art der Unternehmensführung erfolgreich beendet und können nun das nächste Ziel ansteuern, sicherer und unbelasteter als noch vor einem Jahr
dank dem Steuerungsinstrument Planung."

Literaturverzeichnis

Bornemann, H.: Controlling heute, 2. Auflage, Wiesbaden 1986
Bramsemann, R.: Controlling, 2. Auflage, Wiesbaden 1980
Bussiek, J.: Erfolgsorientierte Steuerung mittelständischer Unternehmen, München 1981
Bussiek, J.: Was geschieht im Rechnungswesen, Wiesbaden 1987
Bussiek, J./Ehrmann, H.: Buchführung, 2. Auflage, Ludwigshafen 1987
Gälweiler, A.: Unternehmensplanung, Frankfurt 1974
Gernet, E.: Das Informationswesen in der Unternehmung, München-Wien 1987
Hahn, D./Taylor, B.: Strategische Unternehmensplanung, Würzburg-Wien 1983
Hinterhuber, H.H.: Strategische Unternehmensführung, 3. Auflage, Berlin 1984
Horvath, P.: Controlling, München 1979
Lessing/Groeger: Führen mit strategischen Geschäftseinheiten, Düsseldorf 1982
Peters, T.J./Waterman, R.H.: Auf der Suche nach Spitzenleistungen, 9. Auflage, Landsberg 1984
Pleitner, H.J./Sertl, W.: Führung kleiner und mittlerer Unternehmen, München 1984
Pümpin, C.: Strategische Führung in der Unternehmenspraxis, Bern 1980
Schult, E.: Bilanzanalyse, Freiburg 1978
Spinnarke, J.: Handbuch Risk-Management, Heidelberg 1987
Steinemann, H.: Planung und Kontrolle, München 1981
Ziegenbein, K.: Controlling, Ludwigshafen 1984

Stichwortverzeichnis

Absatzplanung 207
Abweichungsanalyse 256
Abwesenheitsquote 262
Aktivitätenplanung 192
Alternativhierachie 138
Anpassung der Planung 187
Anpassungsrhythmus 191
Arme Hunde 112

Betriebsergebnis 38
Betriebsgewinn 37
Bilanzgewinn 38
Bottom-Up-Planung 184
Branchenanalyse 28
Branchenprofil 29

Cash Cow 112
Cash-flow 52
Controlling 251

Elastizität 187
Engpaßplan 187
Entwicklungsfolge 177
Entwicklungsplanung 222
Erfahrungskurve 84

Erfolgspotential 141
Ergebnisplanung 246
Ergebnisquotient 263

Finanzplanung 241
Fluktuation 262
Formalziel 126
Funktionale Strategie 161

Gegenstromverfahren 185
Gesamtproduktivität 261
Geschäftsstrategie 157
Gewinnthesaurierung 168
Grundstrategie 152

Information 22
Informationszentrum 256
Integrationsgrad 178
Interdependenz 171
Investition 235
Investitionsplanung 235
Investitionsquotient 261

Kennzahlen 40
Kommunikation 24

Konkurrenzanalyse 29
Konkurrezprofil 29
Kostensenkungspotential 84

Lebenszyklus 78
Leitidee 152
Leitplanung 187

Managementkreis 271
Marktattraktivität 95
Maßnahmeplanung 192
Materialwirtschaftsplan 229
Mengenplanung 197

Nachwuchsprodukte 111
Netzorganisation 166

Personalplanung 233
PIMS-Studie 145
Planen 17
Planning Manual 182
Planung,
    deduktiv 177
    dezentral 181
    flexibel 189
    induktiv 177
    operativ 171
    progressiv 184
    retrograd 184
    revolvierend 191
    rollend 191
    starre 187

    strategisch 140
    zentral 181
Planungshandbuch 182
Planungsträger 180
Portfolio-Matrix 94
Prämissen 174
Produktionsplanung 223
Produktlebenszyklus 78
Prognose 117
Programmplanung 209

Regelkreis 274
Return on Investment 46
Revision 251
Routinetätigkeit 192

Sachziel 126
Soll/Ist-Vergleich 253
Sondermaßnahme 192
Stärken-Schwächen-Profil 33
Starprodukte 111
Strategie 141
Strategische Geschäftseinheit 77
Stratos-Projekt 77

Top-Down-Planung 184

Unternehmensanalyse 32
Unternehmensgewinn 36
Unternehmenskonzept 141
Unternehmerlohn 38

Valuta 59
Verkaufsplanung 218
Vertriebsplanung 213

Wertplanung 202
Wertschöpfung 54
Wettbewerbsvorteile 101
Wirtschaftsprinzip 127

Working-Capital 145

Zeitgrad 260
Ziel 123
Zielhierachie 133
Zielsetzung 124
Zielvorstellung 174
Z-Kurve 263